KB009777

경제학자가
군더더기 없이
핵심만 짚어주는
주식투자

경제학자가 군더더기 없이 핵심만 짚어주는

주식투자

곽해선 지음

혜다

PROLOGUE

주식투자를 잘하려면

첫째, 거래 방법을 공부해서 충분히 알고 거래해야 합니다.

주식 매매는 알고 보면 꽤 복잡한 규칙을 따라 하게 돼 있습니다. HTS나 MTS 활용 방법만 해도 초보자에게는 간단치 않죠. 익숙하지 않은 상태로 거래하다가는 실수하거나 실패할 확률이 있습니다. 매매법에 숙달하면 언제 어떻게 거래하면 좋을지 현명하게 판단해서 성과를 낼 수 있습니다.

둘째, 주식투자 관련 분석 기법과 이론, 용어를 익혀서 정보를 이해하고 활용할 줄 알아야 합니다.

주식시장은 언제나 뉴스 미디어와 증권사 등 전문 단체와 전문가들이 내놓는 분석과 정보로 넘칩니다. 투자를 잘하려면 전문가들이 제공하는 분석과 정보를 알아듣고 활용할 수 있어야 합니다. 그러자면 각종 분석 기법, 용어, 이론을 공부할 수밖에 없습니다.

셋째, 종목을 잘 골라야 합니다.

종목 고르기는 주식투자에서 성패를 좌우하는 요인이지만 쉽지 않습니다. 종목 고르기에 좋은 방법이 있을까요? 주식 전문가들은 기본 분석을 해보면 된다고 말합니다. 기업가치를 분석해서 시세가 비싼 종목과 싼 종목을 분간하고 어떤 종목을 사거나 팔면 좋을지 알 수 있다는 겁니다. 정말 그렇다면 기본 분석 기법을 익혀 종목 고르기에 활용해야겠죠.

넷째, 매매 타이밍을 잘 맞춰야 합니다.

주식투자는 아무리 좋은 종목을 고르더라도 매매 타이밍이 틀리면 좋은 성과를 낼 수 없습니다. 매매 타이밍을 맞추는 데 좋은 방법이 있을까요? 주식 전문가들은 차트 분석 기법을 쓸 수 있다고 말합니다. 과거 주가 흐름을 차트로 만들고 분석해보면 언제 어떻게 매매하면 좋을지 짚어낼 수 있다는 겁니다. 정말 그렇다면 차트 분석 기법을 익혀서 매매 타이밍 맞추기에 활용해야겠죠.

이 책은 지금까지 얘기한 네 가지를 중심으로 주식투자를 잘하는 데 필요한 지식을 정리했습니다. 군더더기 없이 핵심만 짚고, 누구나 알기 쉽도록 애매하지 않고 명확하게 설명하려고 했습니다. 증권사 HTS 화면과 실제 사례를 많이 넣어서 독자가 HTS를 활용한 실전 매매에 곧바로 활용할 수 있습니다. HTS 활용 예시를 위해서는 키움증권 HTS(영웅문)를 썼습니다. 개인투자자가 가장 많이 거래하는 증권사가 키움증권이기 때문입니다. 저자와 키움증권은 아무 관계가 없습니다.

주식투자 분야에서는 저자가 2000년에 초판을 발행한 단행본 『주식투자 궁금증 300문 300답』(동아일보사)이 제10판(2018년간)에 이르기까지 20년 가까이 개정출간을 계속해 왔습니다. 이번 『경제학자가 군더더기 없이 핵심만 짚어주는 주식투자』는 두 번째 주식투자 입문서입니다. 전작 『주식투자 궁금증 300문 300답』은 이론에 지면을 많이 썼는데, 이번 책은 실전 매매 테크닉에 관해 더 많은 콘텐츠를 담았습니다.

주식투자를 잘하려면 증시를 둘러싼 경제 환경을 이해하는 안목도 필요합니다. 경제 안목을 키우려 하는 독자 중 이 책이 취향에 맞는다면 저자가 쓴 다른 책 『경제기사 궁금증 300문 300답』도 읽어 보기를 권합니다. 고맙습니다.

곽해선

CONTENTS

PROLOGUE 주식투자를 잘하려면 ⋯⋯⋯⋯⋯⋯ 005

경제학자와 함께 하는
**주식투자
시작**

START 　　　처음 하는 주식투자,
꼼꼼하게 준비하기

1 　주식투자에 앞서 알아둬야 할 것 ⋯⋯⋯⋯⋯ 016
2 　증권거래계좌 만들기 ⋯⋯⋯⋯⋯⋯⋯⋯⋯ 022

경제학자와 함께 하는
**주식투자
실전**

STEP I 　　　　주식 사고파는 법

3 　매매주문 내는 방법 ⋯⋯⋯⋯⋯⋯⋯⋯⋯ 032
4 　주문에서 매매까지 ⋯⋯⋯⋯⋯⋯⋯⋯⋯⋯ 037
5 　다양한 주문 방식 이해하고 활용하기 ⋯⋯⋯ 040
6 　주문 수정하기 ⋯⋯⋯⋯⋯⋯⋯⋯⋯⋯⋯ 054
7 　주문가 부르는 규칙 ⋯⋯⋯⋯⋯⋯⋯⋯⋯ 056
8 　주문 체결 3원칙 ⋯⋯⋯⋯⋯⋯⋯⋯⋯⋯ 059
9 　매매부터 결제까지 주식매매 3단계 ⋯⋯⋯ 061
10 　거래 때 발생 비용 ⋯⋯⋯⋯⋯⋯⋯⋯⋯⋯ 063
11 　동시호가거래 ⋯⋯⋯⋯⋯⋯⋯⋯⋯⋯⋯⋯ 066
12 　예약주문하기 ⋯⋯⋯⋯⋯⋯⋯⋯⋯⋯⋯⋯ 070

13 시간외매매 ···································· 072

14 내게 맞는 HTS 꾸미기 ······················ 075

15 HTS로 종목별 시세 보기 ···················· 079

16 HTS로 계좌정보 보기 ······················ 081

17 HTS로 이체 명세 보기 ······················ 083

18 외상거래하기 ······························ 084

19 주식담보대출 ······························ 089

20 주식대여거래 ······························ 092

경제학자와 함께 하는
주식투자
실전

STEP II   시세 분석 정보 활용법

21 HTS 시세 분석 정보 용어 ···················· 096

22 HTS 정보로 거래 주체별 매매 동향 분석하기 ······ 107

23 HTS 호가 정보로 매매잔량 이해하기 ············ 109

24 신고가와 신저가 ·························· 111

25 종합주가지수 코스피&코스닥 ················ 113

경제학자와 함께 하는
주식투자 실전

STEP III

종목 고르는 법
기본 분석 지표 활용하기

기본 분석과 적정 주가 | "기업가치는 어떻게 추정하나?"

26 EPS "EPS 높아지는 종목을 산다" ································ 122

27 PER "PER 낮은 종목을 산다" ································ 127

28 ROA "ROA 높은 종목을 산다" ································ 136

29 ROE "ROE 높은 종목을 산다" ································ 140

30 PBR "PBR 낮은 종목을 산다" ································ 144

31 PSR "PSR 낮은 종목을 산다" ································ 149

32 영업 실적 "영업 실적 좋은 종목을 고른다" ················ 152

33 유동비율 "지불능력을 본다" ································ 157

34 당좌비율 "재무안정성 좋은 종목을 산다" ················ 167

35 부채비율 "자본 구조 안정성을 확인한다" ················ 170

36 순차입금비율 "금융비용 부담 적은 종목을 산다" ········ 173

37 유보율 "이익을 얼마나 어떻게 쌓았는지 본다" ·········· 176

38 이자보상배율 "좀비 기업 아닌지 확인한다" ·············· 181

39 자기자본비율 "자금 마련은 어떻게 하는지 본다" ········ 185

40 성장성 비율 "재무 성장성이 좋은지 본다" ·············· 188

41 EV/EBITDA "주식 가치가 저평가된 종목을 찾는다" ········ 195

42 수익성 비율 "수익성 좋은지 본다" ························ 198

43 활동성 비율 "활동성이 좋은지 본다" ···················· 214

44 현금 흐름 "현금 흐름 좋은 종목을 고른다" ·············· 219

STEP IV

매매 타이밍 잡는 법
차트 분석 지표 활용하기

기술 분석 왜 필요한가

A 봉 차트 분석

45 **봉 차트 이해** "봉 차트란 무엇인가?" ·············· 229

46 **양봉과 음봉** "봉 차트는 어떻게 만드나" ·············· 231

47 적삼병과 흑삼병 ·············· 236

48 봉 차트 해석과 대응 ·············· 239

49 HTS로 봉 패턴 검색하기 ·············· 253

50 HTS로 적삼병 종목 찾기 ·············· 256

B 추세 분석

51 **지지선과 저항선** "두 가지 추세선 유형" ·············· 259

52 **평행추세선** "평행추세선 활용한 매매 전략" ·············· 263

C 이동평균선 분석

53 **이동평균선** "이동평균선 만드는 법" ·············· 268

54 이동평균선으로 장세 보기 ·············· 272

55 이평선 추이에 따른 매매 전략 ·············· 277

D 패턴 분석

56 패턴 분석이란 ·············· 292

57 오르던 주가가 패턴 출현 후 떨어지는 경우 ·············· 293

58 하락하던 주가가 패턴 출현 후 오르는 경우 ·············· 301

59 패턴 출현 후에도 이전 주가 추세가 계속되는 경우 ·················· 305

E   거래량 분석

60 거래량과 주가 추이에 따른 매매 대응법 ·················· 311

F   기술 분석 도와주는 보조지표들

61 역시계곡선 "거래량 분석 보조지표" ·················· 317

62 VR(거래량 비율) "거래량 분석 보조지표" ·················· 326

63 이격도 "모멘텀 분석 보조지표" ·················· 329

64 스토캐스틱 "모멘텀 분석 보조지표" ·················· 336

65 삼선전환도 "모멘텀 분석 보조지표" ·················· 340

66 투자심리도 "시장 강도 분석 보조지표" ·················· 343

67 OBV(누적 균형 거래량) "시장 강도 분석 보조지표" ·················· 346

68 매물대 차트 "시장 강도 분석 보조지표" ·················· 353

69 볼린저밴드 "가격 분석 보조지표" ·················· 356

70 MACD 오실레이터 "추세 분석 보조지표" ·················· 359

+@   대세 사이클 이론

사계절론 ·················· 365

엘리엇 파동 이론과 다우 이론 ·················· 367

경제학자와 함께하는 주식투자 시작

START

처음 하는 주식투자

꼼꼼하게
준비하기

01 주식투자에 앞서 알아둬야 할 것

주식이 뭐지?

주식은 주식회사가 회사 재산 가치를 표시해 발행하는 증서입니다. 주식 회사는 사업을 벌여 돈을 벌 목적으로 밑천을 마련해 운영하는 회사입니다. 주식회사가 마련하는 사업 밑천을 자본금, 자본금을 댄 투자자를 주주라고 합니다.

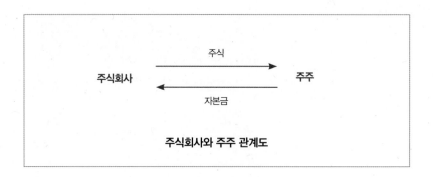

주식회사와 주주 관계도

주식회사는 자본금을 일정액 단위로 나누고, 나눈 수만큼 주식을 발행합니다. 주식 수는 '주' 단위로 표시합니다. 예를 들어 주식 100개를 발행한다면 '100주를 발행한다'고 말합니다.

주주는 밑천을 댄 만큼 주식을 갖습니다. 가령 3인이 100만 원씩 내서 자본금 300만 원 규모의 주식회사를 만든다고 합시다. 주식 단가를 50만 원으로 정하면 주식은 모두 6주를 발행해야 합니다. 주주는 3인이므로 각자 2주씩 갖습니다.

주식은 사고팔 수 있습니다. 일단 매매가 시작되면 발행 때 정한 가격(발행가)이 얼마든 시세가 형성됩니다. 시세는 '시장 가격(market price)'이나 '시가'와 같은 뜻입니다. 시세는 시시각각 변합니다. 시세가 쌀 때 주식을 사뒀다가 오른 값에 팔면 이득을 볼 수 있습니다.

주식 발행사에서 하는 사업이 잘 되고 시장에서 좋은 평가를 받으면 주가(시세)가 오르는 게 정상입니다. 주식 발행사가 하는 사업이 잘 안 되고 시장 평가가 나쁘면 주가가 침체하거나 떨어지는 게 보통입니다. 주가 등락에 따라 주주가 보유한 주식 평가액도 함께 변합니다. 투자자 관점에서 시세 흐름을 잘 타면 단기에 큰 이익을 낼 수 있습니다. 반대로 시세 흐름을 잘못 타면 투자금을 한순간에 다 잃을 수도 있습니다.

'지분'이란?

지분(持分)은 주식회사 사업 밑천에 주주가 기여한 만큼 보유하는 주식 금액을 말합니다. 전체 자본금에서 주주 지분이 차지하는 비율은 지분율(지분 비율)이라고 합니다. 회사가 사업을 벌여 이익이 나면 지분율에 따라 주주에게 이익을 배분할 수 있습니다.

어디서 어떻게 사고파나?

주식거래는 투자자끼리 직접 할 수도 있고 중개자를 끼워서 할 수도 있습니다. 보통은 증권사(증권회사)를 통해서 합니다.

증권사를 통해 주식거래를 한다면 먼저 증권사 영업점을 방문, 거래계좌부터 만들어야 합니다. 주식거래계좌는 공식 명칭이 '증권위탁거래계좌'입니다.

거래계좌를 만들고 계좌에 현금을 넣으면 그때부터 주식을 사겠다든지 팔겠다든지 주문이 가능한 상태가 됩니다. 증권사는 투자자에게서 받은 주문을 주식시장에 내놓습니다. 주식시장에 나온 주문이 제 짝을 찾으면 거래가 이뤄집니다. 거래 결과는 증권사를 거쳐 투자자에게 전달됩니다. 주식 매매 주문부터 거래가 이루어지는 과정은 수많은 컴퓨터를 연결한 온라인 전산 네트워크 시스템으로 실시간 처리됩니다.

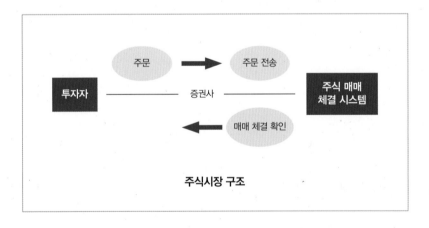

주식시장 구조

큰 기업은 코스피에, 작은 기업은 코스닥에 상장

우리나라에서 투자자가 가장 많이 참가하는 주식시장은 유가증권시장과 코스닥 시장입니다. 규모도 가장 크고 역사도 오래 되었습니다. 둘 다 '한국거래소(KRX: Korea Exchange)'라는 주식회사가 시장 관리자 역할을 맡아 운영합니다.

기업이 주식을 발행해서 유가증권시장이나 코스닥 시장에 내놓고 팔려면 한국거래소에서 허락을 받아야 합니다. 허락 받으면 주식을 유가증권시장이나 코스닥시장에 등록할 수 있습니다. 투자자들은 유가증권시장이나 코스닥시장에 등록된 주식을 골라서 매매합니다.

유가증권시장을 코스피(KOSPI: Korea Composite Stock Price Index) 또는 코스피 시장이라고도 부릅니다. 규모가 큰 기업이 발행한 주식을 매매하는 시장입니다. 코스닥(KOSDAQ: Korea Securities Dealers' Automated Quotation System)에서는 주로 중소기업이 발행하는 주식을 거래합니다.

'주식시장'과 '증권시장'은 서로 같은 말?

흔히 주식시장을 '증권시장'이나 '증시'라고 불러 헷갈리는데요. 엄밀하게 말해 주식시장과 증권시장은 조금 다릅니다. 증권은 재산 가치가 있는 증서를 가리킵니다. 주식뿐 아니라 채권, 수표, 어음도 포함하는 개념이죠. 증권시장은 증권을 매매하는 시장이고, 주식시장은 증권시장 가운데 하나일 뿐입니다.

상장종목과 주식 발행사

기업이 자사 주식을 유가증권시장이나 코스닥시장에 등록하는 것을 '상장(上場, Listing)'이라고 합니다. 상장한 회사는 상장회사(상장기업)라고 부르고, 상장한 주식은 상장주식 내지 상장종목이라고 부릅니다.

상장종목 이름은 보통 발행사 이름을 따라 '삼성전자 주식' 'SK하이닉스 종목'… 식으로 부릅니다. 매매는 종목별로 합니다. 예를 들면 '삼성전자' 종목을 1주에 5만 원씩 5주를 사고, '신한지주' 종목을 1주에 5만 원씩 100주 파는 식입니다.

상장종목은 꽤 많이 있습니다. 2018년 12월 13일 자로 유가증권시장에는 918개, 코스닥시장에는 1,324개가 상장되어 있습니다(최신 정보는 한국거래소 홈페이지 메뉴에서 [시장정보 → 통계 → 주식 → 상장현황 → 상장회

상장 종목 분류(업종별)

사] 순으로 검색할 수 있습니다). 종류도 다양합니다. 한국거래소나 신문, 방송, 인터넷 등에서 볼 수 있는 주식시세표는 대개 발행사가 속한 업종을 기준으로 상장종목을 분류해 놓습니다. 왼쪽의 보기 그림도 같은 예입니다.

상장회사는 상장하지 않은 회사에 비하면 주식을 팔아 자본금을 마련하기가 쉽습니다. 상장주식 시장은 투자자도 많거니와, 상장주식이라고 하면 투자자들이 시장관리자(한국거래소)를 믿고 선뜻 사주기 때문이죠. 당연히 기업이 규모가 커지면 으레 상장을 원하지만, 상장하려면 한국거래소 심사를 통과해야 합니다. 상장주식 시장 동향은 보기처럼 미디어에서 흔히 소식을 접할 수 있습니다.

관련 기사

증시 호황에 거래대금 증가
… 업계에 따르면 올해 유가증권시장과 코스닥 합산 하루평균 거래대금은 13조 원으로 전년 9조 원보다 44% 증가할 전망이다.
코스피와 코스닥시장의 활황으로 투자자들의 자금이 몰려 거래대금이 증가했기 때문이다. …

〈컨슈머타임즈〉 2018년 3월 23일 자

'상장주식'도 사라질 수 있나?

상장회사라도 경영 상태가 계속 나쁘거나 주식거래 규칙을 어기면 시장관리자가 상장 자격을 취소할 수 있습니다. 상장 폐지를 하는 거죠. 상장 폐지된 회사가 상장한 종목은 시장에서 사라집니다.

02 증권거래계좌 만들기

맘에 드는 증권사 고르기

개인이 가장 쉽게 주식을 매매하는 방법은 증권사를 이용하는 것입니다. 증권사를 이용할 때는 두 가지 방법으로 매매할 수 있습니다. 직접 증권사 영업점을 찾아가 매매할 수 있습니다. 모바일 기기(스마트폰, 태블릿, 노트북), 컴퓨터, 유선전화 등으로 매매할 수 있습니다.

증권사는 투자자로부터 주문을 받고 주식 매매를 대행해주는 대신 거래 수수료를 받습니다. 거래수수료는 증권사마다, 주문 방법 등에 따라 각각 다릅니다. 수수료는 증권사 홈페이지를 보면 확인할 수 있습니다. 참고로, 2019년 1월 국내 개인투자자가 가장 많이 이용한 증권사는 키움증권입니다. 키움증권은 영업점이 없고, 100% 온라인 서비스만 제공합니다. 직접 영업점을 찾아가 거래할 수 없는 것은 단점이지만, 대신에 수수료가 싼 장점이 있습니다. 물론 수수료만 싸다고 좋은 회사라고 볼 수는 없지요. 회사 평판도 고려해야 합니다. 개인 성향에 따라 영업점이 있는 것이 편하겠다 싶으면 영업점 많은 증권사를 고르면 됩니다. 증권사 선택에 너무 많이 고민할 필요는 없습니다. A 증권사에서 거래하다가 나중에 B 증권사로 거래회사를 옮기는 것도 가능하니까요. 거래 증권사에 얘기하면 주식이든 현금이든 고스란히 옮겨줍니다.

거래계좌 만들기

스마트폰 MTS로 비대면 거래 계좌 만드는 법

요즘 대세인 MTS(Mobile Trading System)를 이용하면 좋습니다. MTS는 스마트폰으로 주식 거래가 가능한 주식 매매 전용 애플리케이션입니다.

스마트폰 MTS를 이용하면 '비대면 계좌'를 만들 수 있습니다. '비대면 계좌'란, 증권사나 은행 영업점 창구 직원과 얼굴을 마주하지 않고 거래하는 계좌입니다. 과거에는 본인이 직접 신분증을 챙겨 들고 증권사 영업점을 찾아가야 주식거래계좌를 만들 수 있었지만, 이제는 그럴 필요가 없습니다.

비대면 계좌는 스마트폰으로 증권사 앱을 내려받고, 본인 실명 확인 절차를 거치면 만들 수 있습니다. 미리 신분증과 본인 은행 계좌 정보를 준비해놓아야 합니다.

컴퓨터나 태블릿으로 증권사 홈페이지에 들어가면 다음 쪽(p. 24)에 나오는 보기 그림처럼 [계좌개설] 메뉴가 보입니다. 클릭하여 스마트폰 앱을 내려받은 후 비대면 계좌를 만들거나 홈페이지 안에서 비대면 계좌를 만들 수 있습니다. 두 경우 모두 스마트폰으로 본인인증을 해야 합니다.

키움증권 홈페이지 계좌개설 메뉴 화면

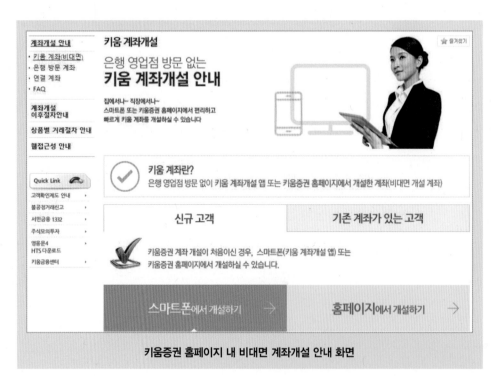

키움증권 홈페이지 내 비대면 계좌개설 안내 화면

증권사에서 거래계좌 만드는 법

만약 증권사를 찾아가서 거래계좌를 만들고 싶다면 가까운 영업점에 들르면 됩니다. 주민등록증이나 운전면허증 같은 신분증을 갖고 가야 합니다. 창구에서 '거래계좌를 만들고 싶다'고 말하면 됩니다.

은행에서 거래계좌 만드는 법

가까운 곳에 증권사 영업점이 없다면 은행에서 주식거래계좌를 만들 수도 있습니다. 은행에서는 은행 예금계좌와 증권사 증권거래계좌를 연결한 종합계좌를 만들 수 있습니다. 종합계좌를 이용하면 증권사 영업점을 거치지 않아도 주식을 매매할 수 있고, 증권 계좌와 은행 계좌 양쪽에서 입출금할 수 있어 편합니다.

거래계좌 만들 때 유의해야 할 점

하나. 증권거래계좌와 은행계좌 간에 언제든 자금을 옮길 수 있게 이체약정을 해두면 편합니다.

둘. 컴퓨터나 태블릿 등으로 온라인 거래를 하려면 증권사가 제공하는 온라인 주식 매매 전용 프로그램 HTS(Home Trading System)나 WTS(Web Trading System) 사용 신청을 해야 합니다. 접속용 ID와 비밀번호를 챙겨야 합니다. HTS는 컴퓨터에 설치하면 곧바로 사용할 수 있습니다. WTS는 HTS 같은 프로그램을 설치하지 않고도 증권사 인터넷 홈페이지에 접속(로그인)만 하면 바로 이용할 수 있는 웹 기반 시스템 도구(System Tool)입니다.

셋. 영업점을 자주 들를 생각이라면 영업점에서 거래계좌를 만들 때 증권
카드를 받아둡니다. 증권카드는 영업점 내 ATM 기기에서 본인 계좌로
입출금을 할 때도 사용할 수 있습니다. 또한 영업점 창구에서 일을 볼 때
창구에 내밀면 거래자 본인 확인을 더욱 쉽고 빠르게 할 수 있습니다. 요
즘엔 지문으로 거래자를 인식하는 영업점도 있어서 구식 물건이 되긴 했
습니다.

DO IT! 스마트폰으로 주식 거래계좌 만들기

키움증권에서 제공하고 있는 스마트폰 주식거래 앱 '영웅문S'를 예로 들어 소개합니다.
스마트폰에서 주식거래 앱 영웅문S를 검색해 설치합니다.

아이폰에서 '영웅문S' 설치 과정

프로그램 설치하기 아이
폰을 사용한다면 앱스토
어(애플)에서, 안드로이
드폰을 사용한다면 구글
안드로이드 마켓에서 '영
웅문S'를 검색한 다음 프
로그램을 설치합니다.

계좌 개설 앱 내려받기 설치를 마치고 앱을 열면 로그인 화면이 열립니다. 로그인 화면 하단에 '키움계좌 개설'이라는 메뉴가 있습니다. 클릭하면 '키움 계좌 개설 앱 다운로드' 화면이 열립니다. 다운로드 메뉴를 클릭하면 '키움증권 계좌개설' 앱을 내려받을 수 있습니다.

'영웅문S' 로그인

키움 계좌 개설 앱
다운로드

주식 거래계좌 만들기 내려받은 '키움증권 계좌개설' 앱을 열면 계좌개설 안내 창이 열립니다. 차례대로 따라가면 주식 거래계좌를 만들 수 있습니다.

키움증권 계좌 개설 앱

컴퓨터를 이용해서 온라인 주식거래를 하려면 두 가지 방법이 있습니다. 하나는 증권사 홈페이지에 들어가 회원가입을 하고, 가입 때 정한 아이디와 비밀번호로 로그인을 한 뒤 거래하는 방법입니다.

다른 하나는 증권사가 제공하는 온라인 주식 매매 전용 프로그램인 HTS를 컴퓨터에 설치한 후 이용하는 방법입니다. HTS는 증권사 홈페이지에서 내려받으면 됩니다. HTS를 사용하는 것이 여러모로 편리합니다. 실제로 개인투자자들이 가장 많이 이용하기도 합니다.

다음 보기 그림은 키움증권이 홈페이지에 제공하는 HTS '영웅문 4'입니다. 둥글게 표시한 부분을 클릭하면 HTS를 다운받을 수 있습니다.

증권사 홈에서 '둥글게 표시한 부분'을 클릭해 HTS 프로그램을 내려받기

키움증권 홈페이지에서 제공하는 HTS '영웅문 4'

아이디와 비번을 입력하고 로그인하기 처음엔 창이 여러 개로 된 복잡한 화면이 나타납니다. 복잡하다고 겁먹을 것 없습니다. 실제로 일반 투자자들이 자주 쓰는 창은 몇 개

안 되니까요. 당장 필요 없다 싶은 창은 일단 닫습니다. 나중에 필요하면 언제든 화면 위에 있는 메뉴를 통해 열면 됩니다. 자주 보는 창만 골라 '즐겨찾기'를 해두면 이후 로그인해서 편리하게 쓸 수 있습니다.

가장 많이 보는 창이 [주식주문] 메뉴 투자자들이 주식 거래를 위해 가장 많이 보는 화면이 [주문] 창입니다. '주문' 창은 [주식주문] 메뉴에서 고를 수 있습니다.

주문 창에서 거래 종목(명)을 검색해보고 원하는 종목을 선택하면 종목(명)을 입력하는 칸에 해당 종목이 표시됩니다. 보기는 'SK하이닉스' 종목을 검색해 현재 주가와 거래 상황을 확인한 예입니다. 이 상태에서 [매수]나 [매도]를 고르면 곧바로 매매 주문을 내놓을 수 있습니다.

키움증권 HTS 종목 검색창

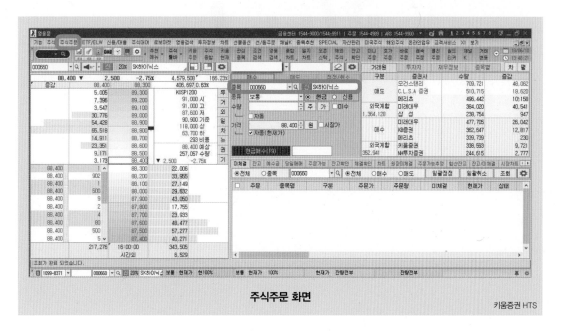

주식주문 화면

키움증권 HTS

경제학자와 함께 하는 주식투자 실전

STEP 1

주식

사고파는 법

03 매매주문 내는 방법

증권사에서 주식 거래계좌를 만들고 나면 바로 주식을 살 수 있습니다. 주식을 사려면 주문부터 해야겠죠. 주식을 매매하려고 주문하는 것을 '주문을 낸다(내놓는다)'고 말합니다.

주식을 사기 위해 내는 주문은 '사자주문' 또는 '매수주문'이라고 합니다. 매수주문을 내려면 미리 어떤 주식을 어느 정도 살지 생각해봐야 합니다. 사고자 하는 주식을 결정한 다음에는 원하는 주식을 사는 데 필요한 현금을 거래계좌에 넣어 두어야 합니다.

투자자가 주식을 사려고 주식 거래계좌에 넣은 금액은 증권사가 '(계좌)예수금'으로 기록합니다. 주식을 매매하려는 고객에게서 받아둔 돈이라는 뜻이지요. 투자자 입장에서는 주식 매매를 위해 증권사에 맡겨둔 돈이므로 '(계좌)예탁금'이라고 부를 수 있습니다.

예수금을 넣는 방법도 여러 가지 있습니다. 증권사 영업점 창구에서 현금을 내도 되고, 은행 예금계좌에서 이체해도 됩니다. HTS에서도 은행 예금을 주식 거래계좌로 옮길 수 있습니다.

HTS나 스마트폰을 사용할 때

DO IT!　　　**HTS로 예수금 넣고 확인하기**

HTS 화면 맨 위 메뉴 가운데 [온라인 업무]를 고릅니다. [온라인 업무]에 속하는 서브 메뉴 중 [연계은행 입출금] 창을 열면 은행 계좌와 주식(증권) 계좌 상호 간에 현금을 이체할 수 있습니다.

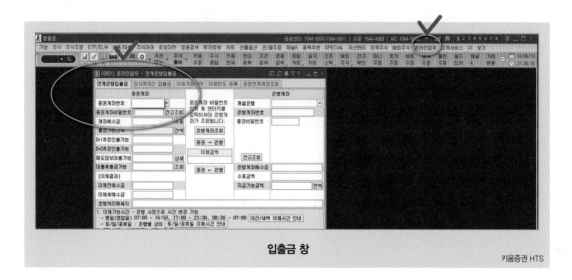

입출금 창

키움증권 HTS

예수금이 얼마나 되는지 확인하려면 [주식주문 → 키움주문 → 예수금] 창에서 조회하면 됩니다. 계좌에 예수금을 넉넉히 넣어뒀다면 이제 주식을 살 수 있습니다. 예수금 범위 안에서 어떤 주식을 얼마만큼 사겠다고 주문하면 됩니다.

매매주문은 컴퓨터, 태블릿, 스마트폰 등 통신기기로 HTS나 MTS에 접속해서 언제 어디서나 직접 낼 수 있습니다. HTS나 MTS 같은 온라인 증권거래 시스템은 주식시장을 거미줄처럼 연결한 온라인 전산 통신망에 실시간 연결되어 있기 때문이죠.

DO IT!　　　　**매매주문 내기**

주식 매수주문은 보통 '○○종목 몇 주를 1주에 1만 원씩 사겠다'는 식으로 합니다. HTS에서는 보기 그림처럼 홈에서 [주식주문→키움주문→매수]를 고르고 [돋보기] 버튼을 눌러 매수할 종목을 고른 다음 사려는 수량과 가격을 입력하고 [현금매수(F9)] 을 누릅니다.

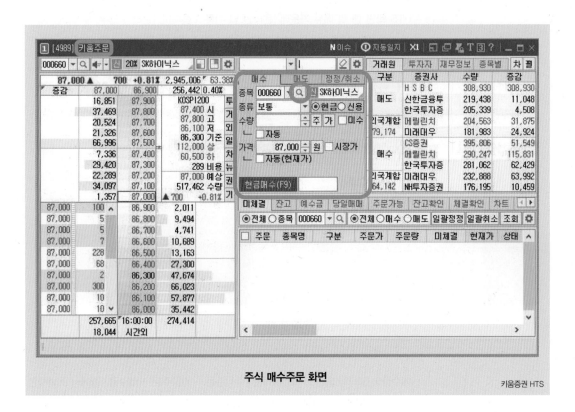

주식 매수주문 화면

키움증권 HTS

매도주문은 '○○종목 몇 주를 1주에 1만 원씩 팔겠다'는 식으로 합니다. HTS에서는 보기 그림처럼 홈에서 [주식주문→키움주문→매도]를 고르고 매도할 종목을 고른 다음 팔려는 수량과 가격을 입력하고 [현금매도(F12)] 버튼을 누르면 됩니다.

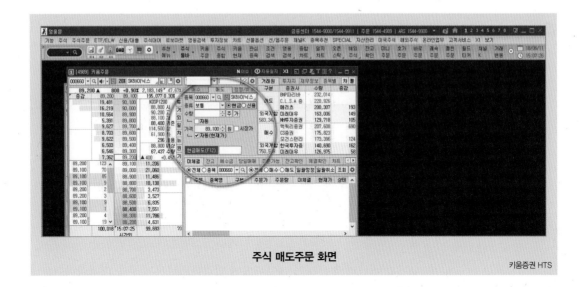

주식 매도주문 화면

키움증권 HTS

스마트폰으로 주문할 때도 같은 식으로 합니다. 보기 그림은 스마트폰 앱으로 주식 매수 주문을 내는 창입니다.

스마트폰 키움증권 앱
주식 매수주문 화면

컴퓨터나 스마트폰 없이 거래할 때

유가증권시장이나 코스닥시장에서는 매매주문이 통신망을 타고 한데 모여 처리됩니다. 컴퓨터나 스마트폰을 쓴다면 투자자가 온라인 거래 시스템에 직접 접속해서 주문할 수 있습니다. 컴퓨터나 스마트폰을 쓰지 않는다면 전화로 거래할 수 있습니다. 거래계좌가 있는 증권사 영업점으로 전화해서 어느 종목을 얼마에 몇 주 사거나 팔아달라고 청하면 됩니다. 전화를 받은 증권사 직원은 고객에게 거래계좌번호와 비밀번호를 묻고 주문 내용을 컴퓨터로 온라인 네트워크에 입력함으로써 주문을 대행합니다.

증권사 영업점에 직접 찾아가서 주문할 수도 있습니다. 영업점에는 투자자가 주문 내용을 적어 창구에 낼 수 있게 주문표가 마련되어 있습니다. 보통은 이름과 계좌번호, 비밀번호를 적고 매매하려는 종목, 수량, 단가를 적어 냅니다. 잘 모르는 게 있으면 창구 직원에게 물으면 됩니다. 직원이 고객 주문을 확인한 다음 주문 내용을 증시 네트워크에 입력하는 방식으로 주문을 대행해줍니다.

04 주문에서 매매까지

주문은 어떻게 매매로 이어지나

주식을 매매하려면 주문을 해야 하지만 주문한 대로 매매할 수는 없습니다. 주문이 매매로 연결되려면 시장에서 가격이나 수량이 맞는 상대(주문)를 만나야 합니다. 어느 날 투자자 A가 ○○ 종목 10주를 주당 1만 원에 매수주문했다고 가정해봅니다. A가 뜻대로 주식을 손에 넣으려면 ○○ 종목을 10주 이상, 1만 원 이하에 팔겠다는 주문이 시장에 나와야 합니다. 실제로 나온 매도주문은 하루장이 끝나도록 '1만 원에 4주를 팔겠다'는 주문 1건뿐이었다면 어떻게 될까요?

매매 가격은 1만 원이니 조건에 맞지만 매매 수량은 4주만 맞죠. 이럴 경우 A가 내놓은 주문량 10주 중 4주만 거래가 '체결'될 수 있습니다. '체결(Contract)'이란, 약정(계약)한다는 뜻입니다. 주식과 대금을 맞바꾸기로 약속한다는 말이지요. A가 내놓은 매수주문 수량 중 6주는 거래가 체결되지 못해 '미체결' 주문이 됩니다. 미체결 주문은 장이 끝나면 자동으로 취소됩니다. 증시 규칙상 주문은 당일 장이 마칠 때까지만 유효하기 때문입니다. 시장에 나오긴 했으나 거래되지 못한 미체결 주문은 장이 끝나면서 사라지는 것입니다. 결국 A가 주문한 매수 물량 중 거래가 체결된 것은 '4주'입니다. 나머지 6주는 미체결 주문이므로 당일 장이 끝나면서 사라집니다. 증시는 주문 물량 중 거래가 체결된 수량만 '거래량' 계산에 넣습니다. 어느 날 매수주문 100주, 매도주문 10주가 시장에 나온 주문 전체인데 10주만 매매가 체결됐다면 거래량은 10주로 기록합니다. 주문 체결 여부는 HTS나 스마트폰으로 언제든 실시간 확인해 볼 수 있습니다.

 DO IT!　　　　**HTS로 주문 체결 여부 확인하기**

HTS 홈에서 [주식주문 → 키움주문 → 체결확인] 순으로 들어가 조회해 보면 됩니다. HTS에서는 대개 주문 체결 즉시 자동으로 체결 명세를 알려주는 창이 뜨기 때문에 따로 확인하지 않아도 이내 알 수 있습니다.

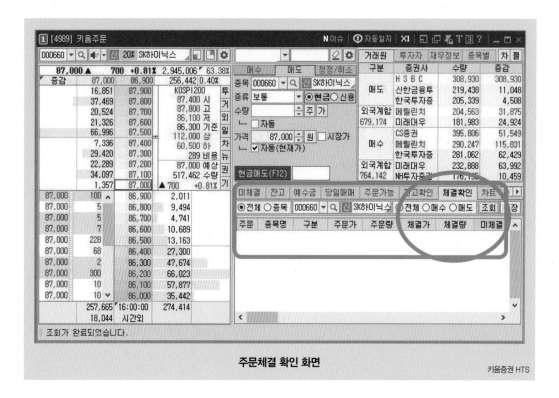

주문체결 확인 화면

키움증권 HTS

장이 열리는 동안에는 증권사 영업점에 전화해서 주문 체결 여부를 물어봐도 됩니다. 거래 영업점에 '주문이 체결될 때마다 알려 달라'고 신청해두면 음성 자동응답 전화(ARS)나 휴대폰 문자 메시지, 이메일 등으로 통보를 받을 수 있습니다.

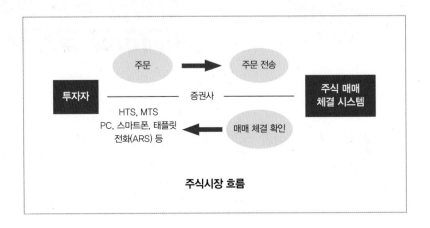

주식시장 흐름

05 다양한 주문 방식 이해하고 활용하기

주문자에게 항상 유리한 '보통가주문'

대개 개인투자자가 매매 주문을 낼 때는 '○○ 목 몇 주를 1주에 얼마씩 사거나 팔겠다'는 식으로 합니다. 매수주문 같으면 사려는 종목명, 수량, 단가를 지정해서 '△△ 종목을 100주, 1주 1만 원씩 사겠다'고 주문합니다. 주문 방식은 여러 가지가 있습니다. 종목명, 수량, 단가를 지정하는 방식을 '보통가주문' 또는 '지정가주문'이라고 합니다. 개인이 가장 많이 이용하는 주문 방식이지요.

((•)) DO IT!　　HTS로 보통가주문 내기

컴퓨터로 HTS에 접속해 거래할 경우 보기 그림처럼 홈에서 [주식주문 → 키움주문 → 매수(또는 매도) → 종목 → 종류 → 수량 → 가격]을 고르게 되어 있습니다. 여기서 '종류'란 주문 방식을 뜻합니다. 특별히 다른 방식을 고르지 않으면 '보통'을 고른 상태로 표시되고, 그대로 주문하면 '보통가주문'으로 처리됩니다.

보통가주문 창

키움증권 HTS

보통가(지정가) 주문이 거래로 이어지는 과정에는 크게 3가지 규칙이 적용됩니다.

규칙 1 사자 · 팔자 주문이 가격과 수량 면에서 일치하면 거래가 체결됩니다. 어떤 종목을 주당 1만 원씩 100주 사겠다는 주문이 나왔다고 가정하죠. 같은 종목을 역시 1만 원에 100주 팔겠다는 주문이 나오면 100주 모두 거래가 됩니다.

규칙 2 매수주문을 내면 보통가 이하로만 거래가 체결되고, 매도주문을 내면 보통가 이상으로만 거래가 체결됩니다. 사든 팔든 주문자에게 유리한 가격으로만 거래가 체결되는 것입니다. 가령 500원에 보통가 매수주문을 냈는데 490원에 '팔자' 주문이 나왔다고 해보죠. 500원에 사겠다는데 490원에 팔겠다니 490원에 제꺽 거래가 체결될 것은 당연합니다. 그러니까 보통가 매수주문을 내면 주문가는 물론 주문가보다 싼값에 주식을 살 수도 있습니다. 보통가 매수주문을 냈는데 주문가보다 비싸게 사는 경우는 없습니다.

매도주문도 마찬가지입니다. 보통가 매도주문을 내면 주문가는 물론 주문가보다 비싼 값에 팔 수도 있습니다. 가령 500원에 보통가 '팔자' 주문을 냈는데 510원에 '사자' 주문이 나왔다고 치죠. 500원에 팔겠다는 걸 510원에 사겠다니 510원에 제꺽 거래가 체결될 것은 당연합니다. 보통가 매도주문을 냈는데 주문가보다 싸게 파는 경우는 없습니다.

요약하면, 보통가주문은 매매가 체결되는 한 언제나 주문자에게 유리한 가격으로 거래되는 것입니다.

규칙 3 매매 가격이 맞더라도 주문 수량이 안 맞으면 맞는 물량만 거래됩니다. 가령 매수주문 100주가 나왔는데 매수자가 원하는 가격에 매도자가 내놓은 수량이 50주뿐일 경우 50주만 거래됩니다.

홍길동이 한국전자 종목 100주를 500원에 팔겠다고 보통가 매도주문을 내놓았다 치죠. 이후 증시에 나온 매수주문이 '510원 40주, 500원 30주, 490원 20주'라면 길동은 주식을 얼마나 팔 수 있을까요?

보통가 매도주문이므로 매수주문가 500원 이상이면 거래가 가능한데 500원 이상을 부른 매도물량은 70주(510원에 40주, 500원에 30주)뿐입니다. 결국 70주만 팔 수 있습니다.

주가가 폭등 또는 폭락할 때는 '시장가주문'

주문 방식 중에 '시장가주문'이라는 것도 있습니다. 시세가 얼마든 상관 없이 매매하고 싶을 때 종목과 수량만 지정해 주문하는 방식입니다. 개인 투자자들이 보통가주문 다음으로 선호하는 주문 방식입니다.

 DO IT!   **HTS로 시장가주문 내기**

HTS로 시장가주문을 낸다면 [주식주문 → 키움주문] 창에서 '종류'를 [시장가]로 고르 고 주문해야 합니다.

시장가주문 창

시장가주문은 '시장 가격을 받아들여 매매하겠다'는 뜻으로 내놓는 주문인 만큼 보통가주문보다 먼저 거래가 체결될 수 있도록 우선권이 주어집니다. 실제로 주문이 나오면 대개 즉시 매매가 이루어집니다.

가령 장중(주식시장이 열리는 동안)에 어떤 종목을 놓고 투자자 A는 '3만 원에 팔겠다'고 주문하고, B는 '2만9000원에 사겠다'고 주문한 상황을 가정해 보겠습니다. 둘 다 보통가주문입니다. 이럴 때 투자자 C가 시장가주문으로 '사자'를 부르면, C는 B가 낸 주문을 제치고 곧바로 3만 원에 살 수 있습니다.

시장가주문이라도 수량 조건은 맞아야 거래가 체결될 수 있습니다. 가령 투자자 A가 △△ 종목 100주를 '당일 시세가 쌀 때 사 달라'고 시장가주문을 냈다고 해보죠.

A가 낸 주문이 체결되려면 가격 조건이 맞는 '매도 잔량(시장에 나왔으나 아직 안 팔린 상태로 남아 있는 수량)'이 있어야 합니다. A가 주문을 내놓은 시점에 매도 잔량이 80주(1만 원에 50주, 1만1000원에 30주)뿐이었다면 80주밖에 살 수 없습니다.

시장가주문을 낼 때는 주문자 스스로 가장 유리한 매매 조건을 겁니다. '당일 가장 싼 값에 팔아달라'거나 '가장 비싼 값에 사 달라'는 식이죠.

가격 범위를 정해서 매매를 맡기기도 합니다. '얼마 이하로 어느 종목을 몇 주 사 달라'든지, '얼마 이상으로 어느 종목 몇 주를 팔아 달라'는 식입니다.

주가가 폭등세일 때는 잘 나가는 주식을 사들이는 데 활용하기도 합니다. 이를테면 '값이 얼마든 당장 ○○ 주식을 시세대로 사 달라'고 주문하는 식이죠.

주가가 폭락할 때는 손실이 커지는 걸 줄이는 데에도 써먹을 수 있습니다. '값이 얼마든 내가 가진 ○○ 주식을 당장 전부 팔아 달라'는 식으로 주문하는 겁니다.

지정가에 거래 안 되면 시장가로 바뀌는 '조건부 지정가주문'

'오늘은 꼭 팔아야지' '꼭 사야지' 마음먹고 주문을 했는데 아무리 시간이 흘러도 매매가 안 될 때 좋은 주문 방법이 있습니다. 지정가주문에 조건을 붙여 내놓는 '조건부 지정가주문'입니다.

조건부 지정가주문은 처음엔 '지정가주문'으로 시장에 나갔다가 거래가 안 될 경우 장 막판(마감 10분 전)에 '시장가주문'으로 바뀝니다. 처음엔 원하는 값을 불러 매매를 시도해보다가 안 되면 시세대로 매매하자는 생각으로 내는 주문입니다.

지정가주문이 시장가주문으로 바뀌는 '장 마감 10분 전'은 오후 3시 20분을 뜻합니다. 유가증권시장과 코스닥시장에서는 장(시장)이 열리는 시간대가 정해져 있죠. 공휴일을 빼고 매주 월요일부터 금요일까지, 오전 9시부터 오후 3시 30분까지가 정규(일반) 거래 시간대입니다. 정규 거래 시간을 벗어나서 거래가 이뤄지는 '시간외매매' 제도도 있지만, 조건부 지정가주문은 정규 거래 시간대에만 낼 수 있습니다.

HTS로 시장가주문을 낸다면 [주식주문 → 키움주문] 창에서 '종류'를 [조건부 지정가]로 고르고 주문해야 합니다.

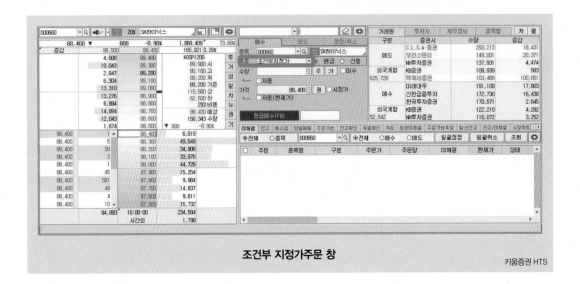

조건부 지정가주문 창

키움증권 HTS

최대한 유리하게 꼭 매매하려면 '최유리 지정가주문'

거래는 반드시 체결하는 것을 전제로 주문자가 자신에게 가장 유리한 매매가를 부를 방도가 있을까요?

매매할 종목과 수량만 지정하고 '최유리 지정가주문'을 하면 됩니다. 최유리 지정가주문이란 거래 체결이 가능한 가격 범위에서 살 때는 남들이 팔겠다고 내놓은 가격 중 최저가를, 팔 때는 남들이 사겠다고 내놓은 가격 중 최고가를 부르는 겁니다.

예를 들어보겠습니다. 상장기업 '남북전자'를 최유리 지정가주문으로 사려고 합니다. 시세 현황이 다음 표와 같다면 매수가로 얼마를 부르면 좋을까요?

팔려는 수량	매매 주문가	사려는 수량
650	35,050	
250	35,000	
800	34,950	
	34,900	230
	34,850	180

남북전자 매매주문 현황

표를 보면 팔려는 물량(수량) 중에서 매매 주문가가 가장 낮은 것은 34,950원입니다. 34,950원에 800주를 팔겠다는 주문이 나와 있죠.

사려는 물량 가운데 매매 주문가가 가장 높은 것은 34,900원입니다. 34,900원에 230주를 사겠다는 주문이 나와 있죠.

표와 같은 상태에서 주식을 꼭 사고 싶다면 매수가를 34,950원 이상 불러야 합니다. 34,950원보다 싼값엔 팔려는 물량이 없기 때문이죠. 그나마 34,950원이 매도 주문가 중에서는 가장 낮으니 매수자에겐 가장 유리한 '최유리 지정가'입니다. 당연히 최유리 지정가로 매수주문을 내면 매매 주문가 중 가장 낮은 34,950원에 '사자' 주문이 나갑니다.

만약 최유리 지정가주문으로 주식을 판다면 얼마에 주문이 나갈까요?

매수 주문가 중 최고가인 34,900원에 '팔자' 주문이 나갑니다. 34,900원보다 비싼 값엔 사려는 물량이 없기 때문입니다. 꼭 팔려면 매도가를

34,900원 이하로 불러야죠. 그나마 34,900원이 매수 주문가 중에서는 최고가이므로 매도자에겐 가장 유리한 '최유리 지정가'가 됩니다.

((● DO IT!   **HTS로 최유리 지정가주문 내기**

HTS에서 'SK하이닉스' 종목에 최유리 지정가주문을 내보겠습니다.
[주식주문 → 키움주문] 창에서 '종류'를 [최유리 지정가]로 고르고 주문해야 합니다.
보기 그림에서 하이닉스는 매도 주문가가 88,500~89,400원까지 나와 있습니다
(ⓐ 위쪽 파란색 박스 왼쪽 숫자가 주문량, 오른쪽 숫자가 주문가). 매수주문가는
87,500~88,400원까지 나와 있습니다(ⓑ 아래쪽 붉은색 박스 왼쪽 숫자가 주문가,
오른쪽 숫자가 주문량). 현재 상태에서 최유리 지정가로 매수주문을 내면 매도주문가 중
가장 낮은 88,500원에 주문이 나갑니다. 매도주문을 낸다면 매수주문가 중 가장 높은
88,400원에 주문이 나갑니다.

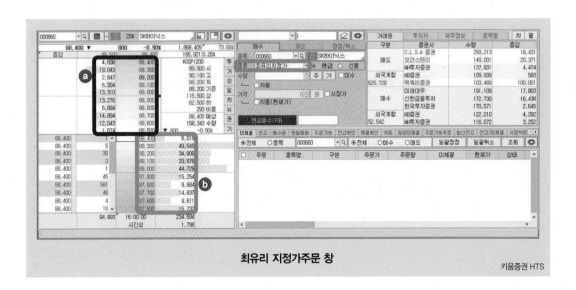

최유리 지정가주문 창

키움증권 HTS

값이 얼마든 무조건 빨리 매매하려면 '최우선 지정가주문'

'가격이 얼마든 무조건 빨리 매매하고 싶다', 그렇다면 '최우선 지정가'로 주문하면 좋습니다.

최우선 지정가주문으로 주식을 살 때는 매매할 종목과 수량만 지정하고 주문가를 거래가 체결될 수 있는 범위에서 최고가로 내놓습니다. 팔 때는 '팔자' 주문가 중 최저가로 내놓습니다. 보기로 든 '남북전자'를 최우선 지정가주문으로 산다면 '사자' 주문가 중 최고가인 34,900원에 매수주문이 나갑니다. 반대로 판다면 '팔자' 주문가 중 최저가인 34,950원에 매도주문이 나갑니다.

가장 비싼 값에 사고 가장 싼 값에 팔겠다는 것이니 주문자 자신에게는 가장 불리하게 주문하는 겁니다. 거꾸로 거래 상대에겐 가장 유리하게 주문하는 거죠. 앞서 나온 최유리 지정가주문과는 정반대인데, 누구보다 먼저 매매할 수 있는 것이 장점입니다.

팔려는 수량	매매 주문가	사려는 수량
650	35,050	
250	35,000	
800	34,950	
	34,900	230
	34,850	180

남북전자 매매주문 현황

'SK하이닉스'에 최우선 지정가주문을 내보겠습니다.

HTS [주식주문 → 키움주문] 창에서 '종류'를 [최우선 지정가]로 고르고 주문해야 합니다. 지금 하이닉스는 매도주문가가 88,500∼89,400원까지 나와 있습니다(ⓐ 위쪽 녹색 박스 왼쪽 숫자가 주문량, 오른쪽 숫자가 주문가). 매수주문가는 87,500∼88,400원까지 나와 있습니다(ⓑ 아래쪽 파란색 박스 왼쪽 숫자가 주문가, 오른쪽 숫자가 주문량).

현재 상태에서 최우선 지정가로 매도주문을 낸다면 현재 시장에 나와 있는 매도주문가 중 가장 낮은 88,500원에 가격 주문이 나갑니다. 매수주문을 낸다면 현재 나와 있는 매수주문가 중 가장 높은 88,400원에 가격 주문이 나갑니다. 가장 싸게 팔고 가장 비싸게 사는 거죠.

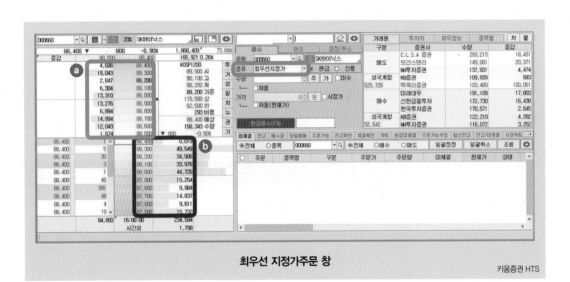

최우선 지정가주문 창

키움증권 HTS

원치 않는 거래 피하고 싶다면 '조건부 주문'

지정가(보통가), 시장가, 최유리 지정가로 주문을 내고 보면 간혹 뜻하지 않은 거래가 체결될 때가 있습니다.

예를 들어보겠습니다. 홍길동이 '남북전자' 1,000주를 사겠다고 시장가 주문을 냈습니다. 이어 30,000원에 800주 매도주문이 나왔습니다. 800주는 매매됐지만 200주가 남았습니다. 이후 주가가 오르면서 남북전자 500주를 31,000원에 팔겠다는 주문이 나왔습니다. 길동이 주문했던 물량 중 미체결분 물량 200주는 31,000원에 거래됐습니다.

막상 매매를 하고 나니 나중에 산 200주는 비싸게 샀다 싶은 생각이 들었습니다. 800주가 거래된 직후 미체결 물량 200주 주문을 취소할 수 있었다면 좋았겠죠.

주문방식 중에는 길동이 경험한 것처럼 원치 않는 거래가 체결되는 일을 피하는 장치로 활용할 수 있는 '조건부(조건부여) 주문'이 있습니다. 조건부 주문은 지정가(보통가), 시장가, 최유리 지정가주문을 낼 때 특별한 조건을 붙입니다. 방법은 'IOC주문'과 'FOK주문' 두 가지입니다.

'IOC주문'은 주문이 나갔을 때 매매될 물량이 있다면 즉시 거래를 체결하고 미체결 물량은 주문을 취소합니다. IOC는 'Immediate Or Cancel', '즉시 거래 후 주문 잔량 취소'를 뜻합니다.

남북전자를 34,950원에 1,000주 '사자'는 '지정가(보통가) IOC주문'을 냈다고 가정해보겠습니다. 이후 800주 매도주문이 나오면 800주는 바로 매매되지만, 미체결분 200주는 매수 주문이 취소됩니다.

DO IT!　　HTS로 IOC주문 내기

HTS로 IOC주문을 낸다면 [주식주문 → 키움주문] 창에서 '종류'를 [보통(IOC)]으로 고르고 주문해야 합니다.

지정가 IOC주문 창

키움증권 HTS

'FOK주문'은 주문 수량 전체를 매매하지 못하면 아예 주문 전체를 취소합니다. 'FOK'라는 말 자체가 'Fill Or Kill', 곧 몽땅 거래하지 못하면 다 취소하겠다는 뜻입니다.

남북전자를 34,950원에 1,000주 '사자'를 '지정가(보통가) FOK주문'을 냈다고 가정하겠습니다. 이후 증시에서 매도주문 물량이 800주밖에 나오지 않는다면?

IOC주문이었다면 800주는 살 수 있었겠지만 FOK주문은 주문 자체가 취소되어 1주도 사지 못합니다.

 DO IT!　　　　**HTS로 FOK주문 내기**

HTS로 FOK주문을 낸다면 [주식주문 → 키움주문] 창에서 '종류'를 [보통(FOK)]으로 고르고 주문해야 합니다.

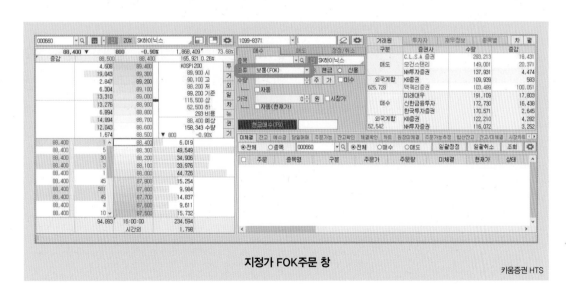

지정가 FOK주문 창

키움증권 HTS

06 주문 수정하기

주문을 고치거나 취소하고 싶을 때

주식 거래를 하다 보면 주문을 내고 상황이나 마음이 바뀌어 주문을 고치거나 취소하고 싶을 때가 있습니다. 아직 매매가 체결되지 않은 상태라면 가격이나 수량을 고쳐 주문을 다시 낼 수 있습니다. 만약 주문이 체결되지 않고 장이 끝났다면 문제 될 게 없습니다. 장이 끝나면 미체결 주문은 자동 취소되기 때문입니다.

주문을 고치거나 취소하는 방법은 여러 가지입니다. 증권사 영업점 창구에서 직원을 통해 주문했다면 직원에게 얘기하면 됩니다. 전화로 주문했다면 역시 전화로 얘기하면 됩니다. HTS나 스마트폰 앱으로 주문한 경우에도 마찬가지입니다.

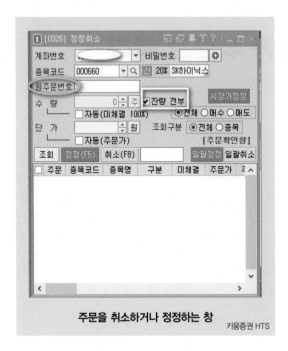

주문을 취소하거나 정정하는 창

키움증권 HTS

HTS 홈 메뉴 [주식주문]에서 보기 그림과 같이 [정정 취소] 창을 엽니다. '정정 취소' 창에서는 이미 낸 주문 단가를 고쳐 새로 주문을 낼 수 있습니다. 주문 수량도 일부든 전부든 골라서 고칠 수 있습니다. 아예 주문을 취소할 수도 있습니다.

주문 수량 전부를 대상으로 주문을 취소하려면 보기 '정정 취소' 창에서 [잔량 전부→일괄취소] 탭을 클릭합니다. 일부 수량만 고쳐 주문하려면 체크 표시가 없게 하고 [정정] 탭을 클릭합니다.

주문을 고치거나 취소할 때는 보기 '정정 취소' 창에서 타원으로 표시한 [원주문번호]도 입력해야 합니다. '원주문번호'란 주식매매 주문이 나올 때마다 주문에 자동으로 붙는 고유번호입니다. 투자자가 어떤 주문을 고치거나 취소하는지 분명히 하려는 목적 등으로 씁니다.

창구나 전화를 이용할 때는 직원에게 찾아달라고 청할 수도 있지만, HTS 나 MTS에서는 투자자가 직접 원주문번호를 확인하고 주문해야 합니다. 그렇다고 일일이 주문번호를 기억해둘 필요는 없습니다. 미체결 주문은 '정정취소' 창을 열면 자동으로 목록이 나타나기 때문입니다. '미체결주문' 을 클릭하면 해당하는 원주문번호가 '원주문번호' 칸에 자동 입력됩니다.

07 주문가 부르는 규칙

호가 규칙을 따른다

매매 주문을 내놓을 때는 '호가 규칙'을 따릅니다. '호가'란 증권사가 투자자에게서 위탁받은 주문을 증시에 내놓는 것을 말합니다.

호가 규칙은 우리나라에서는 증시 운영자인 한국거래소가 정합니다. 증권사들은 고객 주문을 호가 규칙에 따라 증시에 내놓게 되어 있습니다. 본래 증권사가 따르게 돼 있는 제도지만, 일반 투자자도 호가 규칙을 따라야 합니다. 주문가가 호가 규칙에 맞아야만 증시 시스템에 주문이 접수되기 때문입니다.

호가 규칙상 시세 단가가 1만 원 이상 5만 원 미만인 종목은 주문가를 50원 단위로 부릅니다. 여기서 시세 단가는 전날 종가(전일 종가) 곧, 거래일 기준으로 전날 장이 끝날 때 체결된 시세를 말합니다.

예를 들어보겠습니다.

전날 종가가 1만 원인 종목에 '100주를 주당 1만50원에 사겠다'고 주문하면 문제없습니다. 그런데 '1만30원에 사겠다'고 하면 주문이 접수되지 않습니다.

호가 규칙은 보기표와 같습니다. 유가증권시장이나 코스닥시장이나 대개 마찬가지인데 단가 50만 원 이상인 종목만 호가 단위가 다릅니다. 유가증권시장에서는 1000원, 코스닥에서는 100원 단위로 호가를 불러야 합니다.

주식 시세	가격 단위	
	유가증권시장	코스닥시장
1,000원 미만	1원	1원
1,000~5,000원 미만	5원	5원
5,000~10,000원 미만	10원	10원
10,000~50,000원 미만	50원	50원
5,000~100,000원 미만	100원	100원
100,000~500,000원 미만	500원	100원
500,000원 이상	1,000원	100원

증권시장에서 적용하는 호가 규칙

호가 규칙을 표로 만들어놓고 보면 복잡해 보이지만 실전에서 그리 신경 쓸 문제는 아닙니다. 주문이 호가 규칙에 맞지 않을 경우 아예 접수되지 않고 '고쳐 내라'는 안내를 받을 수 있기 때문입니다.

HTS에서도 호가 규칙에 어긋나면 입력이 되지 않고 규칙에 맞게 고쳐야 입력됩니다. 입력이 안 될 땐 '아하, 호가 규칙에 안 맞아서 그렇구나!' 하고 이해하고 고쳐 입력하면 됩니다.

증권사 영업점 창구나 전화를 이용해 주문할 때는 증권사 직원에게서 안내를 받아 고칠 수 있습니다.

호가는 매도주문 매수주문 10개씩 공개

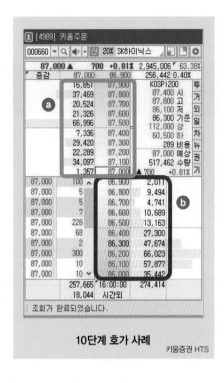

10단계 호가 사례

키움증권 HTS

우리나라 증시에서는 장이 열리는 동안에 나오는 호가를 매도주문과 매수주문 별로 10개(10단계)만 공개하고 있습니다. 종목마다 매도호가 10개, 매수호가 10개를 공개하는 겁니다.

보기 HTS 화면에서도 'SK하이닉스'에 매도호가와 매수호가가 10개씩 나와 있죠. 위쪽 녹색 박스 ⓐ가 매도호가이고, 아래쪽 파란색 박스 ⓑ가 매수호가입니다. 매도호가는 왼쪽에 수량, 오른쪽에 가격을 표시했습니다. 매수호가는 왼쪽이 가격, 오른쪽이 수량입니다.

종목별 호가 정보는 매수와 매도 양쪽에서 주문 가격과 수량이 어떻게 나오는지를 실시간으로 보여줍니다. 주문을 내기 전 꼭 살펴봐야 하는 정보입니다.

08   *주문 체결 3원칙*

증시에는 시시각각 수많은 주문이 쏟아져 나오지만 아무 혼란 없이 질서 있게 거래됩니다. 어떻게 그럴 수 있을까요? 주문 체결에 3가지 원칙을 적용하기 때문입니다.

가격 우선 원칙

팔 때는 호가가 낮은 것부터, 살 때는 호가가 높은 것부터 거래를 체결합니다. 100원과 110원에 팔겠다는 호가가 나오면 100원 호가부터, 120원과 130원에 사겠다는 호가가 나오면 130원 호가부터 거래를 체결합니다. 호가가 가장 낮은 매도호가를 최우선 매도호가라고 하는데, 최우선 매도호가를 부른 주문은 상응하는 매수주문과 가장 먼저 연결해서 거래를 체결합니다.

호가가 가장 높은 매수호가는 최우선 매수호가라 하는데, 최우선 매수호가를 부른 주문도 상응하는 매도주문과 가장 먼저 연결해서 거래를 체결합니다.

시간 우선 원칙

호가가 같은 주문이 여러 개 나오면 먼저 나온 주문부터 거래를 체결합니다. A가 먼저, 다음에 B와 C가 다 같이 100원에 매매를 하겠다고 주문하면 A가 내놓은 주문부터 거래를 체결합니다.

수량 우선 원칙

호가가 같은 주문이 동시에 여러 개 나오면 주문 물량이 많은 것부터 거래를 체결합니다.

A는 100주, B는 200주를 100원에 사겠다고 동시에 주문하면 B가 낸 주문부터 거래를 체결합니다.

09 매매부터 결제까지 주식매매 3단계

주식매매는 주문(Order)-체결(Contract)-결제(Payment) 3단계를 거쳐야 완성됩니다. 주문하고, 주문한 거래가 체결되고, 거래를 체결한 주문이 결제돼야 합니다.

주문이 체결된다는 게 무슨 뜻일까요? 매매자끼리 가격이나 수량 등 조건에 합의해 주식과 대금을 맞바꾸기로 계약(약정)한다는 뜻입니다. 결제란, 거래를 계약한 대로 이행한다는 뜻입니다. 주문이 체결된 상태에서는 매매계약만 한 셈이므로 주식과 대금을 교환하지 않습니다. 결제돼야 비로소 주식과 대금을 맞바꿉니다.

결제는 투자자 각자 거래하는 증권사에 개설한 주식거래계좌를 매개로 이루어집니다.

매수주문을 낸 계좌에서는 주식 대금이 빠져나가 예탁금(예수금) 잔액이 줄어듭니다. 대신 새로 산 주식이 들어와 주식 잔액이 늘어나죠. 주식 잔액은 '○○ 종목 □주'식으로 기록됩니다. 매도주문을 낸 계좌에서는 주식을 판만큼 주식 잔액이 줄어듭니다. 주식 판매대금이 들어오는 만큼 예탁금 잔액은 늘어납니다.

유가증권시장과 코스닥에서는 거래가 체결된 주문을 결제하는 데 3일 걸립니다. 여기서 '3일'에는 특별한 뜻이 있습니다.

주문이 체결된 날까지 넣어서 세고, 영업일(달력 날짜가 아니라 증권사가 영업하는 날)로 세며, 3일째에 결제한다는 겁니다. 가령 주식시장이 오늘부터 3일간 계속 열리는데 오늘 길동은 주식을 사고 길녀는 팔았다고 가정해봅시다. 길동 계좌에 주식이, 길녀 계좌에 주식 대금이 들어오는 날은 오늘로부터 3일째인 모레가 됩니다.

주식시장은 주 5일제로 운영하며 공휴일에는 쉬는 게 원칙입니다. 증권사 영업일도 마찬가지입니다. 가령 수요일이 공휴일인데 화요일에 주문이 체결됐다면 결제는 화요일부터 세어 수요일을 건너뛰고 3일째인 금요일에 이루어집니다.

10 거래 때 발생 비용

거래수수료는 1천만 원에 1,500원꼴

증권사에 거래계좌를 만들고 주식을 매매하면 거래수수료(주식중개수수료)를 내야 합니다. 증권사가 '거래대금 중 몇 %'를 떼는 식으로 수수료율을 정해놓고 주문이 체결될 때마다 떼어갑니다. 수수료율은 증권사마다 다릅니다. 어떤 방법으로 어느 정도 주문하는지 등에 따라서도 다르므로 미리 확인하고 비교해 보는 것이 좋습니다.

오프라인보다 온라인 거래일 때 수수료가 더 쌉니다. 투자자가 증권사를 찾아가 거래하는 것보다 컴퓨터나 태블릿(HTS, WTS), 스마트폰(MTS) 등으로 온라인 네트워크에 직접 접속하면 수수료가 쌉니다. 보통 거래액 대비 0.01~0.1% 안팎입니다. 온라인 매매 전용 증권사 키움증권을 예로 들면 0.015%(2018년 12월 기준)입니다. 1천만 원에 1,500원꼴이지요.

증권사 개설 계좌보다 은행연계계좌일 때 수수료가 더 쌉니다. HTS에서 주문하더라도 증권사 영업점에서 개설한 계좌보다 은행연계계좌로 할 때 수수료가 훨씬 쌉니다. 은행연계계좌란 은행에서 은행 계좌와 증권사 계좌를 연결해 개설한 계좌를 말합니다. 예를 들면 HTS에서 1천만 원어치를 거래하는 경우 BNK투자증권 계좌에서는 수수료가 0.099%, 9,900원 (2018년 12월 기준)이지만 은행연계계좌에서는 0.014%, 1,400원입니다.

증권사 영업점 창구보다 증권사 ARS를 이용할 때 수수료가 더 쌉니다. 증권사 영업점 창구나 고객센터 상담 직원을 거쳐 거래하면 오프라인(창구) 매매수수료를 내는데, 보통 0.5% 안팎입니다. 거래대금 1천만 원에 5만 원꼴이죠. 증권사 ARS(자동응답 전화)를 이용하면 더 싸서 0.15% 안팎을 뗍니다. 1천만 원 거래하면 1만5000원꼴입니다.

세금(증권거래세)는 주식 판매액의 0.25%

증권사에 주식거래계좌를 만들고 주식을 거래하면 세금(증권거래세)도 내야 합니다. 세금은 매도주문이 체결된 경우에만 냅니다. 세율은 유가증권시장에서나 코스닥에서나 주식 판매액의 0.25%입니다. 거래세는 투자자가 주식 판매대금을 손에 쥐기 전 증권사에서 미리 떼어갑니다. 은행이 고객에게 예금이자를 내줄 때 세금을 떼는 것과 같습니다.

총세금액은 '살 때 수수료+팔 때 수수료+증권거래세'

거래세와 수수료를 합하면 주식 거래 비용을 계산해 볼 수 있습니다. 보통 HTS 거래 수수료율은 거래액 대비 0.015%~0.1% 안팎이므로 0.015%로 가정하고 계산하겠습니다. 내야 할 총세금액은 '살 때 수수료+팔 때 수수료+거래세'입니다. 살 때는 매수액 대비 0.015%

를, 팔 때는 수수료 0.015%에 거래세 0.25%까지 얹은 0.265%를 내야 합니다. 샀다가 같은 금액에 판다면 매도액이나 매수액 대비 0.28%(=0.015%+0.265%)가 들죠. 단순하게 생각하면 살 때 들어간 돈보다 적어도 0.28%는 높은 액수에 팔아야 본전이라는 이야기입니다.

DO IT! **1천만 원에 사서 1천100만 원에 팔 때 실질수익 계산하기**

만약 1,000만 원어치를 사서 1,100만 원에 팔면 실질수익이 얼마나 될까요?

- **살 때**   1,000만 원×0.015%＝1,500원
- **팔 때**   1,100만 원×0.265%＝29,150원
- **총세금액**   1,500원＋29,150원＝30,650원

매매차익 100만 원에서 수수료와 세금 3만650원을 떼면 실질수익은 96만9,350원입니다.

오프라인 매매 때는 매도액(또는 매수액)의 1.3%

증권사 직원 손을 거쳐 오프라인으로 매매하면 비용이 훨씬 많이 듭니다. 오프라인 매매수수료율은 보통 거래액의 0.5% 안팎입니다. 살 때는 수수료 0.5%, 팔 때는 수수료 0.5%에 거래세 0.25%까지 얹은 0.75%를 내야 합니다. 가령 주식을 샀다가 살 때와 같은 값에 판다면 매도액(또는 매수액) 대비 1.25%(=0.5%+0.75%) 정도를 치러야 합니다. 단순하게 생각하면, 살 때 든 금액보다 적어도 1.25%는 높은 액수에 팔아야 본전입니다.

11 동시호가거래

주문이 한꺼번에 몰릴 때 적용

유가증권시장이나 코스닥시장에서는 장 시작 전후와 마감 직전에 주문
이 몰립니다. 많은 주문이 한꺼번에 쏟아져 나오다 보니 어떤 주문이 먼
저 나오고 나중에 나왔는지 가리기 힘들죠. 편의상 장 시작 직전과 장 마
감 직전에 나오는 호가는 모두 동시에 나온 호가 곧, 동시호가로 간주합
니다.

거래 시간은 장 시작 전 1시간, 마감 전 10분

주문이 나오면 모두 동시호가로 간주하는 시간대 곧, 동시호가 시간대는
다음과 같은 장 시작 직전과 장 마감 직전이 해당합니다.
① 오전 8시 30분부터 오전 9시(정규 장 시작 시각) 직전까지 30분
② 오후 3시 20분부터 오후 3시 30분(정규 장 마감 시각) 직전까지 10분

동시호가는 가격 · 시간 · 수량 우선 원칙을 적용하는 여느 호가 체결 방식과 달리 특별한 방식으로 거래를 체결합니다. 호가가 나오는 대로 모아뒀다가 동시호가 시간대가 끝날 때 단일가로 거래를 체결하죠. 종목마다 전체 호가 중 많은 수량을 거래할 수 있는 가격 하나를 정하고 해당 가격에 매매 가능한 수량만 골라 한꺼번에 매매합니다. 가격 하나로 매매한다고 하여 '단일가 매매'라고 부르기도 합니다. 단일가거래 체결 과정은 시장관리자가 컴퓨터 프로그램으로 진행합니다. 동시호가거래를 체결하는 단일가는 어떻게 정해지는지, 동시호가거래는 어떻게 이루어지는지, 예를 들어보겠습니다.

예시) 동시호가거래 때 단일가 책정 원리

○○ 종목을 놓고 동시호가가 다음과 같이 나왔다면 얼마에 몇 주나 거래가 체결될 수 있을까요?

매수		매도	
		10,850원	200주 ⓕ
		10,800원	400주 ⓔ
10,800원	500주 ⓐ	10,750원	700주 ⓑ
10,750원	300주 ⓒ		
10,700원	200주 ⓓ		

동시호가는 모든 호가를 동시에 나왔다고 간주하므로 거래 체결에서 시간 우선 원칙을 배제합니다. 남는 것은 가격과 수량 우선 원칙이죠.

가격 우선 원칙을 따를 때는 가장 높은 매수호가 ⓐ(10,800원, 500주)와 가장 낮은 매도

호가 ⓑ(10,750원, 700주)를 연결해 거래할 수 있는지부터 따져봐야 합니다.

표를 보면 거래할 수 있죠. 10,800원에 사겠다는데 10,750원에 팔겠다는 거니까요.

만약 10,750원에 거래한다면 호가 ⓑ(10,750원, 700주)로 나온 매도물량 700주는 매수호가 ⓐ(10,800원, 500주)로 나온 500주, 그리고 매수호가 ⓒ(10,750원, 300주)로 나온 300주 중 200주로 모두 소화할 수 있습니다. 매도인은 호가(10,750원) 그대로 700주를 팔 수 있고, 매수인 입장에서는 700주 중 500주는 자기가 부른 호가보다 50원씩 싸게 살 수 있죠. 동시호가거래 단일가는 10,750원이 됩니다.

비록 단일가 10,750원에 700주가 거래됐지만, 매수호가 ⓒ(10,750원, 300주)로는 200주만 거래됐으니 100주가 미체결물량으로 남죠. 나머지 호가 ⓓ ⓔ ⓕ로 나온 물량도 미체결물량으로 남습니다.

동시호가 매매를 마친 결과는 HTS 호가 창에는 다음과 같이 나타납니다.

매수			매도	
			10,850원	200주
			10,800원	400주
10,750원	100주			현재가 10,750원
10,700원	200주			거래량　700주

단일가 매매를 체결하는 시점은 동시호가 시간대가 끝나는 오전 9시와 오후 3시 30분입니다. 동시호가 주문이 체결됐는지 여부는 동시호가 시간대가 끝난 직후, 즉 오전 장이 시작되거나 오후 장이 마감되고 나서야 알 수 있습니다.

동시호가 매매는 밑질 게 없는 거래

앞서 동시호가거래 사례에서 거래가 체결된 호가 ⓐ, ⓑ, ⓒ를 돌아보면 흥미로운 사실을 알 수 있습니다.

ⓐ, ⓑ, ⓒ 중 어떤 호가도 밑지지 않았다는 것입니다. 매수호가 ⓐ (10,800원, 500주)는 체결가(10,750원)보다 높은 가격을 불렀는데 오히려 50원씩 싸게 주식을 살 수 있었습니다. 여기서 보듯 동시호가거래에서는 매수 주문가가 동시호가 처리 가격(체결가)보다 높을 때는 애초 기대보다 싼 값에 주식을 사게 될 가능성이 있습니다. 동시호가 체결가가 매수 주문가보다 낮게 정해지면 뜻밖에 싸게 살 수 있는 겁니다. 같은 이치로 매도 주문가가 동시호가 체결가보다 낮을 때는 애초 기대보다 비싸게 주식을 팔게 될 가능성이 있습니다. 동시호가 체결가가 매도 주문가보다 높게 정해지면 뜻밖에 비싼 값에 팔 수 있는 겁니다.

요약하면, 동시호가거래에서는 매매가 안 될 수는 있어도 밑지는 경우는 없습니다. 그러니 동시호가거래는 적극 참가할 만합니다. 밑질 일도 없거니와 운 좋으면 주문가보다 싸게 사거나 비싸게 팔 수 있으니까요.

동시호가거래에서 체결 안 된 주문, 어떻게 될까?

동시호가 주문은 정규 장 시작 직전과 마감 직전에 내놓습니다.

장 시작 전에 내놓은 동시호가 주문은 동시호가 시간대에 거래가 체결되지 않으면 그대로 정규 장으로 넘어갑니다. 동시호가 시간대가 끝나도 자동으로 취소되지 않고 정규 장이 끝날 때까지 유효합니다. 동시호가 시간대에 낸 호가가 정규 장으로 넘어간 상태에서 주식 시세가 변하다 보면 원치 않는 거래가 체결될 수도 있습니다. 불리한 거래가 체결되는 것을 원치 않는다면 동시호가 시간대가 끝나는 즉시 '취소 주문'을 내야 합니다.

장 마감 직전에 낸 동시호가 주문은 거래가 체결되지 않으면 '자동 취소'됩니다. 주문 후 신경 쓰지 않아도 됩니다.

12 예약주문하기

꼭 사고 싶은 종목이 있을 때

내일 꼭 매매하고 싶은 주식이 있는데 피치 못할 사정으로 주문을 못 할 것 같다면 '예약주문'을 하면 됩니다.

예약주문은 대개 정규 장이 끝나는 오후 3시 30분부터 4시 30분까지, 다음 거래일 장 시작 전 오전 6~7시 사이에 할 수 있습니다. 증권사마다 시간대가 조금씩 다르므로 꼭 확인해야 합니다. 컴퓨터나 스마트폰으로 거래한다면 '예약주문' 전용 창을 골라 주문하면 됩니다.

예약주문은 새 장이 시작되기 직전, 그러니까 오전 동시호가 시간대인 오전 8시 30분~9시 동시호가 주문으로 나갑니다. 동시호가 시간대가 끝나고 정규 장이 시작하는 오전 9시면 체결 여부를 확인할 수 있습니다. 만약 거래가 체결되지 않았다면 이미 낸 주문을 취소할지 말지 결정해야 합니다. 주문이 자동으로 취소되지 않기 때문입니다. 거래가 체결되기 전까지는 예약주문도 여느 주문처럼 취소할 수 있습니다.

보기 그림은 HTS [주식주문] 메뉴에서 [예약주문] 전용 창을 띄운 예입니다.

HTS 예약주문 화면

13 시간외매매

유가증권시장이나 코스닥시장에서 정규 장은 평일 오전 9시부터 오후 3시 30분까지입니다. 만약 정규시간대엔 바빠서 거래를 못 한다면 정규 장 앞뒤로 이뤄지는 시간외매매를 이용할 수 있습니다. 시간외매매는 오전 8시 30분~8시 40분, 3시 30분~4시, 4~6시까지 할 수 있는데, 시간대마다 거래 방식이 조금씩 다릅니다.

오전 8시 30분 ~ 8시 40분

전일 종가, 즉 전날 장이 끝나는 시각에 거래가 체결된 시세로만 거래합니다. 단일가로 거래하므로 시간 우선 원칙에 따라 먼저 나온 주문부터 거래가 체결될 가능성이 높습니다. 거래가 체결되지 못하면 오전 8시 40분 직후에 자동 취소됩니다. 따로 '취소 주문'을 내지 않아도 됩니다.

컴퓨터나 스마트폰 등으로 주문한다면 '시간외단일가주문' 전용 창을 열어서 합니다.
보기 그림은 HTS [주식주문] 메뉴에서 [시간외단일가주문] 창을 연 예입니다.

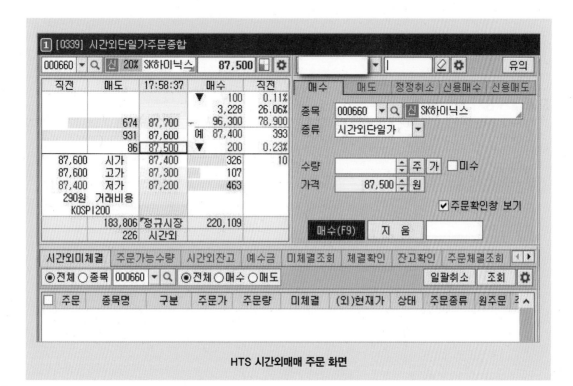

HTS 시간외매매 주문 화면

오후 3시 30분~4시

당일 종가로 매매합니다. 오후 3시 30분 직후부터 3시 40분까지는 주문만 받고, 3시 40분 넘겨 4시까지 거래를 체결합니다. 시간 우선 원칙에 따라 먼저 나온 주문부터 체결될 가능성이 높습니다.

오후 4~6시

당일 종가±10% 범위 안에서 지정가주문 방식으로 주문합니다. 거래 체결은 동시호가 매매 방식으로 10분에 한 번씩 주문을 모아 단일가로 함께 처리합니다.

14 내게 맞는 HTS 꾸미기

나에게 필요한 정보만 모아 보기 편하게

증권사 HTS는 주가 조회나 주문, 입출금, 계좌관리, 정보 검색 등 쓰임새가 많습니다. 많은 정보를 담느라 로그인했을 때 첫 화면이 복잡하게 꾸며진 경우가 많습니다. 그대로 쓰기 불편하다고 생각하는 사용자를 위해 대개의 HTS는 사용자가 직접 원하는 화면을 정해놓고 쓸 수 있게 되어 있습니다. 키움증권 HTS(영웅문)을 예시로 원하는 화면을 골라 꾸미는 방법을 살펴보겠습니다.

'홈 화면 맨 위, 오른쪽 가장자리에 [1 2 3 4 5 6 7 8] 번호가 있습니다. '가상화면'이라고 부르는 화면 설정 메뉴입니다.

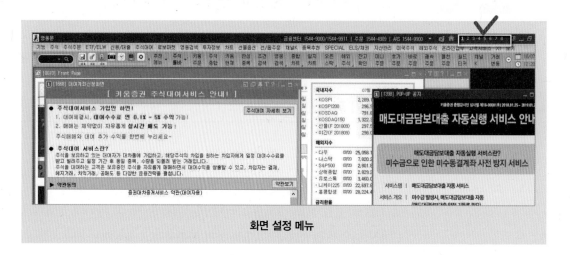

화면 설정 메뉴

가상화면 [1]을 고른 다음 [주식] 메뉴에서 원하는 창을 골라 띄워보세요.

보기 그림은 가상화면 [1]에 [키움 현재가]와 [관심종목] 창을 골라 띄워놓은 예입니다.

창은 1~2개를 띄울 수도 있고 더 많이 띄울 수도 있습니다. 크기도 조절할 수 있습니다. 마우스로 창 가장자리를 드래그하면 됩니다. 여러 창이 서로 겹치면 마우스로 끌어다 보기 편하게 배치하세요.

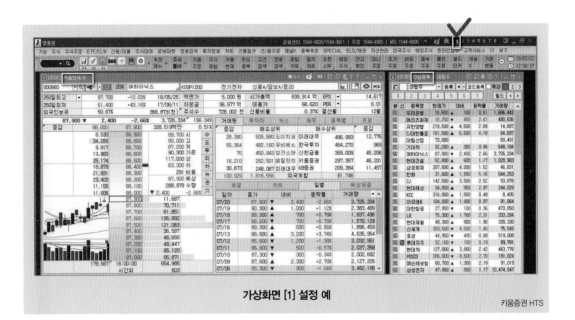

가상화면 [1] 설정 예

키움증권 HTS

같은 방식으로 가상화면 [2]를 꾸밀 수 있습니다.

가상화면 [1]에 2개의 창을 띄워놓은 다음에도 똑같은 방식으로 가상화면 [2]를 꾸밀 수 있습니다. 보기 그림은 가상화면 [2]를 고른 다음 [주식주문] 메뉴에서 [키움 주문]과 [정정취소] 창을 골라 띄운 예입니다.

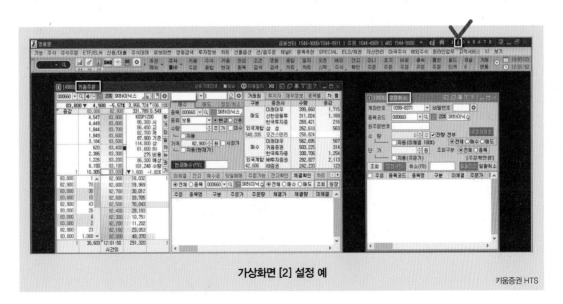

가상화면 [2] 설정 예

키움증권 HTS

이번엔 가상화면 [3]을 구성해 보겠습니다.

가상화면 [3]을 고른 다음 [주식주문] 메뉴에서 [빠른 매수], [예약주문], [실시간 계좌관리] 창을 골라 띄우면 보기 그림처럼 됩니다.

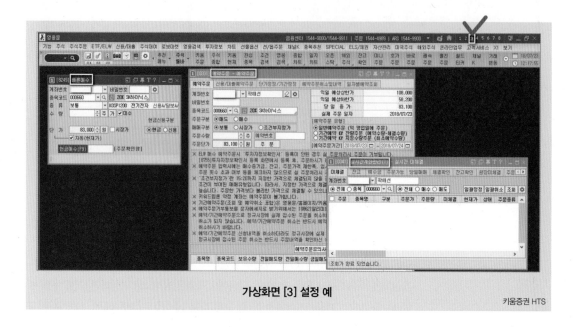

가상화면 [3] 설정 예

키움증권 HTS

가상화면 [3]에서 가상화면 [2]를 클릭하면 곧바로 가상화면 [2]에 띄워놓은 '키움 주문'과 '정정취소' 창을 볼 수 있습니다. 가상화면 [3]에서 가상화면 [1]을 클릭하면 곧바로 가상화면 [1]에 띄워놓은 '키움 현재가'와 '관심종목' 창을 볼 수 있습니다.

15 HTS로 종목별 시세 보기

증권사 HTS에서 종목별 시세를 보려면 종목별 '현재가' 창을 띄워 보면 됩니다.

DO IT!   HTS로 종목별 시세 보기

홈에서 [주식 → 키움현재가] 창을 띄우면 됩니다. 창 맨 왼쪽에 있는 돋보기 모양의 [검색] 메뉴를 클릭하면 알아보고자 하는 종목을 고를 수 있습니다.

다음 쪽(p. 80) 보기 그림은 'SK하이닉스' 종목을 고른 예입니다. 종목명을 고르면 종목 코드가 자동으로 붙습니다. 종목마다 붙는 고유 번호입니다. SK하이닉스는 '000660' 입니다.

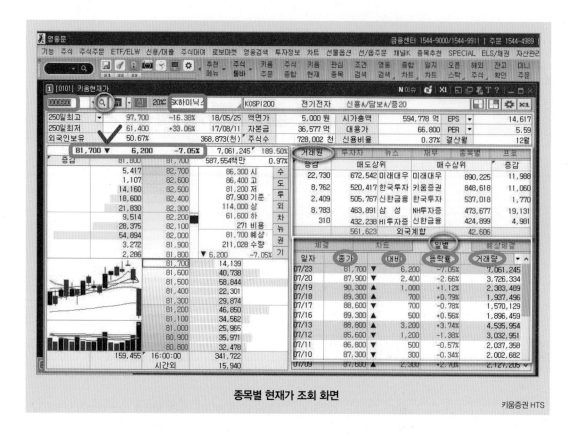

종목별 현재가 조회 화면

키움증권 HTS

보기 그림에서 SK하이닉스 현재가는 81,700원으로 표시되어 있죠.

'81,700' 옆 ▼ 표시는 전날(증권사 영업일 기준으로) 종가보다 시세가 내렸다는 뜻입니다. '81,700 ▼' 옆에 나란히 적힌 숫자 '6,200 … −7.05%'는 전날 종가보다 6,200원, 7.05% 내렸다는 뜻입니다.

화면에서 오른쪽에 표시된 [거래원]은 SK하이닉스를 어떤 증권사가 얼마나 사고파는지 대량 거래처 위주로 표시한 것입니다.

[일별]은 날짜별 주가 추이를 표시했습니다.

[종가]는 당일 종가가 전날 종가보다 얼마나 오르고 내렸는지 표시합니다.

[등락률]은 당일 종가가 전날 종가보다 얼마나 변했는지를 비율로 표시한 겁니다.

[거래량]은 매매주문이 서로 맞아 거래가 체결된 주식 수량을 나타냅니다.

16 HTS로 계좌정보 보기

주식 투자를 하면 궁금한 게 많아집니다. 현재 예탁금(예수금)은 얼마나 있는지, 매매주문 낸 것은 체결됐는지, 계좌에 어떤 주식이 얼마나 있는지, 그간 거래내용은 어떤지 등 여러 가지를 알고 싶지요. 증권사 HTS는 투자자별로 예탁금 액수, 주문 체결 여부, 주식 보유 잔액, 거래내용 등을 '계좌정보'로 한데 묶어 언제든지 확인해볼 수 있도록 해놓습니다.

DO IT!   **HTS로 계좌정보 보기**

홈에서 [주식주문 → 실시간 계좌관리 → 예수금] 순으로 들어가 창을 띄우면 예탁금 액수를 확인해 볼 수 있습니다. [실시간 계좌관리 → 체결확인] 창을 열면 매매주문 체결 여부를 확인할 수 있습니다. 거래내용은 [거래내역] 창을 열어서 알아볼 수 있습니다.

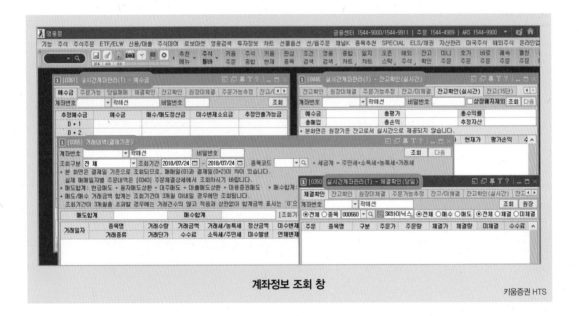

계좌정보 조회 창

키움증권 HTS

17 HTS로 이체 명세 보기

증권사나 은행 창구에서 증권 거래계좌와 은행 예금계좌를 연결해 놓으면 이후 HTS로 예탁금(예수금)을 넣거나 꺼낼 수 있습니다. 입출금 내역도 확인할 수 있습니다. 증권 계좌와 은행 예금계좌 사이에 자금을 옮긴 내역도 확인해볼 수 있습니다.

((*)) DO IT!   HTS로 이체 명세 확인하기

보기 그림처럼 [온라인업무] 메뉴에서 [연계은행입출금 → 이체거래내역] 창을 띄우면 됩니다.

입출금과 이체거래 내역 창

키움증권 HTS

18 외상거래하기

거래 전 미수거래 장단점 정확히 알아야

주식투자를 하다 보면 '지금이 살 기회다' 싶은데 돈이 없어 아쉬울 때가 있습니다. 이럴 때 미수거래를 하면 돈 없이도 가능합니다. 증권사에서 돈을 빌려 외상으로 주식매매를 하는 겁니다.

미수거래는 증거금 제도를 활용하는 외상거래입니다. 보통 투자자들이 주식 매수주문을 낼 때는 미리 필요한 금액을 주식거래계좌에 넣어둡니다. 10만 원어치 주식을 살 생각이면 10만 원을 현금으로 내놓는 거죠. 여기서 현금 10만 원은 주식을 10만 원어치 사겠다는 뜻을 증거하는 돈이므로 '증거금'이라고 부릅니다.

국내 증권사들은 투자자가 주식 매수주문을 할 때 거래액 대비 40% 정도는 거래계좌에 현금으로 증거금을 넣어야 한다고 정한 곳이 많습니다. 40%는 최소 비율이고, 증권사마다 고객 신용도와 거래 실적을 고려해 더 받기도 합니다. 그러니까 증거금 제도를 활용하면 10만 원어치 주식을 살 때 거래계좌에 반드시 10만 원을 넣지 않아도 됩니다. 현금 4만 원만 넣어두고 10만 원어치 주식을 사겠다고 주문할 수 있습니다. 이때 6만 원은 증권사에서 빌리는 돈입니다.

같은 이치로 현금 100만 원이 있다면 주식을 250만 원어치까지 살 수 있습니다. 증거금 제도를 활용하면 보유 현금 대비 2.5배까지 주식을 살 수 있는 겁니다. 250만 원어치 주식을 사면서 100만 원만 증거금으로 넣는다면 150만 원은 빚이죠. 증권사 입장에서는 투자자에게 빌려준 돈인데, 돌려받기 전까지는 '아직 받지 못했다'는 뜻으로 이를 '미수금'이라고 부릅니다. 이렇게 미수금을 끼워 주식을 매매하는 거래를 '미수거래'라고 부릅니다.

미수거래는 외상거래를 쉽게 해주니 편리하지만 그만큼 부담도 따릅니다. 주식매매 거래가 체결되면 체결일을 포함해서 3일 째까지 미수금을 갚아야 합니다. 만약 갚지 못하면 증권사는 투자자 계좌에 있는 주식을 4일째 되는 날 아침 동시호가 시간대에 '반대매매' 처리합니다.

'반대매매'는 증권사가 미수금을 회수하기 위해 투자자가 보유한 주식을 팔아치우는 거래입니다. 이익을 보려는 게 아니라 가능한 한 빠르고 쉽게 주식을 처분하려는 것이 목적이니 매도자에게는 불리하지만, 매수자에게는 유리한 값을 부르거나 시장가를 부릅니다.

만약 증권사가 반대매매를 해서 얻는 현금으로도 빚을 다 회수하지 못하면 어떻게 할까요? 투자자 계좌에 남은 현금까지 모두 가져갑니다. 그래도 남는 빚은 투자자에게 따로 청구하고요. 미수거래에 실패한 투자자는 거래계좌가 빈 깡통처럼 텅 빈 '깡통계좌'가 되는 꼴을 봐야 합니다. 미수거래에 실패하지 않으려면 당일 외상으로 산 주식은 그날 득을 보고 팔아야 합니다. 말하자면 '단타'에 성공해야 한다는 뜻입니다. 당일 단타로 득보기는 쉽지 않습니다.

홈에서 [주식주문 → 미수금/반대매매 → 금일반대매매현황]을 클릭하면 보기와 같은 창
이 열립니다. 미수금과 예수금이 현재 얼마인지, 오늘과 내일 반대매매 대상 금액은 얼
마인지 실시간으로 알아볼 수 있습니다.

1 [0368] 미수금/반대매매현황 - 금일반대매매 현황

| 미수금현황 | 예수금상세 | 금일반대매매 | 익일미수반대매매 | 익일신용반대매매 |

계좌 [▼] 곽해선   비밀번호 [   ]   ●현금미수 ○담보부족/미상환   [조회] [다음]

| 미수금 | | 연체료 | |
| 반대매매 대상금액 | | 반대매매 최종매도금액 | |

미수내역				선정내역			
발생일	미수금액	연체료	위탁대용계좌	종목명	수량	선정금액	
종목명	대상금액			제비용	단가	최종매도금액	

미수금과 반대매매 현황 조회 화면

키움증권 HTS

신용거래 장단점

주식 외상거래를 원한다면 신용거래를 이용할 수도 있습니다. 신용거래
는 외상거래라는 점에서 미수거래와 같지만 몇 가지 차이가 있습니다.

첫째, 미수거래는 보유 현금의 2.5배까지 돈을 빌릴 수 있지만, 신용거래
는 대개 보유 현금 만큼만 빌려줍니다. 현금 100만 원을 계좌에 넣어두면
100만 원을 빌려서 200만 원어치 주식을 살 수 있죠.

둘째, 빚 갚는 기한도 다릅니다. 미수거래는 주문체결일로부터 3일째까

지 미수금을 갚아야 합니다. 신용거래는 빚을 내고 보통 3개월 안에 주식을 팔든지 현금을 계좌에 더 넣든지 해서 빌린 돈을 갚으면 됩니다.

셋째, 증권사가 현금뿐 아니라 주식도 빌려준다는 점도 다릅니다.

증권사가 보유한 주식을 빌리면 당일 시장에 내다 팔고 나중에 주가가 내려가면 해당 주식을 되사서 증권사에 갚고 차익을 챙깁니다. 1,000원짜리 주식을 빌려 1,000원에 판 다음 시세가 900원으로 떨어지면 되사서 주식은 증권사에 갚고 차익 100원은 챙기는 식이죠. 보통 60일 기한을 두고 거래합니다.

신용거래 중에서도 현금을 빌리는 거래는 '신용융자거래', 주식을 빌리는 거래는 '신용대주거래'라고 합니다. 신용융자는 단순히 돈만 빌려 투자하는 것이므로 주가가 오르면 득 볼 수 있습니다. 반면 신용대주는 주식을 빌려서 판 다음 주가가 내려가야 득 볼 수 있습니다. 주가 상승이 예상된다면 신용융자거래를, 주가 하락이 예상될 때는 신용대주거래를 해야 합니다.

문제는 신용대주든 신용융자든 신용거래를 해서 성공하기가 쉽지 않다는 데 있습니다. 신용융자를 받고 나면 융자 기한에 따라 이자도 갚아야 합니다. 보통 이자율이 높고, 융자 기간이 길어질수록 더욱 높아집니다. 기한 내 원금을 갚지 못할 때는 이율이 더 높은 연체이자까지 내야 합니다.

신용거래로 사들인 주식이나 주식 판매대금은 증권사가 담보로 맡아둔다는 점도 유의해야 합니다. 빌린 돈이나 주식을 제때 갚지 못할 때는 증권사가 담보로 잡아둔 주식을 반대매매 방식으로 팔아치우거나 주식 판매대금을 확보해서 융자 원리금을 회수합니다.

만약 증권사가 담보로 잡은 주식이나 주식 판매대금으로도 융자금 회수가 안 되면 어떻게 할까요?

이때도 미수거래와 마찬가지로 증권사가 투자자 거래계좌에 남은 돈까지 모조리 회수하고 나서면서 '깡통계좌'가 생길 수 있습니다. 계좌가 '깡통'처럼 되고도 빚을 다 갚지 못하면 증권사로부터 빚 독촉을 받아야 합니다.

19 주식담보대출

주식담보로 돈 빌리기

갑자기 돈 쓸 곳이 있는데 현금은 없고, 그렇다고 가지고 있는 주식을 팔자니 손실이 크다면? 이럴 때 주식담보대출을 이용하면 손해 보지 않고 현금을 마련할 수 있습니다. '주식담보대출'은 증권사에 보유 주식을 담보로 일정 기간 현금을 빌리는 것입니다. 돈을 빌린 후에는 원금과 함께 꽤 높은 이율로 이자를 갚아야 하는 부담이 따릅니다. 제때 갚지 못하면 증권사가 반대매매를 해서 담보 주식을 처분하고 대출 원리금을 회수한다는 점도 유의해야 합니다.

DO IT! HTS로 주식담보대출 신청하기

홈에서 [신용/대출 → 예탁증권 담보대출 신청]을 클릭하면 보기와 같은 창이 열립니다. 주식거래계좌에 보유한 주식을 담보로 얼마나 돈을 빌릴 수 있는지 실시간으로 알아보고 대출을 신청할 수 있습니다.

① [0855] 예탁증권 담보대출 신청								
계좌번호 [▼] 곽해선 비밀번호 [|]							조회	
담보대출 약정여부:							대출신청	
종목번호	종목명	대출이자율	보유수량	대출구분	대출가능수량	대출가능금액	**대출신청금액**	▲
								∨
※ 담보대출약정 등록 후 대출 신청이 가능합니다.								

주식담보대출 서비스 안내 창

키움증권 HTS

매도대금 담보대출

주식매매 결제에는 '3거래일'이 걸립니다. 3일 연속 증시가 열린다 치고 오늘 주식을 팔면 모레나 돼야 현금을 손에 쥘 수 있습니다.

당장 현금이 필요해 도저히 모레까지 기다릴 수 없다면?

증권사에서 매도대금 담보대출을 받으면 됩니다. 주식 매도대금이 거래 계좌에 들어올 때까지만 현금을 빌리는 것입니다.

매도대금 담보대출은 미수거래 투자자에게도 유용합니다. 미수거래를 하면 결제일에 미수금을 갚아야 하는데 돈이 부족할 때 보유 주식을 팔고 대출을 받는 거죠.

🔔 DO IT!　　　　HTS로 매도대금 담보대출 신청하기

키움증권은 미수금이 발생할 때 매도대금 담보대출을 자동으로 내주는 서비스를 운영하고 있습니다. HTS 홈에서 [신용/대출 → 매도대금 담보대출 자동 서비스 신청 및 해지]를 고르면 보기(화면 오른쪽)와 같은 창이 열립니다. 투자자가 주식거래계좌에 보유한 주식을 담보로 얼마나 돈을 빌릴 수 있는지 실시간으로 알아볼 수 있습니다.

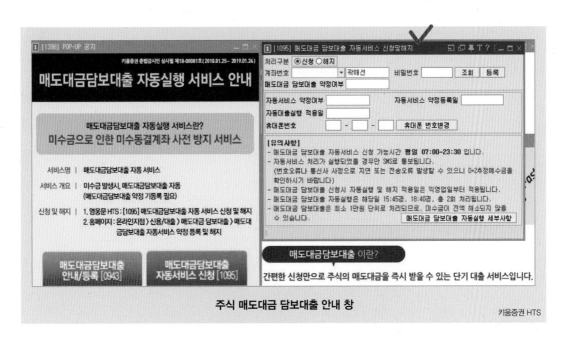

주식 매도대금 담보대출 안내 창

키움증권 HTS

20 주식대여거래

주식 빌려주고 돈 벌기

주식을 오래 보유하면서 매매는 통 안 하는 이들이 있습니다. 말하자면 장기투자자죠. 장기투자자 중에는 증권사에 보유주식을 빌려주고 수수료를 받는 이들이 있습니다. '주식대여거래'를 하는 것입니다.

주식대여 거래 수수료는 증권사마다 다르고, 어떤 종목을 얼마나 오래 빌려주느냐에 따라서도 다릅니다. 대체로 요율이 높지는 않습니다.

주식대여 거래를 하면 빌려준 주식을 팔고 싶을 때 즉시 팔지 못해 불편한 점도 있습니다. 대여 주식을 팔고 싶을 때는 적어도 '4거래일 전'에 증권사에 돌려달라고 청구를 하고 주식이 계좌에 들어온 뒤에야 팔 수 있습니다.

DO IT!   **HTS로 주식대여거래하기**

홈에서 [주식대여 → 대여계좌 신청/해지] 창을 열고 약관에 동의하면 주식대여 거래를 신청할 수 있습니다.

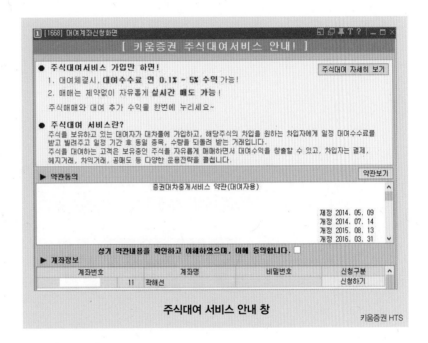

주식대여 서비스 안내 창

키움증권 HTS

경제학자와 함께 하는 주식투자 실전

STEP II

시세 분석

정보 활용법

21 HTS 시세 분석 정보 용어

증권사 HTS는 전문가들이 증시를 분석해서 만든 정보를 풍부하게 제공합니다. 주식투자를 잘하려면 전문가들이 제공하는 증시 분석 정보를 이해하고 활용할 줄 알아야 합니다.

((•)) DO IT! HTS로 시세 분석 정보 확인하기

보기 삼아 키움증권 HTS에서 'SK하이닉스' 시세 정보를 띄워놓고 알아보겠습니다. HTS 홈에서 [주식→종목시세→주식현재가] 창을 열면 화면 왼쪽에 '매도/매수 5단계 호가'가, 화면 오른쪽에 '종목별 시세 정보'가 뜹니다. 붉은색 점선 박스의 종목별 시세 정보를 항목별로 하나하나 살펴보겠습니다.

[0106] 주식현재가(5단)

| 000660 ▾ SK하이닉스 | KOSPI200 전기전자 신용A/담보A/증20 | 차트 |

| 현재가 | 82,700 ▲ 2,200 | +2.73% |

18,583	83,200	
10,936	83,100	
8,401	83,000	
3,093	82,900	
5,726	82,800	
	82,700	21,187
	82,600	10,581
	82,500	11,200
	82,400	19,414
	82,300	12,156
158,883	총잔량	156,561
	시간외	

① 거래량	5,667,16...	② (전일비)	136.41%
③ 시/고/저	81,300	83,800	78,600
④ 예상체결가	81,30	⑤ 수량	138,764
⑥ 매도호가	82,80	⑥ 매수호가	82,700
⑦ 상한가	104,50	⑧ 하한가	56,400
⑨ 기준가	80,50	⑩ 대용가	61,180
⑪ 자본금	36,577	⑫ 주식수(천)	728,002
⑬ 액면가	5,000	⑭ 결산월	12
⑮ 외국보유/천	369,2..	⑯ 소진율	50.72%
⑰ 신용비율	0.3..	⑱ PER	5.49
⑲ 250일최고	97,700	-15.25%	2018/05/25
⑳ 250일최저	61,400	+34.85%	2017/08/11

시간대별 | 일별

시간	체결가	전일대비	체결량
14:55:19	82,700 ▲	2,200	1
14:55:18	82,800 ▲	2,300	50
14:55:18	82,800 ▲	2,300	1
14:55:17	82,800 ▲	2,300	5
14:55:17	82,700 ▲	2,200	29
14:55:17	82,700 ▲	2,200	3
14:55:16	82,800 ▲	2,300	1

증감	매도상위	매수상위	증감
304	,046,299 메릴린	HI투자 593,370	3,168
	615,468 HI투자	메릴린 472,123	1,490
386	474,532 미래대	유비에 453,552	22
136	428,694 키움증	미래대 417,126	399
264	395,185 한국투	모건스 383,344	
304	,273,220	외국계합 ,377,985	1,512

장중 주식 시세 정보

키움증권 HTS

① **거래량** 당일 현재까지 매매주문이 서로 맞아 거래가 체결된 주식 수량을 나타냅니다.

② **전일비** 영업일로 따져서 하루 전날 곧 '전일'에 형성된 거래량에 비해 오늘(당일) 현재 거래량이 얼마나 되는지를 비율로 나타냅니다.

③ **시/고/저** 각각 시가, 고가, 저가를 뜻합니다. 시가는 하루 장이 개시

되고 처음 형성된 시세 곧 시초가입니다. 고가는 하루 장중 가장 높게 형성된 시세, 곧 최고가입니다. 저가는 장중 가장 낮은 시세, 곧 최저가를 뜻합니다. 보기 정보(p. 97)로 보면 'SK하이닉스'는 81,300원에 첫 시세가 형성됐습니다. 최고가는 83,800원, 최저가는 78,600원입니다.

④ **예상체결가** 시장관리자가 정규 장 시작 전에 나오는 예약주문을 모아 보고 예상을 해서 내놓는 주가입니다. 전날 장이 끝난 뒤, 혹은 당일 장 시작 전에 나온 주문을 모아뒀다가 당일 오전 동시호가 시간대에 내놓습니다. 정규 장이 시작하는 시각(오전 9시)까지는 계속 변합니다.

⑤ **수량** 예상 체결 수량을 뜻합니다.

⑥ **매도호가 / 매수호가** 현재 나와 있는 매매 호가를 표시합니다.

⑦ **상한가** ⑧ **하한가** '상한가'는 장중 시세가 최대한 오를 수 있는 한도, '하한가'는 장중 시세가 최대한 내릴 수 있는 한도입니다. 유가증권시장과 코스닥시장에서는 장중 주식 시세가 변할 수 있는 폭을 제한합니다. 전일 종가를 기준으로 종목마다 상·하 30%까지만 시세가 변할 수 있습니다. 보기 정보(p. 97)로 보면 SK하이닉스는 전일 종가보다 30% 높은(당일 상한가) 104,500원, 전일 종가보다 30% 낮은(하한가 56,400원) 범위 안에서만 주문하고 거래할 수 있습니다.

⑨ **기준가** 당일 장 시작 직전 동시호가 시간대에 처음 체결된 가격입니다.

⑩ **대용가** 투자자가 증권사에 맡기는 주식을 현금가로 환산한 수치입니다. 증권사를 통해 주식매매를 하려면 증권사에 위탁증거금 명목으로 현금이나 주식을 맡겨야 합니다. 거래 결제에 3일이 걸리는 만큼 3일째 결제가 확실히 되게 하려는 뜻에서 증권사가 담보를 잡는 거죠. 대용가는 고객이 위탁증거금으로 맡기는 주식을 현금가로 계산해 설정한 담보가치입니다. 대개 일정 기간 형성된 시세를 평균한 값을 기준으로 60~70% 정도로 잡습니다. 상장종목을 대상으로 증시관리자(한국거래소)가 매일 종목별로 계산해서 공표합니다.

⑪ **자본금** 주식발행사가 주식을 발행해서 모은 사업 밑천이 얼마나 되는지를 금액으로 표시한 것입니다. 보기 정보(p. 97)로 보면 SK하이닉스는 자본금이 3조 6577억 원입니다.

⑫ **주식 수** 총발행주식 수를 뜻합니다. 보기 정보(p. 97)는 1천 주(1,000주)를 단위로 '728,002'라고 표시했습니다. 현재 SK하이닉스는 총발행주식 수가 7억 2800만 2000주라는 것을 알 수 있습니다.

⑬ **액면가** 주식을 처음 발행할 때 매기는 1주당 가격 곧 발행단가입니다. 보기 정보(p. 97)가 전하는 SK하이닉스 액면가는 주당 5,000원입니다. 액면가는 100원 이상으로 정하게 돼 있습니다. 보통 100원 · 200원 · 500원 · 1000원 · 2500원 · 5000원 · 1만 원 등으로 정합니다. 액면가에 발행주식 수를 곱하면 발행주식 총액이 됩니다.

⑭ **결산월** 해당 종목 발행사가 연간 영업실적을 결산하는 달을 뜻합니

다. 보기 정보(p. 97) 화면은 SK하이닉스 결산 월이 12월이라고 표시했습니다.

⑮ **외국보유/천** 외국인이 보유한 주식 수량(단위=1천 주)입니다. 보기에서 외국인이 보유한 하이닉스 주식 수는 3억 6,923만 2,000주임을 알 수 있습니다.

⑯ **소진율** 종목별로 외국인이 보유한 주식 수량을 외국인이 보유 가능한 최대 주식 수로 나눈 값입니다. 외국인이 보유 가능한 주식 수를 기준으로 실제 보유 주식이 얼마나 되는지를 비율로 나타낸 겁니다. 우리 증시에서 외국인은 특정 기업에 한해 주식 보유 한도를 제한받고 있습니다. 일반 기업은 상장주식 전체를 보유할 수 있지만, 통신이나 방송 등 몇몇 분야에서는 상장주식 중 일정 비율만 보유할 수 있습니다. 보기로 든 SK하이닉스를 비롯한 삼성전자, KT, SK텔레콤, LG유플러스처럼 국가 기간산업체로 분류하는 종목이 해당합니다. 보기 정보(p. 97) 화면에 따르면, SK하이닉스 종목에 투자한 외국인이 주식 보유 한도를 채운 비율 곧 '소진율'은 50.72%입니다.

⑰ **신용비율** 투자자들이 해당 종목을 '신용'으로 사들인 비율입니다. 총 발행주식 수를 기준으로 투자자들이 증권사에서 현금이나 주식을 빌려서 산 주식 비율을 말합니다. 보기(p. 97) 예에서 SK하이닉스 신용비율은 0.37%입니다. SK하이닉스 투자자들이 총 발행주식 수 대비 0.37%에 해당하는 주식을 외상으로 샀다는 뜻입니다. SK하이닉스가 발행한 전체 주식 수는 보기에서 '주식 수(천) 728,002'로 표시되어 있습니다. 신용

비율이 0.37%라면 총발행주식 수 7억2800만2000주 가운데 0.37% 곧, 269만3607주 정도는 투자자들이 신용으로 산 주식이라는 뜻입니다.

⑱ PER 'Price Earnings Ratio'를 줄인 말입니다. 기업이 경영 활동을 벌여 올린 수익에서 비용을 빼고 남은 이익이 순이익입니다. 일정 기간 회사가 올린 순이익을 발행주식 총수로 나누면 1주 몫에 해당하는 순이익, 곧 주당순이익을 구할 수 있습니다. PER는 현재 주가를 주당순이익으로 나눈 비율입니다. 주가 이익률(주가수익률)이나 주가수익배율이라고도 부릅니다. PER 값을 보면 현재 주가가 주당순이익보다 몇 배나 비싼지 알 수 있습니다. 보기 예에서 SK하이닉스의 PER은 5.49입니다. 현재 주가가 주당순이익 대비 5.49배 높다는 얘기입니다.

⑲ 250일 최고 ⑳ 250일 최저 최근 250일 동안 당일 종가를 포함한 종가 중에서 최고가와 최저가를 표시한 겁니다. 보기(p. 97) 예는 2018년 7월 26일 장중 SK하이닉스 시세입니다. 최근 250일 사이 종가로는 2018년 5월 25일 최고치인 97,700원을 기록했다고 표시했습니다. 최저치는 2017년 8월 11일 61,400원입니다. 시세 기록과 나란히 표시한 비율은 당일 현재 해당 종목 시세가 최근 250일 사이 최고가보다 얼마나 낮은지, 최저가보다 얼마나 올랐는지 알려줍니다. SK하이닉스 시세 정보도 같은 식으로 표시했습니다. 250일 최고가와 나란히 표시한 비율 −15.25%는 당일 현재 SK하이닉스 시세가 최근 250일 사이 최고가보다 15.25% 낮다는 뜻입니다. 250일 최저가와 나란히 표시한 비율 +34.85%는 당일 현재 SK하이닉스 시세가 최근 250일 사이 최저가보다 34.85% 올랐다는 뜻입니다.

지금까지는 홈에서 [주식 → 종목시세 → 주식현재가] 메뉴 창을 열고 점선 친 박스 안에 있는 시세 분석 용어를 살펴봤습니다. HTS에서 사용하는 시세 분석 용어는 다른 창(화면)에서도 같은 뜻으로 적용합니다. 예를 들어 보기 그림은 [주식 → 키움현재가]로 들어간 메뉴 창인데, 앞서 본 '주식현재가' 창과 내용이 다르지만 박스에 표시한 시세 분석 용어는 다 같은 뜻으로 쓰고 있습니다.

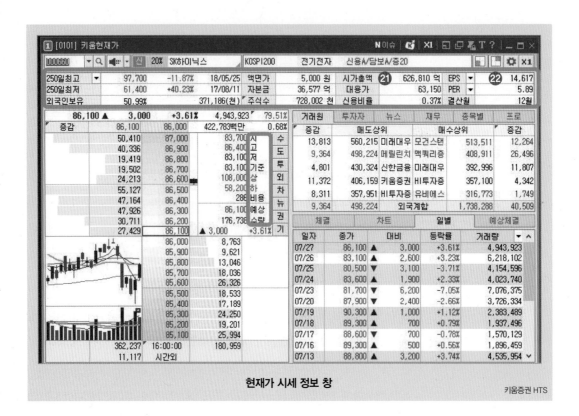

현재가 시세 정보 창

키움증권 HTS

㉑ **시가총액**　주식 시세 총액을 말합니다. 주당 시세에 주식 수(총발행주식 수)를 곱하면 구할 수 있습니다. 보기 '현재가' 창이 보여주는 하이닉스

시가총액은 62조6810억 원입니다.

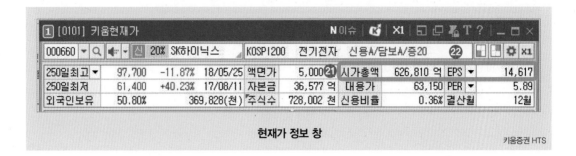

[1] [0101] 키움현재가				N 이슈		×1					T ?	_ □ ×
000660 ▾ Q ◀▾ 신 20% SK하이닉스				KOSPI200	전기전자	신용A/담보A/증20		22			⚙ ×1	
250일최고 ▾	97,700	-11.87%	18/05/25	액면가	5,000 21	시가총액	626,810 억	EPS ▾	14,617
250일최저	61,400	+40.23%	17/08/11	자본금	36,577 억	대용가	63,150	PER ▾	5.89
외국인보유	50.80%		369,828(천)	주식수	728,002 천	신용비율	0.36%	결산월	12월

현재가 정보 창

키움증권 HTS

㉒ **EPS** 'Earnings Per Share'를 줄인 말이고, 주당순이익을 뜻합니다. 보기 화면이 보여주는 SK하이닉스의 EPS는 14,617원입니다. SK하이닉스 주식은 주당 14,617원씩 순이익을 올린다는 뜻입니다.

 DO IT!   **HTS로 시세 분석 정보 확인하기**

홈에서 [주식 → 시세분석 → 상한가/하한가] 메뉴 창을 누르면 다음 쪽(p. 104) 보기와 같은 창이 열립니다. 그런 다음 [코스피와 코스닥 상장 여부 → 상한 상승 보합 하락 하한 전일상한 전일하한] 순으로 들어가면 상장종목 전체를 대상으로 한 시세 분석 정보를 볼 수 있습니다.

시세 분석 창

키움증권 HTS

㉓ **상한** 클릭하면 현재 상한가에 이른 종목과 관련된 시세 정보가 뜹니다. 전날 종가보다 얼마나 올랐고, 비율로는 또 얼마나 올랐으며, 거래량은 얼마인지 등을 볼 수 있습니다.

㉔ **상승** 클릭하면 주가가 오른 종목만 모아 시세 정보를 보여줍니다.

㉕ **보합** '보합'은 시세에 그리 변화가 없는 상태입니다. 변화폭은 작지만, 시세가 조금 오른 상태면 강보합, 반대로 시세가 조금 내린 상태는 약보합이라고 합니다.

㉖ **하락** 클릭하면 주가가 내린 종목만 모아서 볼 수 있습니다.

㉗ **하한** 하한가를 기록한 종목입니다.

㉘ **전일상한** ㉙ **전일하한** 각각 전날 상한가나 하한가를 기록한 종목을 보여줍니다.

홈에서 [주식 → 키움현재가] 메뉴 창을 열면 보기처럼 세로 방향으로 [수 도 투 외 차 뉴 권 기]라고 표시한 메뉴가 있습니다.

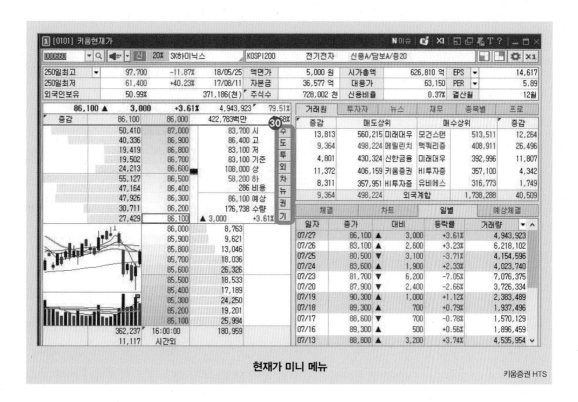

현재가 미니 메뉴

키움증권 HTS

㉚ 수 도 투 외 차 뉴 권 기

- **수** : 클릭하면 간단한 매수주문 창이 열립니다. '미니 매수' 창이라고
  합니다.

- **도** : 클릭하면 간단한 매도주문 창이 열립니다. '미니 매도' 창이라고
  합니다.

- 투 : 클릭하면 투자자별 매매 동향을 알려주는 창이 열립니다. 주식투자자는 크게 개인·기관·외국인 세 그룹으로 나눕니다. 흔히 증시 3대 투자 주체라고 부릅니다. '개인'은 개인투자자(일반투자자)를 가리킵니다. '기관'은 기관투자가입니다. 국가(정부나 정부가 관리하는 기업), 증권사·보험사·은행 같은 금융회사, 국민연금 같은 연금·기금, 기타 법인(일반 기업체) 등이 해당합니다. 외국인(외인)은 외국인 투자가들을 가리킵니다. 외국인 중에도 개인과 기관이 있지만, 지금 우리나라 증시에서 외국인이라고 하면 대개 외국계 기관입니다.
- 외 : 클릭하면 외국인 매매 동향 창이 열립니다. 외국인들이 해당 종목에 얼마나 투자했는지 알 수 있습니다.
- 차 : 클릭하면 해당 종목 시세 추이 등을 그래프(차트)로 볼 수 있는 차트 창이 열립니다.
- 뉴 : 클릭하면 해당 종목 관련 뉴스를 보여주는 뉴스 창이 열립니다.
- 권 : 클릭하면 해당 종목 관련 주요 일정과 행사를 알려주는 창이 열립니다. 해당 종목 투자자(주주)가 언제 어떤 권리를 행사할 수 있는지 알 수 있습니다.
- 기 : 클릭하면 기업분석 창이 열립니다. 해당 종목 발행사가 어떤 회사이며 영업 실적이나 경영 상태는 어떤지 등을 분석해서 일목요연하게 보여줍니다.

22 HTS 정보로 거래 주체별 매매 동향 분석하기

우리나라 증시에서는 외국인과 기관이 특히 큰 영향력을 갖고 있습니다. 외국인과 기관이 자금력으로나 정보력으로 따질 때 월등하게 '큰 손'이기 때문이죠. 흔히 장세를 좌지우지하다 보니 개인 중에서는 외국인이나 기관을 따라 투자하는 경향마저 있습니다. 따라 하든 따라 하지 않든, 외국인과 기관이 어떤 주식을 언제 얼마나 매매하는지 유심히 살펴볼 필요는 있습니다.

DO IT! HTS로 매매 동향 파악하기

홈에서 [투자정보 → 투자자별매매 → 외국인기관매매상위(창 번호 0785)]를 고르면 당일 외국인과 기관이 어떤 종목을 많이 매매했는지 살펴볼 수 있습니다.

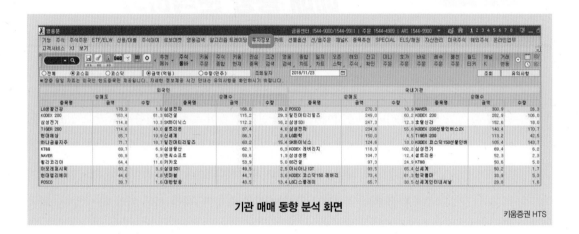

기관 매매 동향 분석 화면

키움증권 HTS

23 HTS 호가 정보로 매매잔량 이해하기

호가 정보는 투자자들이 어떤 종목을 어떤 가격에 얼마나 많이 매매하려 하는지 실시간으로 알려줍니다. 특정 종목에 매매 의지가 가격이나 수량 면에서 어떻게 형성되고 있는지를 실시간으로 알려주므로 투자자들이 적 기에 적당한 주문을 내는 데 도움이 됩니다.

 DO IT!　　　**HTS 호가 정보에서 매매잔량 확인하기**

매매잔량 정보 화면

키움증권 HTS

홈에서 [주식 → 종목시세 → 주식현재가] 메뉴 창을 열면 보기와 같이 종목별 호가 정보가 나타납니다.

앞쪽(p. 109) 보기 그림은 장중 SK하이닉스 호가 정보 화면입니다. 박스 위 왼쪽에 매도호가, 오른쪽에 매수호가가 각각 5단계씩 표시되어 있습니다. 실제 투자자가 내놓는 매매호가는 10단계도 넘습니다. 장중 투자자에게는 매매체결 가격을 중심으로 위아래로 5~10단계까지만 호가('우선 호가'라고 합니다)를 공개합니다.

보기 화면에서 SK하이닉스 매매체결가(이미 매매가 체결된 값)는 현재 82,700원으로 표시돼 있습니다. 매매체결 가격을 중심으로 왼쪽 위로 매도호가가 82,800~83,200원에 걸쳐 나와 있습니다. 매도호가 물량 합계는 [총잔량] 왼쪽에 158,883주 표시돼 있습니다. 158,883주는 아직 매매가 체결되지 않고 남아 있는 매도호가 물량 곧, 매도호가 총잔량을 뜻합니다.

매수호가는 매매체결가를 중심으로 오른쪽 아래로 82,300~82,700원에 걸쳐 나와 있습니다. 매수호가 물량 합계는 [총잔량] 오른쪽에 156,561주 표시돼 있습니다. 156,561주는 아직 매매가 체결되지 않고 남아 있는 매수호가 물량 곧 매수호가 총잔량을 뜻합니다.

호가 잔량만 보면 팔려는 쪽이 사려는 쪽보다 조금 더 많습니다. 현재 82,700원에 21,187주를 주문한 매수호가 곁에 표시된 숫자 '75'는 매수호가물량이 최근 75주 늘었다는 뜻입니다. 매수호가 82,700원에 75주 주문이 더해져 매수호가 물량이 21,187주로 된 겁니다.

24 신고가와 신저가

'신고가'란 최근에 나타났던 최고 시세보다 더 높은 시세를 말합니다. 기한을 정해서 표시합니다. 예를 들어 '250일 고가'라면 최근 250일 동안 최고가보다 더 높은 시세가 새로 나왔다는 뜻입니다. '신저가'는 신고가와 정반대 개념입니다. 최근 최저가보다도 낮은 시세를 뜻합니다. '250일 저가'라면 최근 250일 동안 최저가보다 낮은 시세가 새로 나왔다는 말입니다.

홈에서 [주식 → 시세분석 → 신고가/신저가]를 고르면 보기와 같은 창이 뜹니다. [신고가]와 [신저가]를 골라 볼 수 있게 돼 있습니다.

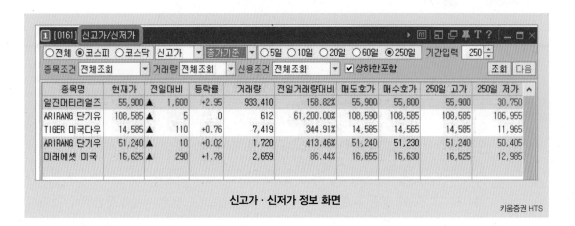

신고가 · 신저가 정보 화면

키움증권 HTS

보기 화면에서 '일진머티리얼즈'는 전일 종가가 55,900원으로 신고가(250일 고가)를 기록했습니다.

25 종합주가지수 코스피&코스닥

시장 전체 시세를 보려면?

주식 시세 흐름을 종목별로 파악하기는 쉬운 일입니다. HTS 홈에서는 [주식 → 키움현재가] 메뉴 창을 띄우면 현재 시세든 과거 시세든 실시간 으로 한눈에 볼 수 있습니다. 만약 개별 종목이 아니라 주식시장 전체 시 세를 보고 싶다면, 종합주가지수 흐름을 봐야 합니다. 종합주가지수는 여 러 종목이 보여주는 시세 흐름을 한데 묶어 숫자로 표시한 통계치입니다. 30년 전 오늘 주식시장 상장종목 전체 시세 합계를 100으로 놓고 오늘 시세 합계를 구해서 '오늘 종합주가지수는 2,500'이라는 식으로 표시합 니다. 30년 전 시세가 100인데 오늘 2,500이면 전체 주가가 30년 전보다 대략 25배 올랐다는 식으로 이해합니다.

KRX100이란?

우리나라 주식시장에서 쓰는 종합주가지수는 코스피지수와 코스닥지수가 대표 격입니다. 코스피지수(KOSPI: Korea Composite Stock Price Index)는 유가증권시장(코스피시장) 상장종목 전체 시세로 만듭니다. 코스닥지수(KOSDAQ Index)는 코스닥시장 상장종목 전체 시세로 만듭니다. 코스피지수는 1980년 1월 4일 시세를 기준값 100으로 잡고 산출합니다. 코스닥지수는 1996년 7월 1일 시세를 기준값 100으로 잡고 산출하다가 2004년 1월부터 기준값을 1,000으로 바꿨습니다.

코스피지수와 코스닥지수는 상장종목 전체를 대상으로 만들지만, 상장종목 일부만 갖고 작은 그룹으로 묶어 종합주가지수를 만들기도 합니다. 보통 업종이나 시가총액 크기별로 여러 종목 시세를 묶어 만듭니다.

예를 들면 유가증권시장에서는 대표 격 우량종목 100개와 200개를 각기 골라서 만드는 종합주가지수로 KOSPI100과 KOSPI200을 쓰고 있습니다. 상장종목 전체를 시가총액이나 자본금 규모로 구분해서 만드는 대형주 종합주가지수, 중형주 종합주가지수, 소형주 종합주가지수도 쓰고 있습니다. 코스닥시장도 대표 격 150개 종목으로 구성한 종합주가지수 코스닥150 등을 만들어 쓰고 있습니다. 코스피 시장과 코스닥에 걸쳐 대표 격 100개 종목을 골라 두 시장을 아우르는 종합주가지수 KRX100(Korea Exchange 100 Index)도 만들어 쓰고 있습니다.

홈에서 [주식 → 업종시세 → 업종현재가] 메뉴 창을 열면 종합주가지수 추이를 볼 수 있습니다. 보기 화면에서 보듯 코스피지수, 코스닥지수, KOSPI200, 코스닥150, KRX100 추이를 골라 볼 수 있게 돼 있죠. 코스피 대형주 · 중형주 · 소형주 종합주가지수 시세도 볼 수 있습니다.

① [0211] 업종시세 - 업종현재가							

업종현재가   시간대별업종지수   업종별구성종목   업종별주가   전업종지수   예상지수추이

001 ▼ 🔍 종합(KOSPI)   시외종   ◉코스피 ○코스닥 ○코스피200 ○코스닥150 ○KRX100   *천주,백만

				시간대별	**일별**	차트	
현재지수	2,294.99 ▲	5.93	+0.26%				
거래량	262,143	(거래대금)	5,091,586				

거래형성	893	99.45%

시가	2,292.33	+3.27	+0.14%
고가	2,295.27	+6.21	+0.27%
저가	2,284.44	-4.62	-0.20%

상한	상승	보합	하락	하한
0	536	79	278	0

종합(KOSPI)	2,294.99 ▲	5.93	+0.26%
대형주	2,211.56 ▲	4.59	+0.21%
중형주	2,641.07 ▲	5.97	+0.23%
소형주	2,098.80 ▲	22.40	+1.08%

52주 최고	2,607.10	2018/01/29	-11.97%
52주 최저	2,243.90	2018/07/05	+2.28%

일자	현재가	대비	등락률	거래량	거래대금
07/27	2,294.99 ▲	5.93	+0.26	262,143	5,091,586
07/26	2,289.06 ▲	16.03	+0.71	303,334	6,357,106
07/25	2,273.03 ▼	7.17	-0.31	309,319	6,142,619
07/24	2,280.20 ▲	10.89	+0.48	436,133	5,831,914
07/23	2,269.31 ▼	19.88	-0.87	334,290	5,549,481
07/20	2,289.19 ▲	6.90	+0.30	353,236	4,910,685
07/19	2,282.29 ▼	7.82	-0.34	464,516	5,431,161
07/18	2,290.11 ▼	7.81	-0.34	402,771	5,032,249
07/17	2,297.92 ▼	4.07	-0.18	379,033	4,897,898
07/16	2,301.99 ▼	8.91	-0.39	297,122	4,968,950
07/13	2,310.90 ▲	25.84	+1.13	291,562	6,500,717
07/12	2,285.06 ▲	4.44	+0.19	364,407	6,157,666

종합주가지수 화면

키움증권 HTS

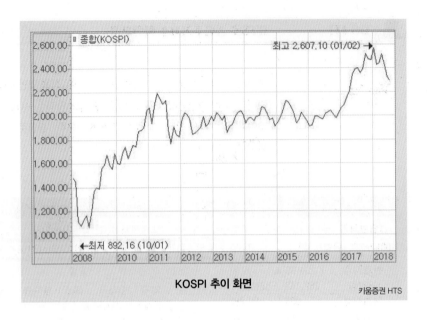

KOSPI 추이 화면

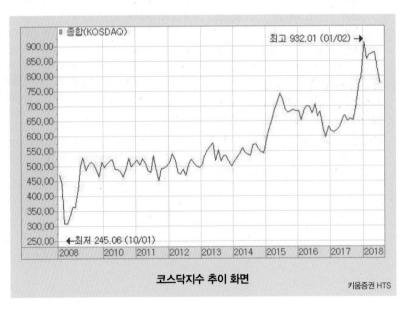

코스닥지수 추이 화면

해외 주요국 종합주가지수

주식시장 뉴스에는 매일 미국, 일본, 중국, 홍콩과 유럽 등 주요국 종합주가지수 추이를 전하는 소식이 빠짐없이 나옵니다. 세계 경제가 밀접하게 연결되어 있고 주요 지역 주식시장에서 전개되는 시세 흐름이 우리 증시에 직접 영향을 미칠 때가 많기 때문입니다.

미국 증시에서 쓰는 대표 종합주가지수로는 뉴욕 증권거래소 상장종목으로 산출하는 다우존스지수(DOW JONES), S&P500, 나스닥지수(NASDAQ) 등이 유명합니다. 일본은 도쿄 증권거래소 상장종목으로 산출하는 니케이225, 중국은 상해 증권거래소 상장종목으로 산출하는 상해 종합지수가 대표 종합주가지수입니다.

경제학자와 함께 하는 주식투자 실전

STEP III

종목 고르는 법

기본 분석 지표

활용하기

기본 분석과 적정 주가
"기업가치는 어떻게 추정하나?"

주식투자를 잘하려면 종목을 잘 골라야 합니다. 전문가들은 '기본 분석 (Fundamental Analysis)'이라는 기법을 써서 종목을 고릅니다.

기본 분석은 적정 주가 개념을 핵심으로 삼는 이론 위에 서 있습니다. 적정 주가란 기업가치에 맞는 주식 시세를 말합니다. 적정 주가 이론에 따르면, 주식 시세란 수시로 변해서 종잡을 수 없는 것처럼 보여도 결국은 발행사가 보유한 기업가치 곧 내재 가치에 맞게 형성되는 법입니다. 기업가치만 제대로 추정할 수 있으면 적정 주가 수준이 얼마인지 알 수 있습니다.

적정 주가를 알고 나면 시세가 고평가된 종목과 저평가된 종목을 분간해 낼 수 있습니다. 종목별로 매매 방향을 어떻게 잡아야 좋을지도 판단할 수 있습니다. 시세가 적정 주가보다 낮은 종목은 저평가된 것이고 언젠가는 시세가 올라 적정가에 이를 테니 매수해야 합니다. 반대로 시세가 적정 주가보다 높은 종목은 고평가된 것이고 언젠가는 시세가 떨어져 적정가로 접근할 테니 매도해야 합니다.

적정 주가를 알아내기 위한 기업가치 추정은 기본 분석으로 합니다. 기업 상태나 성장 전망, 경제 환경 등 기업 안팎에서 기업가치에 영향을 끼칠 만한 요인을 분석하고 종합해보는 겁니다.

요컨대 기본 분석을 해서 기업가치를 파악해보면 적정 주가를 알아낼 수 있고, 주식 매매 방향도 판단할 수 있다는 게 기본 분석 기법을 관통하는 논리입니다.

어렵지 않습니다. 여러 가지 분석지표를 활용하는데, 증권사 HTS가 주요 분석지표와 정보를 제공하기 때문입니다. 이제부터 HTS가 제공하는 분석지표를 활용해 주식 가치를 분석하고 평가하는 기법을 하나씩 알아보겠습니다.

26

EPS
"EPS 높아지는 종목을 산다"

EPS는 'Earnings Per Share'를 줄인 말입니다. 1주당 순이익(주당순이익)을 뜻합니다. 순이익이란 기업이 벌어들인 수입에서 비용을 빼고 남은 이익을 말합니다. 이익 중에서도 세금까지 떼고 남은 금액이죠.

EPS는 순이익을 회사가 발행한 총주식 수로 나눈 값입니다.

$$EPS(원) = 주당순이익 = \frac{순이익}{총\ 발행주식\ 수}$$

EPS 값은 클수록 좋습니다. EPS가 크면 주당순이익을 크게 내고, 그만큼 수익 창출력이 좋은 회사이며, 기업가치가 높다는 뜻이기 때문입니다.

HTS에서 종목별 EPS를 확인할 수 있습니다. 홈에서 [투자정보 → 기업분석 → 기업분석(창 번호 0919)] 순으로 들어가면 '기업개요' '기업분석' 등 여러 메뉴를 볼 수 있는데, 여기서 [기업분석]을 고르면 다시 [기업개요], [재무제표], [재무비율], [투자지표] 등을 고를 수 있습니다. 'SK하이닉스'를 예시로 하여 EPS를 확인해 보겠습니다. [투자지표]를 고르면 보기와 같이 SK하이닉스 EPS 추이(2014년 12월~2018년 3월까지)를 볼 수 있습니다.

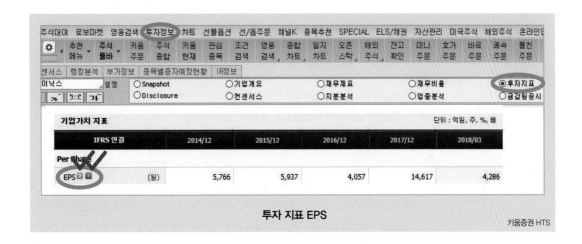

투자 지표 EPS

키움증권 HTS

EPS 지표 곁에 붙은 ? 아이콘을 클릭하면 해당 지표를 계산한 수식을 설명하는 내용이 나타납니다. + 아이콘을 클릭하면 해당 계산식에 쓴 주요 항목 수치를 볼 수 있습니다.

여러 종목을 놓고 EPS 금액을 비교해보면 회사마다 주식 1주가 일정 기간 벌어들이는 이익금이 얼마나 되는지, 회사가 수익을 만들어내는 능력이 어느 정도인지 판별해낼 수 있습니다. 당연히 다른 조건이 같다면 EPS가 큰 종목을 사야 합니다. 다른 조건이 같다면 EPS가 점점 커지는 종목을 사야 합니다. 현재 EPS 값이 큰 종목보다 시간이 흐르면서 EPS

가 점점 더 커지는 종목, 장기에 걸쳐 꾸준히 높은 수준을 유지하는 종목
이 유망합니다.

SK하이닉스 주가 추이(2012.10.29~2018.7.30)

키움증권 HTS

보기 HTS '투자지표'에서 표시한 SK하이닉스도 EPS가 커지면서 주가가 오른 실례입
니다. SK하이닉스 EPS는 2014~2017년 사이 4년 동안 5,766원에서 14,617원으로
약 2.5배 커졌습니다. 주가는 그림에서 보듯 2014년 말 47,750원(12월 29일 종가)에서
2017년 말 76,500원(12월 26일 종가)으로 1.6배 올랐습니다.

실전에서 EPS를 쓸 때는 1년 후, 2년 후, 3년 후 예상치 EPS를 보고
EPS가 커지는지도 확인하면 좋습니다. 과거 실적을 토대로 산출한 EPS
값은 현재 주가에 이미 어느 정도는 반영되어 있다고 봐야 하고, 지금까
지는 EPS가 성장했더라도 향후엔 성장세가 꺾일 수도 있기 때문입니다.

그렇다면 'SK하이닉스'의 예상 EPS는 어떨까요?

홈에서 [투자정보 → 기업분석 → 기업분석(창 번호 0919)] 순으로 들어가 [기업분석] 메뉴에서 SK하이닉스를 고르고, [컨센서스]를 클릭하면 보기와 같은 정보가 뜹니다. 2015~2017년 SK하이닉스 실적치 EPS와 함께 2018~2020년 예상 EPS(표에서 'E' 표시한 값) 추이를 다 함께 볼 수 있죠. '컨센서스'란 여러 증권사에서 내놓은 추정치를 평균한 값입니다.

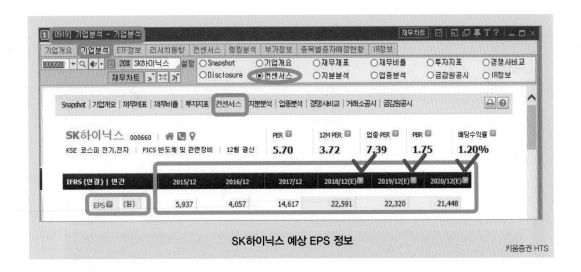

SK하이닉스 예상 EPS 정보

키움증권 HTS

SK하이닉스 실적치 EPS는 2015년 말 5,937원에서 2016년 말 4,057원으로 줄었다가 2017년 14,617원으로 크게 뛰었습니다. 예상 EPS는 2018년 말에도 22,591원으로 크게 높아집니다. 이후에는 성장하지 못하고 정체합니다. 2019년 말에는 22,320원으로 전년과 비슷하죠. 2020년 말에는 21,448원으로 전년보다 조금 줄어듭니다.

실제로 2018년 이후 예상 EPS 성장세가 주춤한다면 SK하이닉스 주가는 2018년에 정점을 맞고 이후 상승세가 부진해질 수도 있겠죠.

DO IT! | **HTS로 비슷한 종목 중 더 높은 EPS 찾아보기**

업종이나 규모가 같거나 비슷할 때 어떤 종목 EPS가 높은지도 알아볼 수 있습니다.
홈에서 [투자정보 → 기업분석 → 랭킹분석(창 번호 1703)] 순으로 들어가 [지표순위]를
고르고, [기준] 창에서 원하는 업종을 골라볼 수 있습니다. 업종을 고른 다음 종목별로
EPS 증가율과 EPS를 포함한 여러 가지 지표 정보를 볼 수 있습니다. 여러 지표 가운데
[EPS]를 클릭하면 EPS가 높거나 낮은 순으로 검색해볼 수 있습니다. 보기 그림은 유가
증권시장에서 증권업 종목을 EPS가 높은 순으로 조회한 예입니다.

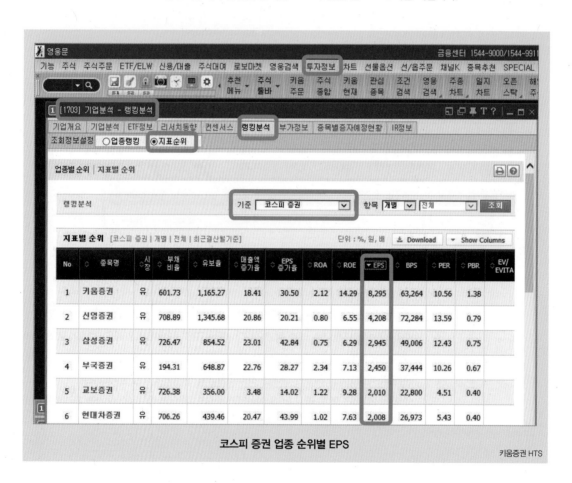

코스피 증권 업종 순위별 EPS

키움증권 HTS

27 ## PER ## "PER 낮은 종목을 산다"

PER이란 'Price Earnings Ratio'를 줄인 말입니다. 일정 기간 기업이 올린 주당순이익(EPS)에 비해 주가가 몇 배나 되는지를 나타냅니다. 주가이익비율이나 주가수익비율이라고 부릅니다.

$$PER(배) = 1주당 가격 \div 주당순이익(EPS)$$

((DO IT!   HTS로 종목별 PER 수치 확인하기

앞서 EPS 추이를 보여준 [기업분석] 창에서는 종목별 PER 수치도 볼 수 있습니다. 홈에서 [투자정보 → 기업분석 → 기업분석(창 번호 0919)] 순으로 들어가 [기업분석] 메뉴에서 원하는 종목(SK하이닉스)을 고르고, [투자지표]로 찾아가면 그림처럼 SK하이닉스 PER 수치를 볼 수 있습니다.

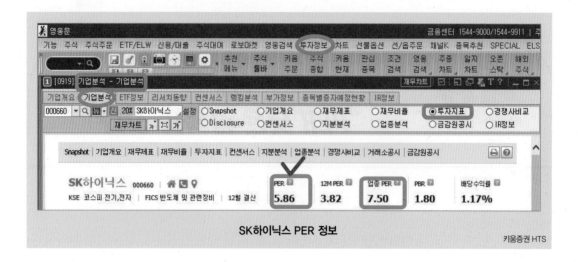

SK하이닉스 PER 정보

키움증권 HTS

보기 그림에서 보이는 SK하이닉스 PER은 5.86배입니다. 최근 결산치(2017년 연간) 순이익을 써서 구한 실적치입니다. PER이 5.86배라면 현재 SK하이닉스 시세가 주당순이익(EPS)보다 5.86배 비싸다는 뜻입니다. 수익을 만들어내는 능력에 비하면 5.86배 비싸게 팔린다는 얘기죠.

개별 기업 PER 값 외에 업종 PER 값 비교가 필수

그렇다면 SK하이닉스 주식은 현재 시장에서 고평가됐다고 말할 수 있을까요?

개별 기업 PER 값만으로 주가가 고평가됐는지 여부를 평가하기는 이릅니다. 업종 PER과도 비교해봐야 합니다.

보기 그림의 '투자지표' 창은 SK하이닉스 PER과 함께 '업종 PER' 값도 보여줍니다. '업종 PER'은 업종이 같은 종목을 한데 묶어 시세와 수익 능력을 비교해 보여주는 지표입니다. 여기서는 SK하이닉스가 속하는 전기·전자(반도체 및 관련 장비) 업종을 대상으로 시세가 수익 능력보다 얼마나 비싼지 계산해서 표시한 것입니다.

보기 그림에서 '전기, 전자(반도체 및 관련 장비)' 업종 PER는 7.50배입니다. 역시 최근 결산치(2017년 1년간) 순이익을 써서 구한 실적치입니다. SK하이닉스 PER은 5.86배이므로 업종 PER에 비하면 SK하이닉스 시세가 싸다는 것을 알 수 있습니다.

이렇게 PER을 활용하면 업종이 같은 종목 여러 개를 비교해서 저평가된 종목을 고를 수 있습니다. 같은 업종이라면 PER이 높을수록 주가가 비싸고 PER이 낮을수록 싼 종목입니다. 기본 분석 이론상 저평가된 주식은 언젠가 제대로 평가받을 때가 옵니다. 다른 조건이 같다면 PER이 낮은 종목을 사야 합니다.

DO IT! HTS로 업종별 규모별 PER 수치 비교하기

업종이나 규모별로 여러 종목 PER을 비교해 보려면 홈에서 [투자정보 → 기업분석 → 랭킹분석(창 번호 1703)] 순으로 들어가 [지표순위]를 고르고, [기준] 창에서 원하는 종목을 종류별로 고르면 해당하는 종목별로 PER을 포함한 여러 가지 지표 정보를 볼 수 있습니다. 여러 지표 가운데 [PER]을 클릭하면 PER이 높거나 낮은 순으로 검색해볼 수 있습니다.

다음 보기 그림(p. 327)은 코스피 전기·전자 업종에 속하는 종목을 PER이 낮은 순으로 조회해본 예입니다.

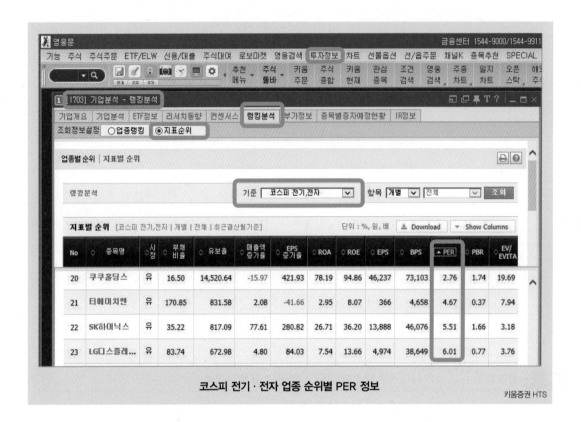

코스피 전기 · 전자 업종 순위별 PER 정보

키움증권 HTS

예상 PER 낮은 종목이 좋다

앞서 EPS 추이를 보여 준 '기업분석' 창에서는 종목별 '12M PER' 값도
볼 수 있습니다. '12M PER'이란 앞으로 12개월 동안 올릴 주당순이익
예상치(Forward EPS)를 현재 주가와 비교해서 장차 예상되는 PER 값을
계산한 것입니다.

DO IT! 　　　　**HTS로 12M PER 값 확인하기**

홈에서 [투자정보 → 기업분석 → 기업분석(창 번호 0919)] 순으로 들어가 [기업분석] 메뉴에서 원하는 종목(SK하이닉스)을 고르고, [투자지표]를 따라가 보면 보기와 같이 SK하이닉스 '12M PER' 값을 볼 수 있습니다.

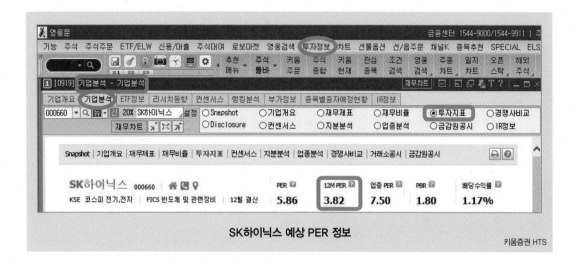

SK하이닉스 예상 PER 정보

키움증권 HTS

SK하이닉스 '12M PER'은 3.82입니다. 최근 결산치(2017년간) 순이익을 써서 구한 실적치 PER(5.86)에 비하면 아주 낮습니다. 가까운 미래에도 SK하이닉스는 저평가 종목으로 남을 가능성이 있다는 뜻입니다.

그런데 이렇게 실적치 PER뿐 아니라 예상치 PER까지 구해 보는 이유는 뭘까요?

주가나 기업 실적(순이익)이 변하면 PER 값이 달라지기 때문입니다.

지금은 비록 PER이 낮더라도 장차 시세가 고평가되거나 순이익이 줄어들면 PER 값이 커질 수 있습니다.

$$PER = \frac{주당가격}{주당순이익}$$

PER을 구하는 공식만 봐도 주가(분자)가 오르거나 순이익(분모)이 줄어 들면 PER 값이 커진다는 것을 알 수 있습니다. 예상치 PER을 구해보면 과거 실적만 보고 종목을 골랐다가 실패할 가능성을 줄일 수 있습니다. PER 값을 보고 종목을 고른다면 'PER 값도 변한다'는 점을 고려해서 현재 PER(실적치)과 예상치 PER을 함께 보는 게 좋습니다.

PER 낮아도 투자 대상에서 제외해야 하는 종목

한 가지 유념할 점은 PER이 낮은 것 하나로 저평가 주식이라고 단정하면 안 된다는 것입니다.

$$PER = \frac{주당가격}{주당순이익}$$

PER을 구하는 공식을 보면 알 수 있듯, 순이익이 정체하고 주가가 내려가면 PER 값도 내려갑니다. 기업가치나 성장 전망이 괜찮은데도 시장에서 제값을 받지 못하는 게 아니라, 실제 성장 전망이 흐려서 주가가 내려가도 저PER주가 될 수 있습니다.

결국 PER 값을 보고 종목을 고를 때는 저PER주 찾기에 그치지 말고 왜 PER이 낮은지 이유를 찾아봐야 합니다. 만약 성장 전망이 나빠서 주가가 낮고 저PER주 된 것이라면 투자 대상에서 빼야 합니다.

PER로 적정 주가 구해 저평가주 고르기

PER 값을 알면 종목마다 적정 주가를 계산해볼 수 있습니다. 계산법은 간단합니다. PER를 구하는 공식 'PER=1주당 가격÷주당순이익(EPS)' 을 변형해서 1주당 가격을 구해보면 됩니다. PER 산출식을 변형하면 1주당 가격은 '주당순이익×PER'로 구할 수 있죠. 이렇게 구하는 1주당 가격이 적정 주가입니다.

적정 주가=주당순이익×PER

적정 주가를 구해보면 현재 시세가 적당한지 가늠해볼 수 있습니다.

가령 주당순이익 1,000원, PER이 10배, 현재 시세는 6,000원인 종목이 있다면 적정 주가는 (주당순이익×PER=1,000원×10배) 10,000원입니다. 시세가 적정 주가보다 4,000원 싸니까 저평가됐다고 볼 수 있죠.

같은 방법으로 'SK하이닉스' 적정 주가를 알아볼까요. 앞서도 찾아본 것처럼 홈에서 [투자정보 → 기업분석 → 기업분석(창 번호 0919)] 순으로 들어가 [기업분석] 메뉴에서 원하는 종목(SK하이닉스)을 고르고, [투자지표]를 따라가 SK하이닉스의 투자지표를 검색해 보겠습니다.

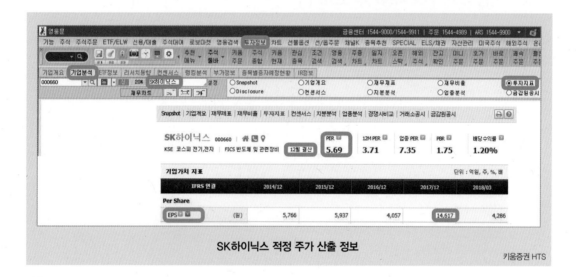

SK하이닉스 적정 주가 산출 정보

키움증권 HTS

2017년 12월 결산 실적을 기준으로 계산한 주당순이익(EPS)은 14,617원, PER은 5.69배입니다. '주당순이익×PER' 공식에 따라 적정 주가를 구해보면 14,617원× 5.69(배)＝83,170원이 됩니다.

2017년 말(12월 28일) SK하이닉스 종가는 76,500원이었습니다. 적정 주가 83,170원 보다 6,670원 낮죠. 그렇다면 2017년 말 SK하이닉스는 적정 주가보다 저평가됐던 셈입니다.

지금까지 2017년 12월 결산 실적을 기준으로 산출한 주당순이익(EPS)과 PER 값을 써서 적정 주가를 구해봤습니다. 실전에서 적정 주가를 계산하기 위해 주당순이익이나 PER 값을 활용할 때는 주로 향후 12개월 예상치를 씁니다. 과거 실적을 토대로 산출한 주당순이익과 PER 값은 시장에 이미 잘 알려져 있고 현재 주가에 대략 반영되어 있다고 보기 때문이죠.

예상치 주당순이익(EPS)과 PER로 적정 주가를 구하는 방법도 크게 다르지 않습니다.

가령 SK하이닉스가 앞으로 12개월 뒤 예상되는 주당순이익이 1,000원이고 SK하이닉스와 같은 전기·전자 업종 PER이 8배라고 해보죠.

적정 주가는 12개월 예상치 주당순이익 1,000원과 업종 PER 8배를 곱한 80,000원이 됩니다.

만약 SK하이닉스 현재 시세가 75,000원이면 적정 주가보다 5,000원 저평가된 셈이니 매수해서 시세차익을 기대할 만합니다. 하지만 만약 현재 시세가 85,000원이면 적정 주가보다 5,000원 고평가됐으니 처분하는 게 좋습니다.

28
ROA
"ROA 높은 종목을 산다"

유망 종목을 고를 때는 기업 수익성을 고려해야 합니다. 기업 수익성이란 기업이 사업을 벌여 이익을 내는 능력을 말합니다. 기본 분석 지표로는 흔히 'ROA(Return On Asset), 총자산이익률'이라는 비율로 나타냅니다. ROA는 일정 기간 기업이 올린 순이익을 해당 기업이 보유한 총자산(기업이 보유한 전 재산)으로 나누어 구합니다.

$$총자산이익률(ROA,\%) = \frac{순이익}{총자산} \times 100$$

ROA 비율은 높을수록 좋습니다. ROA가 높다면 총자산을 들여 순이익을 많이 냈고 그만큼 수익성이 좋다는 뜻이기 때문입니다. 수익성이 좋은 주식은 시장 수요가 몰려서 시세가 오르기 쉽습니다. 같은 조건이면 ROA가 높은 종목을 사야 합니다.

기업분석 창을 열면 종목별 ROA를 알아볼 수 있습니다. 홈에서 [투자정보 → 기업분석 → 기업분석(창 번호 0919) → 재무비율 → 재무비율/수익성비율] 순으로 이동해서 'SK 하이닉스'의 ROA를 검색해본 예입니다.

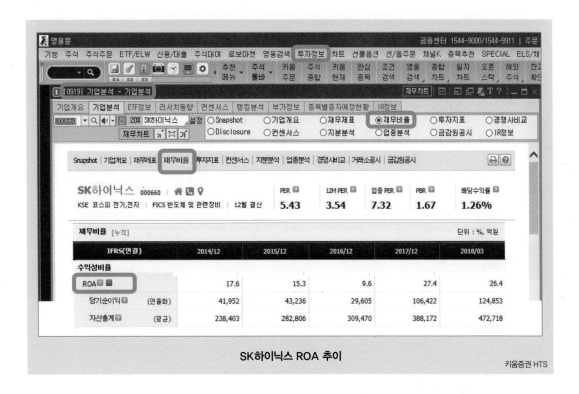

SK하이닉스 ROA 추이

키움증권 HTS

보기 화면 정보에 따르면 SK하이닉스 ROA는 2014~2017년 사이 연간 9.6~27.4%였습니다. 2014~2016년까지는 비율이 낮아졌다가 2017년 에 크게 높아졌습니다. 2017년 순이익이 전년 대비 3배 가까이 커졌기 때 문입니다. 보기 정보에서 2014~2017년까지는 연간 비율입니다. 2018년 비율은 1분기 실적을 연간 수치로 환산해서 표시해 놓았습니다.

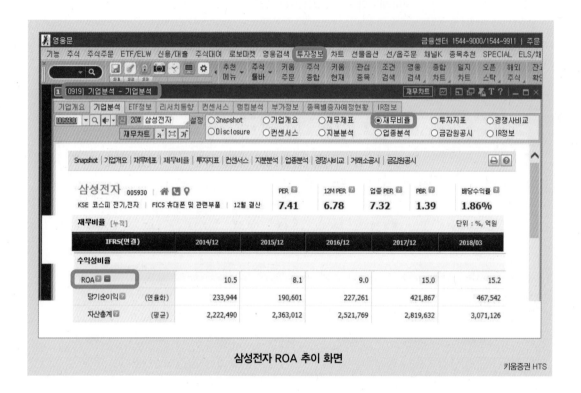

이번에는 SK하이닉스와 마찬가지로 전기·전자 업종 대형주인 '삼성전자'를 검색해서 ROA를 비교해 볼까요.

삼성전자 ROA 추이 화면

키움증권 HTS

보기 화면 정보에 따르면 삼성전자 ROA는 2014~2017년 사이 8.1~15.0%입니다. SK하이닉스보다 낮습니다. 2017년 이전에는 10% 안팎이었으나 2017년엔 15.0%로 크게 높아졌습니다. 2017년 순이익이 전년 대비 곱절 가까이 커진 덕이죠. 보기 정보 역시 2014~2017년까지는 연간 비율을, 2018년 비율은 1분기 실적을 연간 수치로 환산해서 표시해 놓았습니다.

ROA를 보면 기업 수익성을 업종이나 규모와 관계없이 비교해 볼 수 있습니다. 여러 종목을 후보로 놓고 투자 대상을 찾을 때는 다른 조건이 같다면 ROA가 높은 종목을 사야 합니다.

이번에는 업종이나 규모별로 어떤 종목이 ROA가 높은지 비교해 보겠습니다.

홈에서 [투자정보 → 기업분석 → 랭킹분석(창 번호 1703) → 지표순위] 순으로 이동해서 코스피 전기 · 전자 업종을 선택하면, 해당하는 종목별로 ROA를 포함한 여러 가지 분석 지표 정보를 볼 수 있습니다. 여러 지표 가운데 [ROA]를 클릭하면 ROA가 높거나 낮은 차례로 검색해볼 수 있습니다. 보기 그림은 코스피 전기 · 전자 업종에 속하는 여러 종목을 ROA가 높은 것부터 조회해본 예입니다.

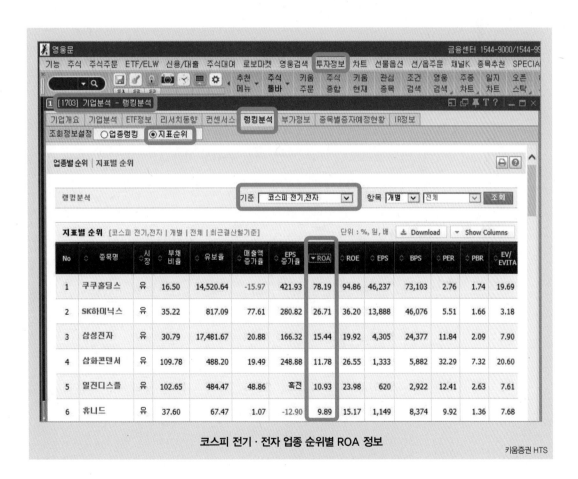

코스피 전기 · 전자 업종 순위별 ROA 정보

키움증권 HTS

29 ROE
"ROE 높은 종목을 산다"

수익성을 평가해서 종목을 고를 때는 ROA와 함께 'ROE(Return On Equity)'라는 지표도 씁니다. ROE가 뭔지 알려면 먼저 기업 자산을 구분해 볼 줄 알아야 합니다.

기업 자산이란 기업이 보유한 재산을 말합니다. 기업이 보유한 전 재산이라는 뜻으로 쓸 때는 '자산' 대신 '총자산'이라고 말하기도 합니다.

기업총자산은 대개 주주가 낸 돈과 부채(빚)로 이뤄집니다. 기업회계(기업에 자금이 들고 나는 걸 장부에 기록하는 일) 용어로는 주주가 낸 돈을 자기자본, 부채는 타인자본이라고 부르죠. 앞서 나온 ROA(총자산이익률)는 기업이 자기자본에 부채까지 합한 총자산을 동원해서 얼마나 순이익을 내는지 재는 지표입니다. 반면 ROE는 총자산 중 부채는 빼고 자기자본만 써서 얼마나 순이익을 내는지 잽니다. 일정 기간 기업이 올린 순이익을 자기자본으로 나눠 구하므로 '자기자본이익률'이라고 부릅니다.

$$자기자본이익률(ROE, \%) = \frac{순이익}{자기자본} \times 100$$

ROE 비율도 높을수록 좋습니다. ROE 비율이 높은 회사는 주주 자본 곧, 주주가 투자한 돈으로 순이익을 많이 낸다는 뜻이기 때문입니다.

그렇다면 ROA와 ROE 중에서는 어느 것이 더 중요할까요?

주주 내지 투자자 입장에서는 ROA보다 ROE가 중요합니다. ROA는 총자산으로 얻는 이익률이지만, ROE는 회사가 주주 돈만으로 얼마나 돈을 잘 버는지 알려주기 때문입니다.

ROE를 보면 기업 수익성을 업종이나 규모에 관계없이 비교해 볼 수 있습니다. 여러 종목을 후보로 놓고 투자 대상을 찾을 땐 다른 조건이 같다면 ROE가 높은 종목, 시간이 흐르면서 ROE가 높아지는 종목을 사야 합니다.

'기업분석' 창을 열면 종목별 ROE 추이를 알아볼 수 있습니다. 보기 그림은 홈에서 [투자정보 → 기업분석 → 기업분석(창 번호 0919) → 재무비율 → 재무비율/수익성비율] 순으로 이동해서 'SK하이닉스' ROE를 검색해본 예입니다.

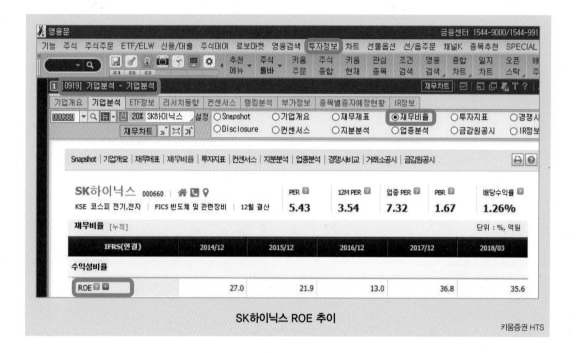

SK하이닉스 ROE 추이

키움증권 HTS

업종이나 규모별로 어떤 종목이 ROE가 높은지 비교해 보려면 '기업분석' 창을 열고 '랭
킹분석' 메뉴를 고르면 됩니다.

홈에서 [투자정보 → 기업분석 → 랭킹분석(창 번호 1703) → 지표순위] 순으로 이동해
서 원하는 업종을 선택하면 해당하는 종목별로 여러 가지 기본 분석 지표(EPS 증가율,
ROA, ROE, EPS…) 정보를 볼 수 있습니다. 여러 분석 지표 가운데 [ROE]를 클릭하면
ROE가 높은 순서나 낮은 순서대로 검색해볼 수 있습니다. 보기는 코스피 전기 · 전자
업종 종목을 ROE가 높은 순으로 검색해본 예입니다.

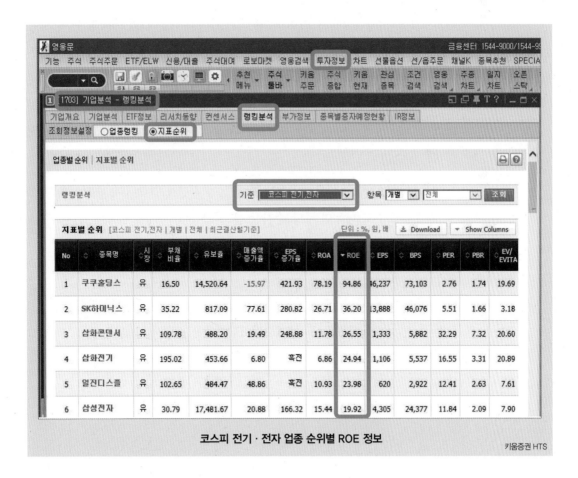

코스피 전기 · 전자 업종 순위별 ROE 정보

키움증권 HTS

30 PBR
"PBR 낮은 종목을 산다"

EPS(주당순이익)나 PER(주가이익비율)은 주가를 기업 이익과 관계 지어 주식 가치를 평가합니다. PBR(Price Book-value Ratio)은 다릅니다. 주가를 기업 자산 가치와 관계 지어 주식 가치를 평가합니다. PBR은 주가가 1주당 기업 순자산에 비해 몇 배나 되는지를 나타내는 비율입니다. 주가와 순자산을 대비해 계산하는 비율이므로 '주가순자산비율'이라고 부릅니다.

순자산은 총자산에서 부채를 빼고 남는 자산을 말합니다. 순자산을 발행주식 수로 나누면 주당 순자산 곧 'BPS(Book-value Per Share)'를 구할 수 있습니다.

$$주당순자산(BPS) = \frac{순자산}{발행주식수}$$

다시, 주가를 BPS로 나누면 PBR(주가순자산비율)을 구할 수 있습니다.

$$PBR(주가순자산비율, 배) = 주가 \div BPS = \frac{주가}{주당순자산}$$

순자산은 회사가 당장이라도 사업을 접고 청산한다면 주주가 회수할 수 있는 가치이므로 '청산가치'라고 부릅니다. 실제 회사를 청산하는 게 아니라 장부를 놓고 따지는 가치이므로 '장부가치(장부가)'라고도 부릅니다. 주당 순자산은 곧 주당 청산가치 내지 장부가치인 셈입니다. '주당 순자산'을 뜻하는 용어 BPS도 '주당 장부 가치(Book-value Per Share)'라는 뜻을 담고 있습니다. 주가순자산비율을 뜻하는 용어 PBR(Price Book-value Ratio)도 '시세와 장부 가치를 대비한 비율'이라는 뜻을 담고 있습니다.

PBR은 순자산 가치 중 주가 가치를 비교하는 척도

PBR(주가순자산비율)은 순자산 가치보다 주가가 싼지 비싼지 평가하는 척도로 쓸 수 있는 지표입니다. 장부가 대비 주가(시세) 수준이 어느 정도인지, 시장가로는 BPS(주당순자산가치)가 얼마나 인정받는지를 나타냅니다. BPS 대비 주가가 높으면 PBR 수치가 1(배)보다 커집니다. 시장이 기업 순자산 가치(청산가치)를 높게 평가한다는 뜻입니다.

PBR이 1이면 주가가 기업 순자산 가치와 같다는 뜻입니다.

PBR이 1보다 작으면 주식 시세가 장부상 청산가치에도 못 미칠 정도로 싸다는 뜻입니다. 시장이 기업 순자산가치를 낮게 평가해서 주식 시세가 저평가됐다는 뜻이죠.

PBR이 낮은 종목은 기업가치가 시장에서 저평가된 만큼 PBR이 높은 종목에 비해 시세 상승 가능성이 높습니다. 다른 조건이 같다면 PBR이 낮은 종목을 사야 합니다.

DO IT! **HTS로 업종별 PBR 비교하기**

PBR 값은 BPS와 함께 앞서 나온 '기업분석' 창(1703)에서 볼 수 있습니다. 홈에서 [투자정보 → 기업분석 → 랭킹분석(창 번호 1703) → 지표순위] 순으로 이동해서 [기준] 창에서 원하는 종목을 종류별로 고르면 해당 종목을 분석한 여러 가지 지표 정보를 볼 수 있죠. 여러 지표 가운데 [PBR]을 클릭하면 PBR이 높거나 낮은 순으로 검색할 수 있습니다. 오른쪽(p. 147) 보기 그림은 코스피 음식료품 업종에 속하는 종목을 PBR이 낮은 순으로 조회해본 예입니다.

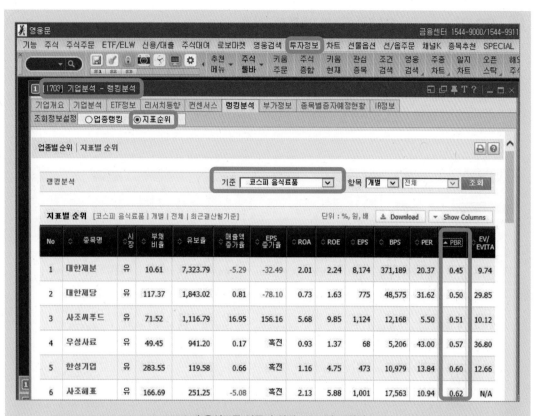

코스피 음식료품 업종 순위별 PBR 정보 화면

키움증권 HTS

DO IT! HTS로 종목별 PBR 비교하기

종목별 PBR 추이를 보려면 홈에서 [투자정보 → 기업분석 → 기업분석(창 번호 0919) → 투자지표] 순으로 이동해서 원하는 종목을 조회하면 됩니다. 보기 그림은 코스피 상장 음식료품업 종목인 '대한제분' PBR 추이를 검색해본 예입니다.

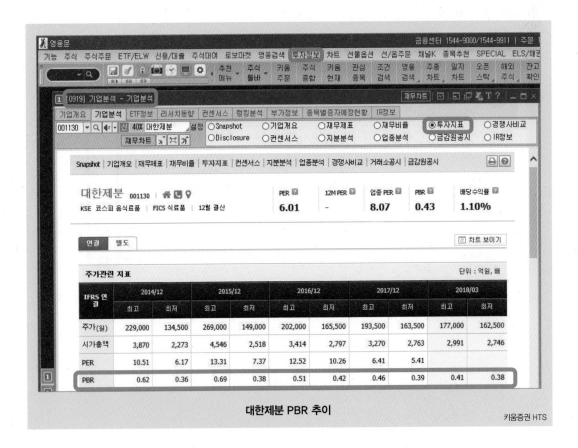

대한제분 PBR 추이

키움증권 HTS

31 PSR
"PSR 낮은 종목을 산다"

기본 분석 지표로 종목 분석을 하다 보면 간혹 필요한 정보를 구하지 못해 난처할 때가 있습니다. 주가와 순자산을 비교해 종목 가치를 평가하는 지표 PBR(주가순자산비율)만 해도 그렇습니다. PBR을 구하려면 순자산이 얼마인지 알아야 하는데 종목에 따라서는 순자산 값을 알 수 없는 경우가 있습니다. 자기자본이 적고 빚이 많아서 순자산 가치가 마이너스(-)인 종목이 여기에 해당합니다. 특히 갓 창업한 기업 중 순자산이 마이너스인 경우를 자주 볼 수 있습니다.

PBR을 알아도 소용없는 경우도 있습니다. 코스닥 상장 종목 중에는 순자산 가치가 작은데 주가는 높아서 PBR이 1을 넘는 종목이 흔하기 때문이죠. 예를 들면 코스닥 음료 제조업체인 '네이처셀'은 2014~2018년 1분기까지 PBR이 연간 최저 1.54배에서 최고 73.66배를 기록했습니다. 같은 기간 코스피 종목인 '삼성전자'나 'SK하이닉스' 같은 대기업 PBR이 꾸준히 1.0 안팎을 기록한 것과 비교됩니다.

EPS(주당순이익) 대비 주가 수준을 비교해서 종목 가치를 가리는 PER(주가수익비율) 역시 종목 고르기에 써먹지 못할 때가 있습니다. 갓 창업해서 이익을 내지 못한 기업, 오래됐더라도 투자를 많이 해서 적자를 본 기업은 PER이 마이너스(-)로 나오기 때문입니다.

순이익 크기를 비교해 종목을 평가하는 지표 EPS(주당순이익)도 마찬가지입니다. 갓 창업했거나 투자를 왕성하게 하느라 이익을 내지 못한 기업을 상대로 해서는 쓸 만한 분석 도구로 역할을 못 합니다.

PSR은 PER, EPS, PBR로 종목 고르기 힘들 때 유용

순자산이나 순이익이 작거나 마이너스(-)여서 PER, EPS, PBR 같은 지표를 종목 고르기에 활용하기 어려울 때는 PSR을 쓰면 좋습니다. PSR은 주가를 1주당 기업 매출액으로 나눠 배율을 구하는 분석 지표입니다. '주가매출액비율(Price to Sales Ratio)'이라고 합니다.

$$\text{주가매출액비율}(PSR, \text{배}) = \frac{\text{1주당 시세}}{\text{1주당 매출액}}$$

여러 종목을 놓고 PSR 배율을 비교해보면 어떤 종목이 매출 규모에 비해 주가가 싼지 비싼지 가려낼 수 있습니다.

PSR이 1보다 높으면 매출액에 비해 주가가 높고, 주가가 매출 능력보다 고평가됐다는 뜻입니다. 반대로 PSR이 1보다 낮으면 매출액보다 주가가 낮고, 주가가 매출 능력보다 저평가됐다는 뜻입니다. 다른 조건이 같다면 PSR이 낮은 종목일수록 시세 상승 잠재력이 큽니다.

PSR 값은 '기업분석' 창에서 볼 수 있습니다. 홈에서 [투자정보 → 기업분석 → 기업분석(창 번호 0919)] 순으로 이동해서 원하는 종목을 고른 다음 [투자지표]를 클릭해 조회하면 됩니다.

보기 그림은 코스닥 상장 종목인 '셀트리온제약' PSR 추이를 검색해본 예입니다.

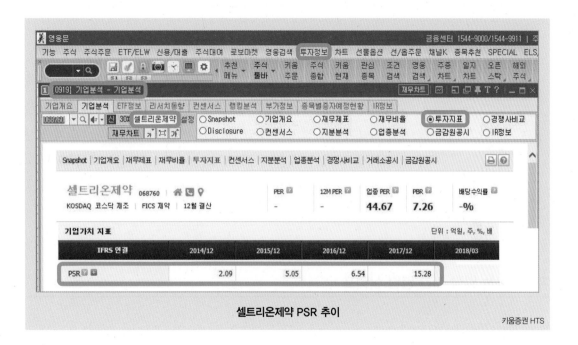

셀트리온제약 PSR 추이

키움증권 HTS

32 영업 실적
"영업 실적 좋은 종목을 고른다"

기업이 돈벌이를 위해 하는 활동을 '영업'이라 합니다. 영업해서 이익을 잘 내면 '영업 실적이 좋다'고 말합니다. 영업 실적이 좋은 기업은 이익을 내는 만큼 주가가 오르고, 영업 실적이 나쁘면 주가가 내려가는 게 정상입니다. 주가가 오를 것을 기대하고 주식을 산다면 영업 실적이 좋은지도 가려 봐야겠죠. 기업 영업 실적이 좋은지 여부를 가려 보려면 재무제표를 볼 필요가 있습니다.

재무제표는 일정 기간 영업 실적표

재무란 간단히 말하면 돈을 마련하고 쓰는 일을 말합니다. 재무제표란 기업이 일정 기간마다 영업 실적을 자금 면에서 정리해 만드는 계산표입니다. 주식시장에 상장한 기업은 모두 일정 기간마다 재무제표를 만들어 공개하게 돼 있습니다. 증권사 HTS는 상장 종목 재무제표 내용을 요약해 제공합니다.

재무제표에는 크게 3가지가 있습니다. 포괄손익계산서, 재무상태표, 현금흐름표입니다.

'포괄손익계산서'는 기업이 일정 기간 영업한 결과 이익이나 손실이 얼마나 났는지를 계산해 정리한 표입니다. '재무상태표'는 기업이 영업을 시작할 때 보유했던 자금은 얼마였는데, 일정 기간 영업한 뒤에는 얼마나 남았는지를 계산해서 정리한 표입니다. '현금흐름표'는 기업이 일정 기간 영업하는 동안 현금이 얼마나 들어오고 나갔는지를 계산해 정리한 표입니다. 3가지 재무제표 중 영업 실적을 가장 잘 드러내는 계산표는 '포괄손익계산서'입니다. 포괄손익계산서를 볼 줄 알면 영업 실적이 어떤지 쉽게 알 수 있습니다.

포괄손익계산서는 대략 다음과 같이 구성되어 있습니다.

	매출액 —————————————	①
−	매출원가 —————————————	②
매출총이익 —————————————		③
−	판매비와 관리비	
영업이익 —————————————		④
+	금융수익	
−	금융원가	
+	기타수익	
−	기타비용	
세전계속사업이익 —————————		⑤
−	법인세 비용	
당기순이익 —————————————		⑥

① **매출액** 기업이 제품과 서비스를 팔아 얻는 금액입니다.

② **매출원가** 매출액을 얻기 위해 드는 비용. 원자재를 사고 임금을 주고 공장을 운영하는 비용을 포함합니다.

③ **매출총이익** 매출액에서 매출원가를 빼고 남는 이익입니다.

④ **영업이익** 매출총이익에서 판매비와 관리비까지 빼고 남는 이익. 기업이 본업으로 벌어들인 이익입니다.

⑤ **세전계속사업이익** 기업도 예금이나 주식투자 같은 부업을 합니다. 금융 부문 부업으로 얻은 수입을 금융수익, 기타 부업으로 얻은 수입은 기타수익이라고 합니다. 금융수익을 얻느라 들인 비용은 금융원가, 기타 부업으로 돈 버느라 쓴 비용은 기타비용이라고 합니다. 영업이익에다 금융수익과 기타수익을 더하고 금융원가와 기타비용을 빼고 나면 '세전계속사업이익'이 됩니다. 세금을 내기 전에 사업을 해서 얻은 이익이라는 뜻이죠.

⑥ **당기순이익** 세전계속사업이익에서 세금(법인세 비용)을 빼고 나면 '당기순이익'이 됩니다. 이번 결산기(장부 계산 기간)에 얻은 순이익이라는 뜻입니다.

포괄손익계산서는 매출총이익, 영업이익, 세전계속사업이익, 당기순이익에 걸쳐 여러 가지 이익을 계산해 내놓습니다. 여러 가지 이익 중 영업실적을 평가하는 데 가장 중시할 것은 '영업이익'입니다. 영업이익은 기업이 부업이 아니라 본업으로 버는 이익이기 때문입니다. 다른 조건이 같다면 영업이익이 많이 나는 종목, 영업이익이 꾸준히 성장하는 종목을 사야 합니다.

HTS에서 종목별 영업이익을 확인할 수 있습니다. 일례로 '삼성전자'의 포괄손익계산서를 보고 영업 실적을 살펴볼까요. 홈에서 [투자정보 → 기업분석 → 기업분석(창 번호 0919)] 순으로 이동해서 삼성전자를 고른 다음 [재무제표]를 클릭해 조회하면 됩니다.

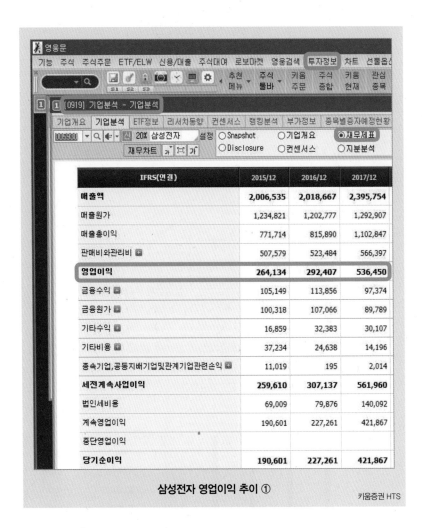

삼성전자 영업이익 추이 ①

키움증권 HTS

삼성전자 포괄손익계산서를 보면 영업이익은 2015~2017년까지 약 26조 원에서 약 53조 원으로 성장했습니다. 본업(휴대폰과 관련 부품) 부문에서 경쟁력을 키웠다는 뜻이죠. 같은 기간 삼성전자 주가는 종가 기준으로 26,000원대에서 50,000원대로 뛰었습니다(2015년 1월 5일 26,280원→2017년 12월 26일 50,960원).

※삼성전자는 2018년 5월 4일 50:1로 액면분할 해서 액면가를 5,000원에서 100원으로 내리고 거래를 재개했습니다. 2015년 1월 5일~2017년 12월 26일 종가 추이(26,280원→50,960원)는 액면분할 전 종가(1,314,000원→2,548,000원)를 액면분할 후로 수정한 주가입니다.

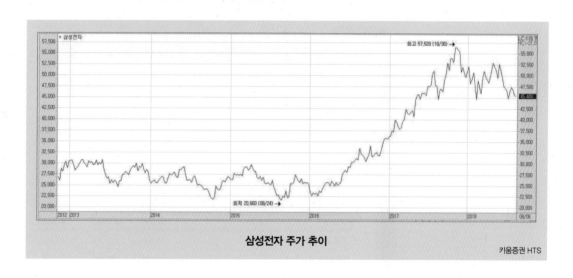

삼성전자 주가 추이

키움증권 HTS

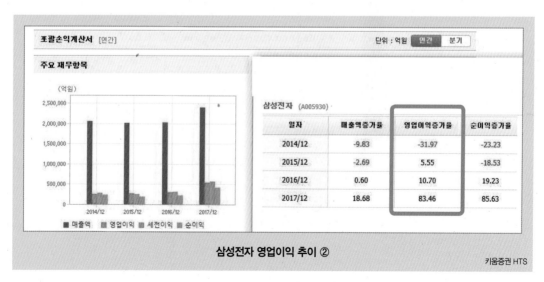

일자	매출액증가율	영업이익증가율	순이익증가율
2014/12	-9.83	-31.97	-23.23
2015/12	-2.69	5.55	-18.53
2016/12	0.60	10.70	19.23
2017/12	18.68	83.46	85.63

삼성전자 영업이익 추이 ②

키움증권 HTS

33 유동비율 "지불능력을 본다"

기업은 평소 거래처에 내줘야 할 돈을 제때 줄 수 있게 현금을 넉넉히 갖고 있어야 합니다. 꼭 현금이 아니라도 은행 예금처럼 언제든 현금으로 빨리 바꿀 수 있는 현금성 자산이 충분해야 합니다. 현금성 자산이 부족하면 갑자기 빚을 갚아야 하는 상황이 닥쳤을 때 대응하지 못해 위기에 몰릴 수 있기 때문입니다.

기업이 빚을 제때 갚지 못 하는 일을 두고 흔히 '부도가 났다(부도를 냈다)'고 말합니다. 부도(不渡)란 기업이 외상값을 제때 갚지 않는 것입니다. 끝내 빚을 갚지 못하면 은행 거래가 끊기고 문을 닫아야 하는 위기에 빠질 수 있습니다.

사업이 잘 안 된 탓에 돈이 없어 부도를 내는 거야 어쩔 수 없는 일입니다. 문제는 건물이나 땅, 기계설비 등 자산도 많고 영업흑자를 내는 기업까지 부도를 낼 수 있다는 사실입니다.

가령 A, B, C, D 사가 서로 물품과 대금을 주고받는 거래 관계에 있는데 A 사가 B 사에 줄 대금을 갚지 못하면 B 사도 C 사에 줄 대금을 갚지 못하고, C 사도 D 사에 줄 외상대금을 갚지 못하면서 연쇄부도 사태가 생길 수 있습니다. 평소 현금성 자산이 충분해서 언제든 외상대금을 갚을

능력이 되지 않는 한 B · C · D 사 모두 뜻하지 않게 위기에 몰릴 수 있습니다.

기업이 부도 위기에 빠지면 주가는 폭락하고 맙니다. 투자자로서는 가장 나쁜 사태죠.

재무상태표로 지급능력 보기

고심해서 골라 산 종목이 부도를 내고 폭락하는 사태를 맞지 않으려면 어떻게 해야 할까요?

부도 위험이 없는 종목을 골라야 합니다. 언제든 단기에 현금을 동원할 수 있는 능력, 곧 지급능력이 있는 종목을 사야 합니다.

기업이 지급능력을 충분히 가졌는지 알아보려면 재무상태표를 봐야 합니다. 재무상태표는 앞서 설명한 3대 재무제표 중 하나입니다. 기업이 영업을 시작할 때는 자금을 얼마나 보유했는지, 일정 기간 영업한 뒤엔 얼마나 남았는지를 한눈에 보기 쉽게 계산한 표입니다.

DO IT! HTS로 종목별 재무상태표 알아보기

HTS에서 기업의 재무상태표를 볼 수 있습니다. 일례로 현대차 재무상태표를 보겠습니다.

IFRS(연결)	2015/12	2016/12	2017/12	2018/09
자산	1,653,679	1,788,359	1,781,995	1,797,724
유동자산 ➕	437,519	475,840	484,397	478,997
비유동자산 ➕	732,796	794,683	785,917	789,444
기타금융업자산	483,364	517,836	511,680	529,283
부채	984,865	1,064,914	1,034,421	1,048,484
유동부채 ➕	412,135	436,098	431,607	471,487
비유동부채 ➕	572,730	628,816	602,814	576,997
기타금융업부채				
자본	668,814	723,446	747,574	749,240
지배기업주주지분 ➕	620,240	671,897	691,035	689,189
비지배주주지분	48,574	51,549	56,539	60,051

현대차 재무상태표

재무상태표는 특정 시점에 기업이 보유한 자금을 자산, 부채, 자본으로 나눠서 늘어놓습니다. 다음 보기(p. 160) 현대차 재무상태표처럼 자산, 부채, 자본을 위아래로 늘어놓을 수도 있고, 좌우로 늘어놓기도 합니다.

재무상태표는 두 가지 타입이 있습니다. 좌우로 늘어놓을 때는 아래 그림처럼 왼쪽에 자산을, 오른쪽에 부채와 자본을 표시합니다. 위아래로 늘어놓을 때는 위쪽에 자산을, 아래쪽에 부채와 자본을 표시합니다. 여기서는 자산, 부채와 자본을 위아래로 늘어놓은 재무상태표를 기준으로 설명하겠습니다.

재무상태표 구조① (좌우로 배치)   **재무상태표 구조② (위아래로 배치)**

보기 재무상태표 구조에서 말하는 '자산'이란 기업이 보유한 총재산입니다. 자산 총계를 가리키는 뜻으로 쓸 때는 총자산이라고 부릅니다. 재무상태표는 자산 부분에 기업이 보유한 총재산이 어떤 형태로 얼마나 있는지를 표시합니다.

자산은 크게 부채와 자본(주주 등이 모아준 돈을 포함한 자기 돈)으로 이루어집니다. 부채와 자본 역시 부채 총계나 자본 총계를 가리키는 뜻으로 쓸 때는 총부채, 총자본이라고 부르기도 합니다.

재무상태표에서 '부채와 자본'은 자산이 어떤 형태로 마련되었는지를 나타냅니다. 부채와 자본으로 이뤄지는 게 자산이므로 재무상태표에서 자산은 늘 부채와 자본을 합한 것과 액수가 같습니다.

자산은 유동자산과 비유동자산이 있다

재무상태표 위쪽에 표시하는 '자산'은 크게 유동자산과 비유동자산으로 나눕니다.

유동자산(Current Assets)은 결산일(재무제표 작성일) 기준으로 1년 안에 현금화할 수 있는 자산입니다. 현금이나 예금, 주식, 그리고 1년 안에 받기로 한 외상 매출금 같은 거죠.

비유동자산(Non-current Assets)은 1년 안에 현금화할 수 없다고 보는 자산입니다. 건물이나 땅, 기계설비 등 장기 투자 목적으로 넣어둔 금융상품 같은 거죠.

자산(유동자산 + 비유동자산)
부채
자본

유동자산과 비유동자산만 놓고 보면, 유동자산이 많을수록 지급능력이 좋고 부도 위험이 낮다고 볼 수 있습니다. 비유동자산이 많다면 정반대라고 봐야죠. 그렇다고 유동자산이 많을수록 무조건 좋은 것도 아닙니다. 기업은 시설투자를 한다든지 장기 투자를 해서 이익을 내야 하는데 자금을 단기로만 굴린다면 수익성이 제한될 가능성이 높기 때문입니다.

부채는 유동부채와 비유동부채로 나뉜다

이번에는 재무상태표 아래쪽 '부채'를 보겠습니다. 부채도 크게 유동부채와 비유동부채로 나뉩니다. 유동부채는 결산일(재무제표 작성일) 기준으로 1년 안에 갚아야 하고, 비유동부채는 상환 만기가 1년을 넘습니다.

유동부채와 유동자산 크기를 견줘보면 기업이 단기에 현금을 동원하는 능력이나 부도 위험성을 평가해볼 수 있습니다. 유동부채보다 유동자산이 크면 만기가 1년 안에 돌아오는 단기 부채를 갚는데 문제없겠죠. 반대

로 유동부채보다 유동자산이 적으면 단기 부채를 갚지 못할 테니 부도 위험이 있는 겁니다.

유동비율 계산하기

유동자산 금액을 유동부채 금액으로 나눈 비율을 유동비율이라고 부릅니다.

$$유동비율(\%) = \frac{유동자산}{유동부채} \times 100$$

유동비율은 기업이 단기에 현금을 동원해 빚을 갚는 능력 곧 단기 지급능력 지표로 씁니다. 유동비율이 낮으면 단기 지급능력이 낮고, 유동비율이 높으면 단기 지급능력이 안정된 겁니다. 적어도 100% 이상은 되어야 하고, 보통 200% 이상 돼야 적정하다고 봅니다. 그렇다고 마냥 수치가 높다고 좋은 것은 아닙니다. 적정 지급 능력을 넘어 쓸데없이 많은 유동자산을 보유하면 안정성엔 문제가 없어도 자산 활용도가 낮아져 수익성이 떨어질 수 있기 때문입니다.

증권사 HTS를 보면 종목별 유동비율을 쉽게 찾아볼 수 있습니다.

홈에서 [투자정보 → 기업분석 → 기업분석(창 번호 0919)] 순으로 이동해서 종목을 고르고, [재무제표]를 클릭하면 해당 종목 재무제표 정보가 뜹니다. 화면 위쪽에 포괄손익계산서가 뜨고 아래쪽으로 재무상태표가 표시됩니다. '현대차' 재무상태표를 보면 2017년 말 현재 유동자산이 48조4397억 원, 유동부채는 43조1607억 원입니다. 유동자산을 유동부채로 나눠 유동비율을 구해보세요.

112.2%가 나와야 맞습니다.

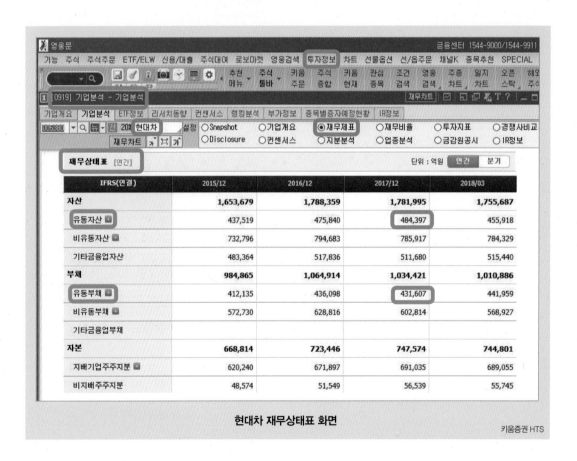

현대차 재무상태표 화면

키움증권 HTS

유동비율처럼 기업 재무 상태를 가늠해보기 위해 재무제표 수치를 고르고 조합해서 만드는 비율지표를 '재무비율'이라고 합니다. HTS에서 종목별 재무비율도 볼 수 있습니다.

 DO IT!   **HTS로 종목별 재무비율 알아보기**

홈에서 [투자정보 → 기업분석 → 기업분석(창 번호 0919)] 순으로 이동해서 '현대차' 종목을 고르고, [재무비율]을 클릭하면 현대차 재무비율 정보가 뜹니다.

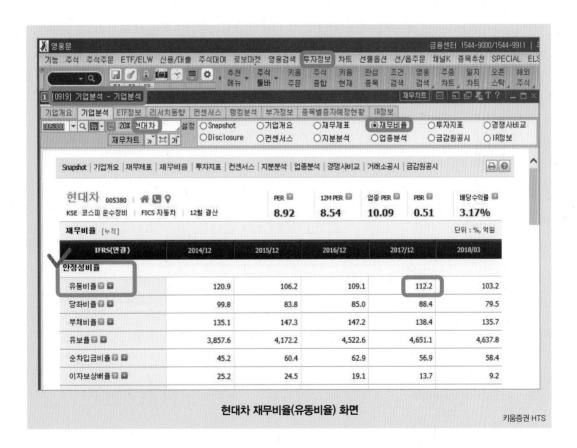

현대차 재무비율(유동비율) 화면

키움증권 HTS

여러 가지 재무비율 중에서 유동비율을 보면 2017년 말 기준 현대차 유동비율은 112.2%입니다. 200%가 되지 않으니 유동자산을 늘리고 유동부채는 줄이는 쪽으로 개선할 여지가 있는 상태죠.

재무비율은 기업 재무가 잘 이뤄지고 있는지 다양한 각도에서 가늠해볼 수 있게 해주는 분석지표입니다. 주로 재무가 안정되어 있는지(안정성), 매출이나 이익이 성장하고 있는지(성장성), 투자 대비 수익은 잘 나고 있는지(수익성), 자산을 묵혀두지 않고 잘 활용하고 있는지(활동성)를 보여줍니다.

유동비율은 단기 부채 지급능력을 보여주므로 재무비율 중에서도 안정성을 보는 비율 곧 안정성 비율에 속합니다. 앞 페이지 보기 HTS 창에서도 안정성 비율로 분류해놓은 것을 확인할 수 있습니다. (그런데 안정성 비율도 여러 가지가 있습니다. 다른 재무비율도 포함해 뒤에서 하나씩 살펴보도록 하겠습니다.)

34 당좌비율 "재무안정성 좋은 종목을 산다"

재무비율 중 안정성 비율로는 유동비율과 더불어 당좌비율도 흔히 씁니다. 당좌비율이란 당좌자산과 유동부채를 견준 비율입니다. 다음 식으로 구합니다.

$$당좌비율(\%) = \frac{당좌자산}{유동부채} \times 100$$

당좌자산은 무슨 자산이냐?

유동자산을 더 자세히 들여다볼 때 얘기하는 개념입니다. 유동자산은 당좌자산과 재고자산으로 세분할 수 있습니다.

필요할 때 현금화할 수 있는 당좌자산이 재무안정성 키포인트

당좌자산(Quick Assets)은 필요할 때는 즉시 현금화를 할 수 있는 자산을 말합니다. 주로 현금, 예금, 수표, 주식처럼 현금 값어치를 표시한 증권(유가증권), 제품 등을 팔고 아직 받지 못한 외상 매출금(매출채권)을 포함합니다.

재고자산은 현재 제조나 판매를 목적으로 갖고 있거나 생산 중인 자산입니다. 회사가 직접 만들어 팔 목적으로 제조한 생산품(제품), 팔려고 사들여 가진 물건(상품), 아직 완성되지 않은 제품(반제품) 같은 것입니다.

당좌자산과 재고자산 간에 중요한 차이는 현금화 속도입니다. 당좌자산은 뭘 팔지 않아도 바로 현금화할 수 있습니다. 재고자산은 판매 과정을 거쳐야만 현금으로 만들 수 있습니다. 당좌자산에 비하면 현금화가 쉽지 않죠. 창고에 쌓아둔 제품이 부패하거나 고장 나는 등 자산을 보유하는 동안 가치가 떨어지기도 쉽습니다.

재고자산 현금화에 시간이 걸린다는 사실은 때에 따라 유동비율을 무력하게 만듭니다. 유동비율에는 문제가 없어도 유동자산 구성이 재고자산에 치우쳐 있으면 필요할 때 자산을 빨리 현금화하지 못해 부도를 낼 수 있기 때문입니다. 때에 따라 유동비율이 단기 지급능력을 제대로 보여주지 못할 수 있는 거죠.

당좌비율은 유동자산 중에서 당좌자산만 따로 떼어 유동부채와 견줘봄으로써 단기 지급능력을 더 자세히 파악할 수 있게 해줍니다.

당좌비율을 보려면 홈에서 [투자정보 → 기업분석 → 기업분석(창 번호 0919)] 순으로
이동해서 종목을 고르고, [재무비율]을 클릭해서 재무비율 정보 중 안정성 비율을 보면
됩니다. '현대차'를 예로 들어보겠습니다.

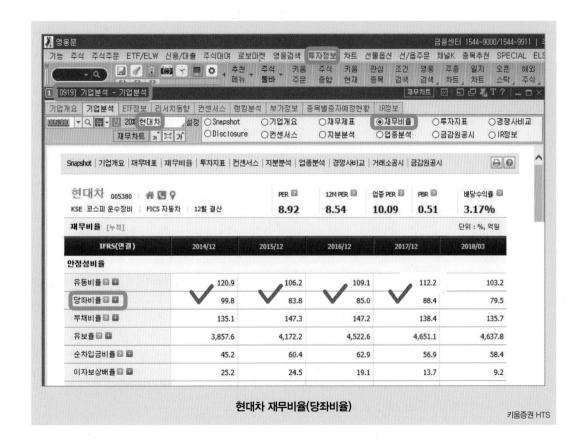

현대차 재무비율(당좌비율)

키움증권 HTS

현대차를 보면 당좌비율이 최근 4년 동안 90%대에서 80%대로 떨어졌습
니다. 그만큼 단기 지급능력 또는 단기 재무안정성이 낮아진 거죠.

35 부채비율
"자본 구조 안정성을 확인한다"

기업 재무가 얼마나 안정되어 있는지를 보여주는 안정성 비율로 부채비율도 자주 사용합니다. 부채비율은 자본 가운데 부채가 몇 %나 되는지 나타내는 분석지표입니다. 재무상태표에 나와 있는 부채 총계(총부채)를 자본 총계(총자본)로 나누면 구할 수 있습니다.

$$부채비율(\%) = \frac{부채}{자본} \times 100 = \frac{총부채}{총자본} \times 100$$

부채비율을 보면 자본 구조(Capital Structure, 자본을 구성하는 요소가 함께 어울린 짜임새)에서 부채의존도가 얼마나 되는지 가늠해볼 수 있습니다. 자금을 조달(마련)하는 방법이 균형 잡혀 있는지, 자본 구조는 안전한지 평가할 수 있습니다.

부채비율 200% 이하가 안전하다

보통 다른 기업이나 업종보다 부채비율 수치가 낮을수록 재무안정성이 좋다고 봅니다. 업종에 따라 다르지만 대개 200% 이하면 좋습니다. 부채비율이 200%를 넘어서면 자산을 마련(조달)하는 데 자본보다 부채를 더 많이 쓴다는 뜻이죠. 그만큼 자본(자본 조달) 구조에서 안정성이 낮아집니다. 자본 구조가 불안정한 기업은 평소엔 괜찮지만, 불황이 닥쳤을 때 빚을 갚지 못할 가능성이 큽니다. 은행들이 기업과 돈거래를 하면서 부채비율을 특히 중시하는 것도 자본 구조 안정성을 확인하기 위해서입니다.

HTS로는 재무비율 중 안정성 비율을 찾아보면 부채비율 수치를 볼 수 있습니다. 홈에서 [투자정보 → 기업분석 → 기업분석(창 번호 0919)] 순으로 이동해서 종목(현대차)을 고르고, [재무비율]을 클릭하면 안정성 비율 중에서 부채비율에 해당하는 수치를 볼 수 있습니다.

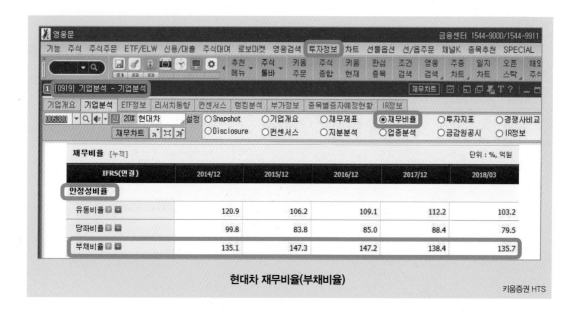

현대차 재무비율(부채비율)

키움증권 HTS

현대차는 부채비율이 최근 몇 년 동안 130~140%대에서 움직이고 있으니 적어도 부채비율만 볼 때는 재무안정성이 괜찮은 셈입니다.

36 순차입금비율
"금융비용 부담 적은 종목을 산다"

앞에서 기업 부채를 상환 만기 기준으로 유동부채와 비유동부채로 나눈다고 설명했습니다. 부채를 이자 지급 여부로 나눠 보기도 합니다. 이자를 내줘야 하는 빚은 '차입금(차입부채)', 이자를 안 줘도 되는 빚은 '기타부채'라고 부릅니다.

기타부채는 미지급금, 외상 매입금, 가수금 같은 것입니다. 미지급금이란 거래처에 거래대금을 줘야 하는데 아직 주지 않은 금액을 장부에 적어놓은 것입니다. 빚이긴 한데 이자가 나가진 않으므로 기타부채로 분류합니다. 외상 매입금은 외상으로 물품을 사들인 금액을 말합니다. 역시 이자가 나가지 않습니다. 가수금은 돈이 들어오긴 했는데 정확히 어떤 명목으로 장부에 적어야 할지 몰라서 분류 항목이 정해질 때까지 임시로 모아놓는 금액입니다.

차입금(차입부채)은 총차입금과 순차입금으로 나눠 볼 수 있습니다. 총차입금은 차입금 전체를 말합니다. 총차입부채라고도 합니다. 순차입금은 순차입부채라고도 부릅니다. 총차입금에서 현금성 자산을 뺀 금액을 말합니다. 현금성 자산이란 현금, 예금, 투자증권(투자 목적으로 사들인 주식이나 채권) 등을 합한 개념입니다. 현금 유동성이라고도 합니다.

순차입금을 자본 총액(자본 총계=총자본)으로 나눈 비율을 순차입금비율이라고 부르고, 재무안정성을 재는 비율로 씁니다.

$$순차입금비율(\%) = \frac{순차입금}{자본} \times 100$$

순차입금비율이 높으면 좋지 않다

순차입금비율이 높으면 이자로 나가는 돈, 곧 금융비용이 많다는 뜻입니다. 금융비용이 많으면 기업이 자금 압박을 받으므로 재무안정성이 낮아지겠죠. 주가에도 안 좋은 영향을 미치기 쉽습니다.

순차입금비율을 보려면 홈에서 [투자정보 → 기업분석 → 기업분석(창 번호 0919)] 순으
로 이동해서 종목을 고르고, [재무비율]을 클릭해서 재무비율 중 안정성 비율 정보를 보
면 됩니다. '현대차' 종목을 예로 들어 보겠습니다.

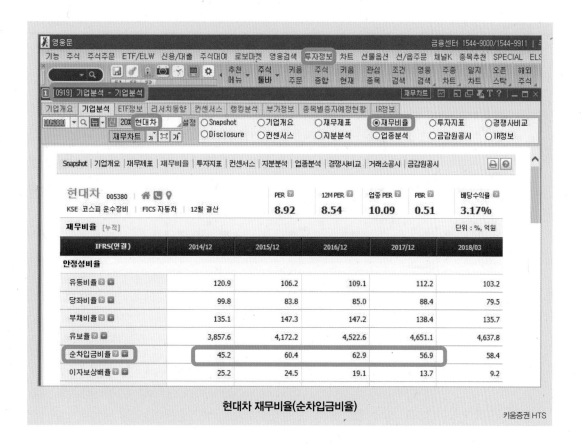

현대차 재무비율(순차입금비율)

키움증권 HTS

현대차 순차입금비율은 최근 4년 동안 40%대에서 50%대로 올랐습니다.
그만큼 금융비용 부담이 커져서 재무안정성이 낮아진 겁니다.

37 유보율
"이익을 얼마나 어떻게 쌓았는지 본다"

기업 재무안정성을 잴 목적으로 흔히 쓰는 안정성 비율로 '유보율'이라는 것도 있습니다. 유보율은 잉여금을 자본금(납입자본금)으로 나눈 비율입니다. 기업이 번 이익금을 회사 밖으로 내보내지 않고 얼마나 사내에 쌓아두고 있는지 보여주는 지표입니다. 사내유보율, 내부유보율이라고도 부릅니다.

$$유보율(\%) = \frac{잉여금}{납입자본금} \times 100$$

$$유보율(\%) = \frac{자본잉여금 + 이익잉여금}{납입자본금} \times 100$$

유보율 산출식에 쓰는 잉여금, 자본잉여금, 이익잉여금, 납입자본금이라는 용어는 재무상태표 '자본' 부분에서 볼 수 있습니다. 각각 무엇을 뜻하는지 짚고 넘어가겠습니다.

재무상태표는 기업 자산이 자본과 부채로 이뤄지는 짜임새를 보여줍니다. 부채는 타인자본 곧 남에게서 빌린 돈입니다. 자본은 자기자본 곧 내 돈이죠. 자본은 자본금, 자본잉여금, 이익잉여금으로 더 자세히 나눠볼 수 있습니다.

자본금은 주주가 회사에 보탠 사업 밑천입니다. 회사에 사업 밑천으로 쓸 자금을 내는 것을 출자라고 하죠. 낸 돈은 출자금이라고 합니다. 자본금은 곧 출자금으로 이뤄집니다. 재무제표에서 쓰는 공식용어로는 납입자본금이라고 부릅니다.

회사는 자본금 범위 안에서 주식을 발행합니다. 주주는 출자한 만큼 주식을 보유합니다. 회사가 발행한 주식 금액 총액은 곧 자본금이 됩니다. 회사가 사업을 시작한 뒤에는 발행주식 수나 금액이 늘었다 줄었다 하면서 자본금도 늘었다 줄었다 합니다.

기업이 사업을 처음 시작할 때는 자본이 곧 자본금입니다. 자본을 이루는 게 자본금밖에 없죠. 사업을 시작하면 다릅니다. 자본에 자본금만 아니라 자본잉여금이나 이익잉여금 같은 자산이 더해집니다. 자본잉여금은 주식발행초과금과 재평가적립금으로 이뤄집니다.

주식시장에서 호평받는 회사는 처음 발행한 주식값 곧 액면가보다 높은 가격으로 주식을 더 발행할 수 있습니다. 추가 발행하는 주식 가격과 액면가 간에 차액이 생겨 얻게 되는 수익을 주식발행초과금으로 분류해 넣습니다.

재평가적립금은 회사가 보유한 부동산 같은 자산이 얼마나 되는지 값어치를 다시 평가하면서 늘어난 차액입니다. 보통 회사가 부동산 같은 자산을 살 때는 재무상태표에 해당 자산 가치를 살 때 치른 가격(구매가) 곧 취득원가로 적습니다. 이후 시간이 흘러 물가가 오르고 자산 시세가 오르면 취득원가와 차익이 생깁니다. 실제로 판 게 아니고 가치를 평가한 것이므로 '평가차익'이 생기는 겁니다.

평가차익 계산 방법은 자산재평가법 규정이라는 걸 따라 하게 돼 있습니다. 평가차익에서 세금액을 뺀 나머지는 재평가적립금으로 분류해 쌓아둡니다.

이익잉여금은 회사가 사업을 벌여 만들어낸 순이익을 쌓아둔 금액입니다. 회사가 이익을 내면 주주에게 배당 명목으로 이익을 나눠주곤 합니다. 이익배당이라고 하는 거죠. 이익배당을 포함해서 회사 밖으로 빠져나간 금액을 빼고 회사 내에 쌓아둔 순이익이 이익잉여금입니다. (만약 이익 대신 손실이 나면 해당 손실은 '결손금'이라는 항목으로 분류해 넣습니다.) 이익잉여금은 다시 이익준비금, 기타적립금, 차기이월이익잉여금으로 세분합니다. 이익준비금은 상법에 따라 회사가 이익금 일부에서 의무적으로 쌓아두는 금액입니다. 기타적립금에는 법정적립금과 임의적립금이 있습니다. 법정적립금은 상법 아닌 법령에 따라 이익금 중 일부로 쌓는 금액입니다. 임의적립금은 주주 총회나 회사 정관에 따라 이익금 중 일부로 쌓는 금액입니다.

이익잉여금 가운데 결산 때 사용 목적이 미처 정해지지 않아 사내에 쌓아둔(유보된) 금액은 미처분이익잉여금으로 분류합니다. 미처분이익잉여금은 다음 결산기로 넘겨, 장부에 '차기이월이익잉여금'이라는 명목으로 분류해 넣습니다. (만약 이익 대신 손실이 나면 해당 손실은 '이월결손금'으로 분류해 넣습니다.) 자본잉여금과 이익잉여금을 합한 개념이 잉여금인데, 잉여금은 또 유보액이라고도 부릅니다. 결국 잉여금을 납입자본금으로 나누든, 유보액을 납입자본금으로 나누든 똑같이 유보율을 구할 수 있습니다.

$$\text{유보율(\%)} = \frac{\text{잉여금}}{\text{납입자본금}} \times 100$$

$$\text{유보율(\%)} = \frac{\text{자본잉여금} + \text{이익잉여금}}{\text{납입자본금}} \times 100$$

$$\text{유보율(\%)} = \frac{\text{유보액}}{\text{납입자본금}} \times 100 = \frac{\text{유보액}}{\text{자본금}} \times 100$$

유보율로 기업 안정성 파악

유보율이 높으면 주주가 보탠 사업 밑천보다 회사가 이익을 쌓아 가진 자금이 많다는 뜻입니다. 자금력이 탄탄하면 호황에 대비해 설비를 늘리거나 불황에 대처하기도 유리하겠죠. 그만큼 재무안정성이 좋다고 볼 수 있습니다.

그럼 유보율이 낮은 회사는 안 좋은 거냐? 꼭 그렇지는 않습니다. 잘 나가는 회사가 호황을 준비하느라 이익금을 써서 투자를 늘리다 보면 유보한 이익이 줄어 유보율이 낮아질 수 있기 때문입니다. 이익을 못 내는 회사라도 보유 부동산이나 주식 같은 자산을 팔아서 현금으로 쌓으면 일시 유보율이 높아질 수 있습니다.

유보율을 보려면 홈에서 [투자정보→기업분석→기업분석(창 번호 0919)] 순으로 들어
가 종목을 고르고, [재무비율]을 클릭해서 재무비율 중 '안정성 비율' 정보를 보면 됩니다.

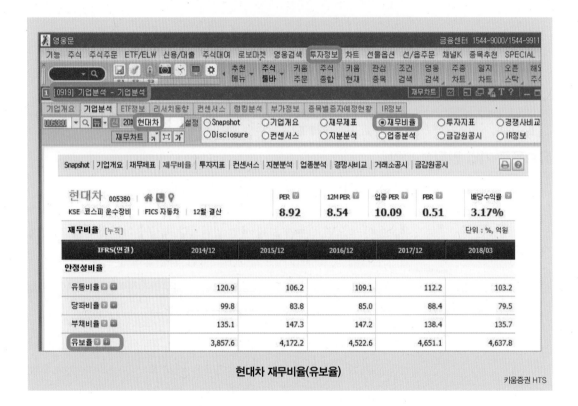

현대차 재무비율(유보율)

키움증권 HTS

예로 든 현대차를 보면 유보율이 최근 4년 동안 3,000%대에서 4,000%대로 높아졌습
니다. 안정성이 좋아졌다는 뜻입니다.

38 이자보상배율 "좀비 기업 아닌지 확인한다"

기업은 으레 빚을 져가며 사업을 합니다. 큰 빚을 지고 이자 부담을 안는 경우가 많습니다. 반대로 영업 과정에서 남에게 돈을 빌려주고 이자를 받을 수도 있습니다.

기업이 영업 과정에서 치르는 이자를 '이자비용', 벌어들이는 이자는 '이자수익'이라고 합니다. 이자비용에서 이자수익을 뺀 것은 금융비용이라 합니다.

이자비용은 사업이 잘 안 되는 기업에는 부담이 됩니다. 사업이 안 되면 영업이익 등 이익이 줄어 이자 비용 치르기가 어려워지기 때문이지요. 사업을 중단하지 않는 한 이자비용 치르기를 거를 수도 없습니다.

만약 이자비용을 제때 치르지 못 하는 일이 한 번이라도 생기면 금융기관이 재무건전성을 의심하게 되죠. 안 되겠다 싶어 은행이 일부라도 융자 원금 회수에 나서면 기업 존립까지 위태로워질 수 있습니다. 그쯤 되면 주가 폭락 사태부터 일어나게 마련입니다.

투자자 입장에서도 기업이 이자를 잘 갚는지 여부는 매우 중요한 문제입니다. 그러면 기업이 이자를 잘 갚는지는 뭘 보고 알 수 있을까요?

금융가나 증권가에서는 흔히 기업별 이자보상배율을 채무상환 능력이나 재무안정성, 건전성을 판단하는 척도로 씁니다. 이자보상배율은 기업이 빚지고 사업한다고 전제하고 사업해서 번 돈으로 이자를 갚는 데 문제가 없는지를 보는 지표입니다. 영업이익을 이자비용으로 나눠 영업이익이 이자비용에 비해 몇 배나 큰지를 봅니다.

$$이자보상배율(배) = \frac{영업이익}{이자비용}$$

이자보상배율 대신 이자보상비율이라고 부를 때도 있습니다. 이자보상배율은 배율 곧 1배, 2배, 3배… 식으로 배수로 나타내고, 이자보상비율은 이자보상배율에 100을 곱해서 비율(%)로 나타냅니다.

같은 값이면 이자보상배율 높은 종목을 고른다

이자보상배율을 보면 기업이 빚을 갚는 데 문제가 없을 만큼 돈을 잘 버는지 알 수 있습니다. 이자보상배율이 1배보다 크면 돈을 벌어서 이자를 치르고도 영업이익을 내는 기업입니다. 경영 환경이 다소 어려워지더라도 웬만큼 버텨낼 만한 체력을 다진 기업이라고 볼 수 있습니다. 배율이 높을수록 기업에 여유자금이 많다는 것입니다.

이자보상배율이 1배면 영업해서 번 돈으로 이자를 치르고 나면 남는 돈이 없다는 뜻입니다. 적어도 1.5배 이상 되어야 재무안정성이 양호하다고 평가할 수 있습니다. 만약 이자보상배율이 1배가 안 되면 영업이익으로 금융비용조차 갚지 못할 만큼 재무상태가 취약하다고 봅니다. 부실기업(재무안정성과 경영 상태가 좋지 않은 기업) 징후가 있고 부도 가능성도 있다고 봅니다.

만약 이익(영업이익)은커녕 손실(영업손실)이 난 경우라면 이자보상배율이 마이너스(−)가 됩니다. 돈을 못 벌어서 융자금 이자조차 못 갚을 정도로 재무안정성이 나쁜 경우죠. 특히 여러 해 연속 영업손실(영업적자)을 내는 기업은 부도 위험이 높기 때문에 흔히 한계기업으로 분류합니다. 한계기업은 벌이도 잘 못 하는 데다 은행 등에서 외면받아 자금 조달까지 어려워지기에 십상입니다. 불경기가 닥치면 가장 먼저 못 견디고 쓰러지기 쉽습니다.

이자보상배율은 간단해 보이지만 현실에서 매우 중요한 의미가 있는 지표입니다. 흔히 경기가 나빠져서 다수 기업이 자금난을 겪을 때면 채권 금융기관이 이자보상배율 등을 기준 삼아 살릴 기업과 퇴출할 기업을 가르는 기업 구조조정을 진행하기 때문입니다. 이자보상배율이 3년 연속 1배 미만이면 살아 있어도 산 게 아닌, 속칭 '좀비 기업'이라고 부를 정도입니다. 주식투자 때도 다른 조건이 같다면 이자보상배율이 1배 밑도는 종목은 피하는 게 좋습니다. 같은 값이면 배율이 높은 종목을 사야 합니다.

이자보상배율을 보려면 홈에서 [투자정보 → 기업분석 → 기업분석(창 번호 0919)] 순으로 들어가 종목을 고르고, [재무비율]을 클릭해서 재무비율 중 안정성 비율 정보를 보면 됩니다.

셀트리온제약 재무비율(이자보상배율)

키움증권 HTS

예로 든 코스피 상장기업 '셀트리온제약'을 보면 이자보상배율이 최근 4년(2014~2017년) 동안 2.7배에서 0.8배로 낮아졌습니다. 그만큼 재무안정성이 나빠진 것입니다.

39 자기자본비율
"자금 마련은 어떻게 하는지 본다"

재무안정성을 보는 지표로 자기자본비율도 많이 씁니다.

자기자본비율은 기업 자산 중에서 부채를 뺀 자본 곧, 자기자본이 얼마나 되는지 나타내는 지표입니다. 재무상태표에 나와 있는 자본 총계(총자본)를 자산 총계(총자산)로 나누면 구할 수 있습니다.

$$자기자본비율(\%) = \frac{자본}{자산} \times 100 = \frac{총자본}{총자산} \times 100 = \frac{자본}{부채+자본} \times 100$$

HTS에서는 종목별 재무비율을 찾아보면 자기자본비율 수치를 볼 수 있습니다.

홈에서 [투자정보 → 기업분석 → 기업분석(창 번호 0919)] 순으로 들어가 종목을 고르고, [재무비율]을 클릭하면 '안정성 비율' 중에서 자기자본비율 수치를 볼 수 있습니다. 보기 그림은 현대차 '자기자본비율'을 검색해본 예입니다.

현대차 재무비율(유보율)

키움증권 HTS

자기자본비율 50% 이상이 좋다

자본은 기업 처지에서 보면 '내 돈'입니다. 금융비용을 부담하지 않고 장기간 투자할 수 있죠. 경영 환경이 급변할 때는 자본 구조에서 부채보다 자본이 차지하는 비중을 높여 경영 안정성을 확보할 필요가 있습니다.

자기자본비율은 자산 중에서 자본이 많을수록 높아지고, 자기자본비율이 높을수록 재무안정성도 높아집니다. 새로운 사업에 도전할 여지도 커집니다. 다른 조건이 같다면 다른 기업이나 업종보다 비율이 높을수록 안정성이 좋다고 평가할 수 있습니다.

그렇다고 자본 구조를 안정시키겠다며 빚을 안 쓰는 데만 골몰하는 것도 바람직하지 않습니다. 자산 활용을 충분히 못 한다면 높은 자기자본비율이 오히려 기업 수익성을 정체시킬 수 있기 때문입니다.

자기자본비율을 보면 자금 조달(마련)이 균형 잡혀 있는지, 자본 구조는 안전한지 평가할 수 있습니다. 보통 자기자본비율이 50% 이상이면 자금을 마련하는 구조(자본 조달 구조)가 안정되어 있다고 봅니다. 만약 자기자본비율이 50%가 안 되면 자산을 빚에 너무 많이 의존하는 자산 구조(자산을 구성하는 요소가 함께 어울린 짜임새. Financial Structure, 재무구조나 재무구성이라고도 부릅니다)가 되죠. 그만큼 재무안정성이 약해집니다.

부채는 언젠가는 갚아야 합니다. 보통 이자도 나갑니다. 이자는 손익 상태와 무관하게 나가는 비용입니다. 기업 경영에는 늘 기회와 함께 위험(리스크)이 따르기 마련인데 사업이 잘 안 될 때도 많은 이자를 물어야 한다면 어려운 고비를 만나기 쉽습니다. 부도가 날 위험성도 높죠.

자기자본비율이 50%에 못 미치는 기업은 부채보다 자본 비중을 늘리는 쪽으로 자본 구조를 바꿔야 합니다. 보기로 든 현대차도 최근 몇 년 동안 자기자본비율이 40%대에서 움직이고 있습니다. 자기자본비율만 갖고 평가한다면 재무안정성을 개선할 여지가 있는 거죠.

40 성장성 비율
"재무성장성이 좋은지 본다"

재무안정성 못지않게 기업가치를 크게 좌우하는 변수는 (재무)성장성입니다. 자산이나 매출 규모, 이익이 팍팍 늘어나는지 아니면 성장세가 지지부진한지를 말하는 거죠.

재무성장성이 좋은 기업은 기업가치가 높아지고 주가가 오르는 게 정상입니다. 성장성이 약하면 기업가치와 주가가 내려가는 게 정상이겠죠. 주가가 오를 종목에 투자하려면 성장성이 좋은지도 봐야 합니다.

재무성장성을 가늠해보는 데 쓰는 분석지표로는 총자산증가율, 매출액증가율, 판매비와관리비증가율, 자기자본증가율, 영업이익증가율, EPS(주당순이익)증가율, EBITDA증가율 등이 있습니다. 하나씩 살펴보겠습니다.

총자산증가율 높을수록 좋다

총자산증가율은 일정 기간 자산(총자산)이 얼마나 늘었는지를 나타내는 비율지표입니다. 예를 들어 올해와 작년 사이 총자산증가율을 구한다면 다음 식으로 계산합니다.

$$총자산증가율(\%) = \frac{올해\ 총자산 - 작년\ 총자산}{작년\ 총자산} \times 100$$

총자산증가율은 비율이 높을수록 자산이 빠른 속도로 늘어나고 성장성이 좋다는 뜻입니다. 특히 다른 기업이나 업종과 비교했을 때 비율이 높을수록 성장성이 좋다고 판단합니다.

기업 결산기를 기준으로 삼을 때는 다음 식으로 구합니다.

$$총자산증가율(\%) = \left(\frac{이번\ 결산기\ 총자산}{직전\ 결산기\ 총자산} - 1 \right) \times 100$$

매출액증가율 높을수록 좋다

매출액증가율은 일정 기간 매출액이 얼마나 늘었는지를 나타냅니다.

올해와 작년 사이 매출액증가율은 다음 식으로 계산합니다.

$$매출액증가율(\%) = \frac{올해\ 매출액 - 작년\ 매출액}{작년\ 매출액} \times 100$$

매출액증가율도 비율이 높을수록 매출액이 빠른 속도로 늘어난다는 뜻입니다.

결산기를 기준으로 삼을 때는 다음 식으로 구합니다.

$$매출액증가율(\%) = \left(\frac{이번\ 결산기\ 매출액}{직전\ 결산기\ 매출액} - 1 \right) \times 100$$

판매비와관리비증가율은 매출액&영업이익 증가율 추이와 함께 본다

판매비와관리비증가율은 일정 기간 판매비와 관리비가 얼마나 늘었는지를 나타냅니다. 올해와 작년 사이 판매비와관리비증가율은 다음 식으로 계산합니다.

$$매출액증가율(\%) = \frac{올해\ 판매비와\ 관리비 - 작년\ 판매비와\ 관리비}{작년\ 판매비와\ 관리비} \times 100$$

판매비와관리비증가율은 매출액증가율, 영업이익증가율 추이와 함께 봐야 합니다. 보통 매출이 늘면 판매비와관리비도 따라서 늘어나는 게 보통입니다. 단, 매출액증가율에 비해 판매비와관리비증가율이 높으면 영업이익증가율을 떨어뜨려 재무 성장세를 낮출 수 있습니다.

자기자본증가율이 높을수록 좋다

자기자본증가율은 일정 기간 자기자본 곧 자본이 얼마나 커졌는지를 나타냅니다. 올해와 작년 사이 자기자본증가율은 다음 식으로 계산합니다.

$$자기자본증가율(\%) = \frac{올해\ 자본총계 - 작년\ 자본총계}{작년\ 자본총계} \times 100$$

자기자본은 회사가 보유하는 사업 밑천이자 주주 몫 자산입니다. 자기자본이 커지면 회사는 사업 밑천이 커지고 주주 몫도 늘어납니다. 자기자본증가율이 높을수록 회사 자산과 사업 밑천이 빠르게 커지므로 재무성장성이 좋다고 볼 수 있습니다.

영업이익증가율이 높을수록 좋다

영업이익증가율과 EPS증가율은 영업이익과 EPS(주당순이익)가 일정 기간 동안 얼마나 커졌는지 나타내는 분석지표입니다.

올해와 작년 사이 영업이익증가율과 EPS증가율은 각기 다음 식으로 계산합니다. 다른 기업·업종과 비교해서 수치가 높을수록 성장성이 좋다고 봅니다.

$$\text{영업이익증가율(\%)} = \frac{\text{올해 영업이익} - \text{작년 영업이익}}{\text{작년 영업이익}} \times 100$$

$$\textit{EPS}(\text{주당순이익})\text{증가율(\%)} = \frac{\text{올해 } \textit{EPS} - \text{작년 } \textit{EPS}}{\text{작년 } \textit{EPS}} \times 100$$

EBITDA증가율이 높을수록 좋다

'EBITDA'가 일정 기간 얼마나 커졌는지를 나타내는 분석지표입니다. EBITDA는 'Earnings Before Interest, Taxes, Depreciation and Amortization'을 줄인 말입니다. 그대로 옮기면 '이자, 세금(법인세), 감가상각비를 빼기 전 순이익'인데, 무슨 뜻일까요?

감가상각비부터 알아보죠.

기업이 보유하는 자산은 토지 등을 빼면 대개 사용 기간이 길수록 취득가(구매 당시 가격)보다 값어치가 떨어집니다. 차를 산 다음 아무리 광을 내모셔 두더라도 1년 뒤 중고차 시장에 내놓으면 매매가가 뚝 떨어지는 것과 같은 이치죠. 자산을 사들인 다음 시간이 흐르면서 가치(시세)가 떨어지는 것을 '감가(減價)'한다고 말합니다. 감가하는 자산은 언젠가는 값어치가 아예 없어지고 못쓰게 되죠. 기업들이 사업을 계속하려면 같은 자산을 새로 마련해야 하고 그만큼 비용이 듭니다. 세법은 자산감가액을 비용으로 인정해주고 그만큼 세금을 깎아줍니다.

기업들은 자산감가액 만큼 세금 감면을 받기 위해 평소 장부에 자산별 감가액을 계산해서 비용으로 분류해 둡니다. 감가 계산은 자산별로 어떻게 하라고 법이 정해두고 있습니다.

법규에 따라 자산감가액을 계산해서 비용으로 정하는 일을 감가상각, 비용으로 계산한 감가액을 '감가상각비'라고 부릅니다. 감가상각비는 비록 비용으로 분류하긴 하지만 실제 현금을 지출한 금액은 아니므로 '비현금성 비용'이라고 부릅니다.

기업은 흔히 빚을 지므로 영업해서 번 돈으로 이자를 치릅니다. 이익을 얻으면 세금도 내야 합니다. 이자와 세금은 현금으로 치러야죠. 이자와 세금까지 치르고 나면 비로소 회사가 영업해서 남긴 이익이 현금으로 얼마인지 알 수 있습니다. 한발 더 나아가 현금으로 남은 이익을 더 정확히 계산하려면 감가상각비까지 빼야 합니다. 감가상각비는 당장 현금으로 나가지는 않았지만, 나중에는 지출해야 하는 비용이니까요.

요컨대 회사가 영업해서 남긴 이익이 현금으로 얼마인지 알려면 순이익에서 이자, 세금, 감가상각비를 빼고 남는 현금액을 봐야 합니다.

EBITDA는 순이익에서 이자, 세금, 감가상각비를 제외하고 남는 현금이 얼마인지를 보여주는 지표입니다. 회사가 영업해서 현금 이익을 얼마나 많이 만들어내는지 보여주죠. 여러 회사를 놓고 영업을 통한 현금 창출 능력이 어느 정도인지 비교도 할 수 있게 해줍니다.

EBITDA증가율은 EBITDA가 일정 기간 얼마나 커졌는지 나타내는 지표입니다. 다음 식으로 구합니다. 다른 기업이나 업종과 비교해서 수치가 높을수록 영업을 통한 현금 창출 능력이 좋아진다는 뜻입니다.

$$EBITDA증가율(\%) = \frac{올해\ EBITDA - 작년\ EBITDA}{작년\ EBITDA} \times 100$$

HTS를 이용하면 종목별로 EBITDA 증가율을 포함해 다양한 성장성 비율을 한눈에 볼 수 있습니다.

DO IT! **HTS로 종목별 성장성 비율 알아보기**

홈에서 [투자정보 → 기업분석 → 기업분석(창 번호 0919)] 순으로 들어가 종목을 고르고, [재무비율]을 클릭해서 성장성 비율을 보면 됩니다. 보기 그림처럼 성장성 비율 지표를 모아놓은 곳에서 매출액증가율, 판매비관리비증가율, 영업이익증가율, EBITDA증가율, EPS증가율을 볼 수 있습니다.

IFRS(연결)	2014/12	2015/12	2016/12	2017/12	2018/03
성장성비율					
매출액증가율	2.2	3.0	1.8	2.9	-4.0
판매비와관리비증가율	4.0	2.8	5.0	4.1	-8.4
영업이익증가율	-9.2	-15.8	-18.3	-11.9	-45.5
EBITDA증가율	-7.1	-9.4	-6.6	-5.2	-24.1
EPS증가율	-14.0	-12.7	-15.8	-25.4	-49.8

현대차 재무비율(성장성 비율)

키움증권 HTS

41 EV/EBITDA
"주식 가치가 저평가된 종목을 찾는다"

기본 분석 지표 중에 'EV/EBITDA'는 주식 가치를 평가해서 저평가된 종목을 고르는 데 씁니다. '기업가치' 곧 EV(Enterprise Value)를 EBITDA로 나눠 구한 배율로 기업가치가 EBITDA(현금이익창출력)보다 얼마나 높게 평가되고 있는지 잽니다.

여기서 '기업가치(EV)'는 이론상 자기 자본과 타인 자본을 합한 금액이라고 봅니다. 산출식에서는 EV/EBITDA를 기업가치(EV)를 주식 시가 총액과 순차입 부채를 합한 금액으로 놓고 EBITDA로 나눠 배율을 산출하죠(순차입 부채=총차입금−기업이 보유한 현금성 자산=순차입금).

$$EV / EVITDA(배) = \frac{EV}{EVITDA} = \frac{시가총액 + 순차입부채}{EVITDA}$$

EV / EBITDA 높을수록 과대평가, 낮을수록 저평가

EV/EBITDA는 자기자본과 타인자본을 합한 금액을 현금이익창출력에 견줘보는 지표입니다. EV/EBITDA가 1배라면 기업가치가 현금이익창출력과 같은 수준으로 평가되고 있다는 뜻입니다. 2배라면 현금이익창출력보다 기업가치가 2배로 평가되고 있다는 뜻입니다.

분모를 EBITDA, 분자를 주식 시가 총액과 순차입 부채를 합한 금액으로 구하는 산출식을 보면 알 수 있는데, EV/EBITDA가 1배보다 높다면 주가가 현금이익 창출력에 비해 과대평가됐다고 볼 수 있습니다. EV/EBITDA 배율이 높을수록 주가는 과대평가된 것이고, EV/EBITDA 배율이 낮을수록 주가가 저평가된 것입니다. EV/EBITDA를 쓰면 여러 종목을 놓고 주식 가치를 비교 평가해서 저평가된 종목을 찾을 수 있습니다.

홈에서 [투자정보 → 기업분석 → 기업분석(창 번호 0919)] 순으로 들어가 종목을 고르고, [투자지표]를 클릭해서 '기업가치 지표'를 찾아보면 됩니다. '현대차'를 예로 들면 최근 4년간(2014~2017년) EV/EBITDA 배율이 높아졌습니다.

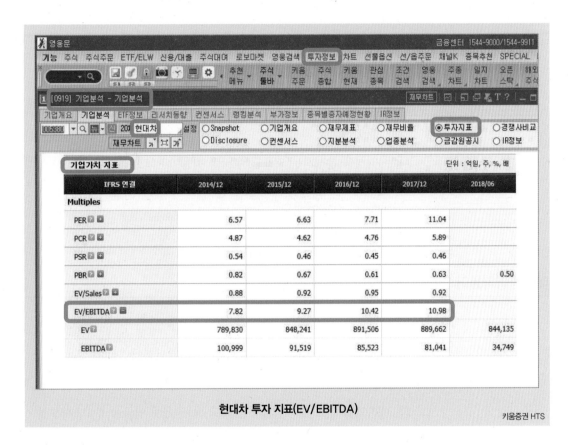

IFRS 연결	2014/12	2015/12	2016/12	2017/12	2018/06
Multiples					
PER	6.57	6.63	7.71	11.04	
PCR	4.87	4.62	4.76	5.89	
PSR	0.54	0.46	0.45	0.46	
PBR	0.82	0.67	0.61	0.63	0.50
EV/Sales	0.88	0.92	0.95	0.92	
EV/EBITDA	7.82	9.27	10.42	10.98	
EV	789,830	848,241	891,506	889,662	844,135
EBITDA	100,999	91,519	85,523	81,041	34,749

기업가치 지표   단위 : 억원, 주, %, 배

현대차 투자 지표(EV/EBITDA)

키움증권 HTS

42 수익성 비율
"수익성이 좋은지 본다"

기본 분석을 통해 기업가치를 파악할 때는 수익성이 어떠한지도 봐야 합니다. 수익성이란 사업에 들인 밑천에 비해 이익이 나는 정도를 말합니다. 수익성을 분석하는 지표를 수익성 비율이라고 부릅니다. 매출총이익률, 세전계속사업이익률, 영업이익률, EBITDA 마진율, ROA, ROE, ROIC 등이 있습니다.

매출총이익률이 업종 평균치보다 높을수록 좋다

매출액보다 매출총이익이 얼마나 되는가를 나타내는 비율 지표입니다. 매출액은 '매출(Sales)' 곧 기업이 제품과 서비스를 팔아 얻는 수입액입니다. 매출액을 얻으려면 원자재를 사고, 사원에게 임금을 주고, 사무실 · 공장을 유지 관리하는 등 영업 활동을 해야 합니다. 영업에 드는 갖가지 비용을 기업 회계장부는 매출원가 · 판매비 · 일반관리비로 분류합니다. 매출총이익은 매출액에서 매출원가를 빼고 남는 금액입니다. 매출이익과 같은 말입니다. 다음 식으로 구합니다.

$$매출총이익률(\%) = \frac{매출총이익}{매출액} \times 100 = \frac{매출액 - 매출원가}{매출액} \times 100$$

매출총이익률은 수치가 높으면 그만큼 기업 수익성이 좋다고 볼 수 있습니다. 대개 업종별로는 다르지만 같은 업종이면 수치가 비슷합니다.

매출총이익률이 업종 평균치보다 높으면 수익성 측면에서 경영이 잘 되고 있다는 뜻입니다. 반대로 매출총이익률이 업종 평균치보다 낮으면 경영 수익성이 낮다는 뜻입니다.

매출액과 매출원가, 매출총이익이 얼마인지는 보기 그림처럼 포괄손익계산서를 보면 나와 있습니다. 홈에서 [투자정보 → 기업분석 → 기업분석(창 번호 0919)] 순으로 들어가 종목(현대차)을 고르고, [재무제표]를 클릭하면 됩니다.

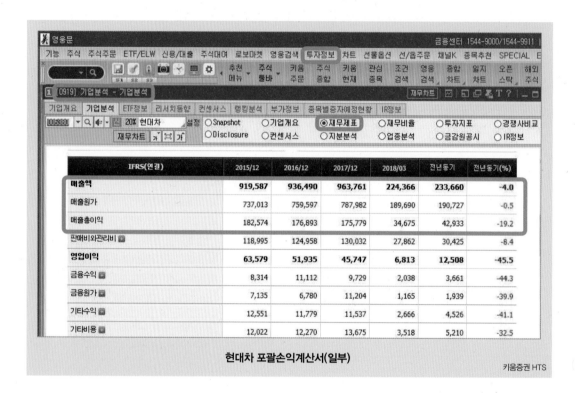

현대차 포괄손익계산서(일부)

키움증권 HTS

다음은 현대차 포괄손익계산서에서 [재무비율]을 클릭해 매출액과 매출원가, 매출총이익을 근거로 매출총이익률을 계산해서 수익성 비율로 표시한 예입니다.

현대차 재무비율(수익성 비율) 매출총이익률

세전계속사업이익률 높을수록 좋다

기업이 세금(법인세)을 내기 전 사업으로 얻은 이익이 매출액에 비해 얼마나 되는지를 나타내는 비율 지표입니다. 다음 식으로 구합니다.

$$세전계속사업이익률(\%) = \frac{세전계속사업이익}{매출액} \times 100$$

세전계속사업이익은 앞서 한 번 설명한 적이 있습니다. 기업이 본업과 부업으로 얻는 이익뿐 아니라 평소에는 생기지 않는 특별한 이익까지 더해서 얻는 이익을 말합니다. 다음에 설명한 '포괄손익계산서 짜임새'에서 ⑤에 해당하는 이익이죠.

포괄손익계산서 짜임새

	매출액 ———————————————	①
−	매출원가 ———————————————	②
매출총이익 ———————————————		③
−	판매비와 관리비	
영업이익 ———————————————		④
+	금융수익(금융 부문 부업으로 얻은 이익)	
−	금융원가(금융이익을 얻느라 들인 비용)	
+	기타수익(기타 부업이나 특별한 일로 얻은 이익)	
−	기타비용(기타 부업이나 특별한 일로 쓴 비용)	
세전계속사업이익 ———————————————		⑤
−	법인세 비용	
당기순이익 ———————————————		⑥

세전계속사업이익은 영업이익④에 금융수익과 기타수익을 더하고 금융원가와 기타비용은 빼고 남은 이익입니다.

기타수익은 영업이익처럼 본업으로 계속 얻는 이익이 아니라 어쩌다 한 번 생기는 특별한 이익입니다. 회사가 오래 보유한 부동산이나 주식을 팔아서 갑자기 큰돈이 들어왔다든지 할 때 넣는 이익이죠. 만약 공장에 불이 나서 뜻하지 않게 손실이 나면 특별손실로 잡고 기타비용에 넣습니다. 기타수익은 회사마다 또는 결산기마다 생기는 이익이 아니므로 연속성이 없죠. 세전계속사업이익에 기타수익이 포함되어 있으므로 세전계속사업이익 역시 회사마다 또는 결산기마다 크기가 들쭉날쭉하게 됩니다. 어떤 회사가 이익을 더 잘 내는지 비교하는 데 쓸 수익성 지표로는 다른 것보다 정확성이 떨어지죠.

DO IT!   HTS로 종목별 세전계속사업이익률 알아보기

다음은 키움증권 HTS에서 '현대차'의 세전계속사업이익률을 표시한 예입니다.
홈에서 [투자정보 → 기업분석 → 기업분석(창 번호 0919)] 순으로 들어가 종목(현대차)을 고른 다음, [재무비율]을 클릭하고 수익성 비율을 보면 됩니다.

IFRS(연결)	2014/12	2015/12	2016/12	2017/12	2018/03
수익성비율					
매출총이익율	21.4	19.9	18.9	18.2	15.5
세전계속사업이익률	11.2	9.2	7.8	4.6	4.1
영업이익률	8.5	6.9	5.6	4.8	3.0
EBITDA마진율	11.3	10.0	9.1	8.4	7.1
ROA	5.5	4.2	3.3	2.6	1.7
ROE	13.4	10.7	8.4	5.9	3.9
ROIC	8.5	6.1	4.4	4.8	2.2

현대차 재무비율(수익성 비율) 세전계속사업이익률

키움증권 HTS

수익성 분석 지표로 빼놓을 수 없는 게 영업이익률입니다. 매출액에서 영업이익이 차지하는 크기를 나타내므로 매출액 대비 영업이익률 또는 매출액 영업이익률이라고도 부릅니다.

영업이익률도 수치가 높을수록 수익성이 좋다는 뜻입니다. 다른 조건이 같다면 영업이익률 수치가 높거나 추세가 높아지는 종목에 투자해야 합니다.

$$영업이익률(\%) = \frac{영업이익}{매출액} \times 100$$

영업이익은 포괄손익계산서에 나와 있습니다. 매출액에서 매출원가 그리고 판매비와 관리비를 빼고 남는 금액입니다.

포괄손익계산서 짜임새

매출액
− 　　매출원가
―――――――――
매출총이익
− 　　판매비와 관리비
―――――――――――
영업이익

포괄손익계산서를 보면 매출총이익, 영업이익, 세전계속사업이익, 당기순이익까지 여러 가지 이익이 있죠. 영업 실적을 평가할 때 가장 중시할 것은 영업이익입니다. 영업이익은 기업이 부업 아닌 본업에서 버는 이익이기 때문입니다. 다른 조건이 같다면 영업이익이 많이 나고, 영업이익이 꾸준히 성장하고, 영업이익률이 높아지는 종목을 사야 합니다.

DO IT! HTS로 종목별 영업이익률 알아보기

다음은 '현대차' 영업이익률을 표시한 예입니다. 홈에서 [투자정보 → 기업분석 → 기업분석(창 번호 0919)] 순으로 들어가 종목(현대차)을 고르고, [재무비율]을 클릭하고 수익성 비율을 보면 됩니다.

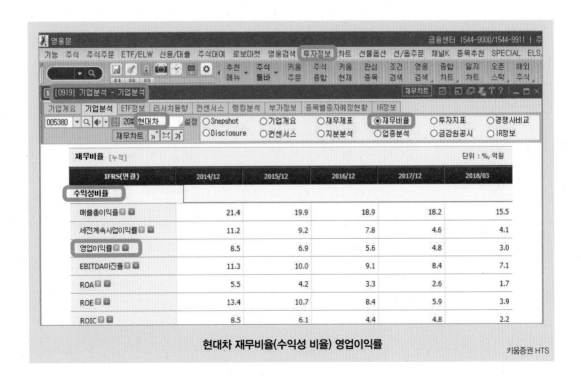

현대차 재무비율(수익성 비율) 영업이익률

키움증권 HTS

IFRS(연결)	2014/12	2015/12	2016/12	2017/12	2018/03
수익성비율					
매출총이익률	21.4	19.9	18.9	18.2	15.5
세전계속사업이익률	11.2	9.2	7.8	4.6	4.1
영업이익률	8.5	6.9	5.6	4.8	3.0
EBITDA마진율	11.3	10.0	9.1	8.4	7.1
ROA	5.5	4.2	3.3	2.6	1.7
ROE	13.4	10.7	8.4	5.9	3.9
ROIC	8.5	6.1	4.4	4.8	2.2

EBITDA마진율 높을수록 좋다

EBITDA마진율은 매출액보다 EBITDA가 얼마나 큰지를 나타내는 분석지표입니다.

EBITDA가 뭔지는 앞서 익혔습니다. 회사가 사업해서 남긴 이익 가운데 이자, 세금(법인세), 감가상각비를 빼고 남는 현금이죠. 회사가 영업 활동으로 현금을 얼마나 많이 만들어낼 수 있는지 보여주는 지표입니다.

EBITDA마진율은 회사가 매출액보다 현금을 얼마나 많이 만들어내는지를 보여줍니다. 여러 회사를 놓고 볼 때 매출액 대비 현금창출 능력이 어느 정도나 되는지 비교할 수 있게 해줍니다.

산출식은 다음과 같습니다.

$$EBITDA마진율(\%) = \frac{EBITDA}{매출액} \times 100$$

EBITDA마진율 역시 다른 기업·업종과 비교해서 수치가 높을수록 수익성이 좋고, 수치가 높아지는 추세라면 점점 수익성이 좋아진다는 뜻입니다.

보기 그림은 현대차 EBITDA마진율을 표시한 예입니다.

홈에서 [투자정보 → 기업분석 → 기업분석(창 번호 0919)] 순으로 들어가 종목(현대차)

을 고르고 [재무비율]을 클릭해서 수익성 비율을 보면 됩니다.

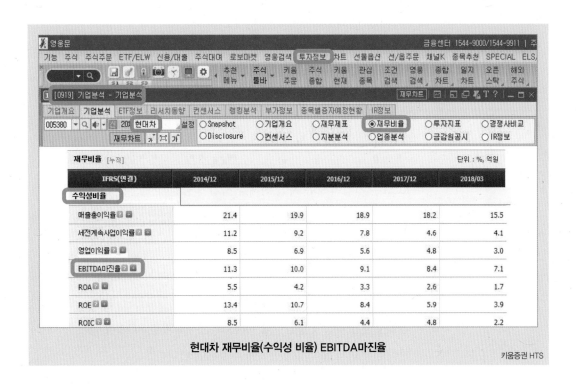

현대차 재무비율(수익성 비율) EBITDA마진율

키움증권 HTS

ROA가 높거나 높아질수록 좋다

ROA(Return On Asset)는 총자산이익률 또는 총자산순이익률이라고 부르는 수익성 지표입니다. 일정 기간 기업이 올린 순이익을 기업이 보유한 총자산으로 나눠 비율을 구합니다.

$$\text{총자산이익률}(ROA, \%) = \frac{\text{순이익}}{\text{총자산}} \times 100$$

ROA는 기업이 보유 자산 전체를 사업에 동원해서 얼마나 순이익을 냈는지를 보여줍니다. 총자산 규모보다 순이익을 많이 내는 기업일수록 비율이 높게 나옵니다.

ROA를 구해보면 여러 기업을 놓고 업종이나 규모와 관계없이 수익성을 비교하고 평가해 볼 수 있습니다. 보통 다른 기업이나 업종보다 수치가 높을수록 수익성이 좋습니다. 다른 조건이 같다면 ROA가 높은 종목, 시간이 흐르면서 높아지는 종목에 투자해야 합니다.

다음은 '현대차' ROA를 표시한 예입니다. 홈에서 [투자정보 → 기업분석 → 기업분석(창 번호 0919)] 순으로 들어가 종목(현대차)을 고른 뒤 [재무비율]을 클릭, 그 안에서 '수익 성 비율'을 골라 봅니다.

현대차 재무비율(수익성 비율) ROA 정보 화면

키움증권 HTS

ROE가 높거나 높아지는 것이 좋다

ROE(Return On Equity)는 자기자본이익률이나 자기자본순이익률이라고 부릅니다. 일정 기간 기업이 올린 순이익을 기업이 보유한 자기자본으로 나눠 구합니다. 총자산 중 자기자본 금액만을 기준으로 기업 수익성을 측정하는 비율 지표입니다. 수치가 높을수록 수익성이 좋다는 것을 나타냅니다.

$$자기자본이익률(ROE, \%) = \frac{순이익}{자기자본} \times 100$$

보통 기업은 자산(총자산)을 자기 돈(자기자본·자본)과 남의 돈(타인자본·부채)으로 마련합니다. ROE는 빚을 빼고 자기 밑천만 기준으로 수익성을 재므로 투자 수익이 얼마나 나는지를 더 확실하게 알려줍니다. 회사에 밑천(자본)을 댄 투자자(주주) 관점에서는 부채까지 합한 자산(총자산)으로 수익성을 재는 ROA보다 더 중요한 지표입니다. 다른 조건이 같다면 수치가 높거나 점점 높아지는 종목에 투자해야 합니다.

주주 관점에서 ROE는 얼마나 돼야 수지가 맞을까요? 적어도 은행 예금 금리보다는 높아야 합니다.

다음은 HTS에서 'SK하이닉스' ROE를 표시한 예입니다. 홈에서 [투자정보 → 기업분석 → 기업분석(창 번호 0919)]에 들어가 종목(SK하이닉스)을 고른 뒤 [재무비율]을 클릭, '수익성 비율'을 골라 봅니다.

SK하이닉스 재무비율(수익성 비율) ROE 정보 화면

키움증권 HTS

ROIC가 높거나 높아지는 게 유리하다

ROIC는 투하자본이익률이라고 부릅니다. 'Returns On Invested Capital'을 줄인 말이고, ROC(Return On Capital)라고 쓰기도 합니다. 기업이 영업에 들인 자본(영업투하자본)으로 세후 영업이익을 얼마나 많이 거뒀는지를 나타내는 수익성 지표입니다. 수치가 높을수록 수익성이 좋은 종목이라고 평가합니다. 다른 조건이 같다면 ROIC 수치가 높거나 점점 높아지는 종목에 투자하는 게 유리합니다.

$$투하자본이익률(ROIC, \%) = \frac{세후\ 영업이익}{영업투자\ 자본} \times 100$$

다음은 HTS에서 'SK하이닉스' ROIC를 표시한 예입니다. 홈에서 [투자정보 → 기업분석 → 기업분석(창 번호 0919)]에 들어가 종목(SK하이닉스)을 고른 후 [재무비율] 중 '수익성 비율'을 골라 봅니다.

SK하이닉스 재무비율(수익성 비율) ROIC 정보 화면

키움증권 HTS

43 활동성 비율
"활동성이 좋은지 본다"

기본 분석을 해서 투자할 종목을 고른다면 기업이 영업에 자산을 얼마나 잘 활용하고 있는지도 봐야 합니다. 다른 조건이 같다면 자산을 영업에 활발하게 활용하는 회사가 이익을 많이 내고 기업가치와 주가가 오를 가능성이 크기 때문이죠.

기업이 자산을 영업에 얼마나 잘 활용하는지 분석하는 재무비율을 활동성 비율이라고 부릅니다. 활동성 비율 지표로는 주로 총자산회전율, 총부채회전율, 총자본회전율, 순운전자본회전율 등을 사용합니다.

총자산회전율 높을수록 좋다

총자산회전율은 기업이 일정 기간 동안 매출을 얻기 위해 총자산을 영업에 몇 번이나 굴렸는지를 나타내는 지표입니다. 일정 기간 동안 기업이 올린 매출액을 총자산 평균치로 나눠 배율을 구합니다. 다른 기업이나 업종에 비해 수치가 높게 나올수록 활동성이 높은 기업이라고 평가합니다.

$$\text{총자산회전율(배)} = \frac{\text{일정기간 매출액}}{\text{일정기간 평균총자산}}$$

가령 총자산회전율이 1배를 넘어 높은 수치를 보인다면 매출을 얻기 위해 기업 자산을 여러 번 굴렸다는 뜻이죠. 그만큼 자산을 효율 높게 운용했다고 평가할 수 있습니다. 반대로 총자산회전율이 1배를 밑돌면 매출을 만들어내는 데 기업 자산을 다 쓰지 않았다는 얘기가 됩니다. 자산 운용 효율이 낮았다고 볼 수 있는 거죠.

총부채회전율 높을수록 좋다

총부채회전율은 기업이 일정 기간 매출을 얻기 위해 총부채를 영업에 몇 번이나 굴렸는지를 나타내는 지표입니다. 일정 기간 기업이 올린 매출액을 총부채 평균치로 나눠 구합니다. 다른 기업이나 업종에 비해 수치가 높게 나올수록 활동성이 높은 기업이라고 평가합니다.

$$\text{총부채회전율(배)} = \frac{\text{일정기간 매출액}}{\text{일정기간 평균총부채}}$$

가령 총부채회전율이 1을 넘어 높은 수치를 보인다면 매출을 얻기 위해 기업 부채를 여러 번 굴렸다는 뜻이죠. 그만큼 부채를 효율 높게 운용했다고 평가할 수 있습니다. 반대로 총부채회전율이 1을 밑돌면 매출을 만들어내는 데 기업 부채를 다 쓰지 않았다는 얘기가 됩니다. 부채 운용 효율이 낮은 거죠.

총자본회전율 높을수록 좋다

총자본회전율은 기업이 일정 기간 매출을 얻기 위해 총자본을 영업에 몇 번이나 굴렸는지를 나타내는 지표입니다. 일정 기간 기업이 올린 매출액을 총자본 평균치로 나눠 구합니다. 다른 기업이나 업종보다 수치가 높게 나올수록 활동성이 높은 기업이라고 평가합니다.

$$총자본회전율(배) = \frac{일정기간\ 매출액}{일정기간\ 평균총자본}$$

가령 총자본회전율이 1을 넘어 높은 수치를 보인다면 매출을 얻기 위해 총자본을 여러 번 굴렸다는 뜻이죠. 그만큼 자본을 효율 좋게 운용했다고 평가할 수 있습니다. 반대로 총자본회전율이 1을 밑돌면 매출을 만들어내는 데 기업 자본을 다 쓰지 않았다는 얘기가 됩니다. 자본 운용 효율이 낮은 거죠.

순운전자본회전율 높을수록 좋다

순운전자본(Net Working Capital)이란 유동자산에서 유동부채를 뺀 자금을 가리킵니다. 보통 때 기업이 사업을 운영하는 과정에서 차를 운전하듯 영업 활동을 계속하기 위해 필요로 하는 자금을 운전자본이라 합니다. 매일같이 되풀이해서 기업을 들고나는 단기 자금이죠.

순운전자본이 부족하면 기업이 흑자를 내면서도 부도가 날 수 있습니다. 그 때문에 경영자가 평소 단기 자금 조달 원천과 규모, 조달 방식 등을 잘 결정해서 늘 적정 수준으로 운전자금을 확보하는 데 신경을 써야 합니다.

순운전자본회전율은 기업이 일정 기간 매출을 얻기 위해 순운전자본을 영업에 몇 번이나 굴렸는지 나타내는 지표입니다. 일정 기간 기업이 올린 매출액을 순운전자본 평균치로 나누어 구합니다. 다른 기업이나 업종보다 수치가 높게 나올수록 활동성이 높은 기업이라고 평가합니다.

$$순운전자본회전율(배) = \frac{일정기간\ 매출액}{일정기간\ 평균순운전자본}$$

순운전자본회전율이 1을 넘어 높아지면 영업활동에서 매출보다 순운전자본을 덜 쓴다는 뜻입니다. 현금이 덜 묶여 있고 영업에 활발하게 쓰인다는 뜻이죠. 반대로 순운전자본회전율이 1 미만으로 낮아지면 영업활동에서 매출보다 순운전자본이 많이 쓰인다는 뜻입니다. 영업에 현금을 활발하게 쓰지 못하고 묶어놓고 있다는 얘기죠.

다음은 HTS에서 'SK하이닉스' 활동성 비율을 표시한 예입니다. 홈에서 [투자정보 → 기업분석 → 기업분석(창 번호 0919)]에 들어가 종목(SK하이닉스)을 고른 후 [재무비율]을 클릭, '활동성 비율'을 골라 봅니다.

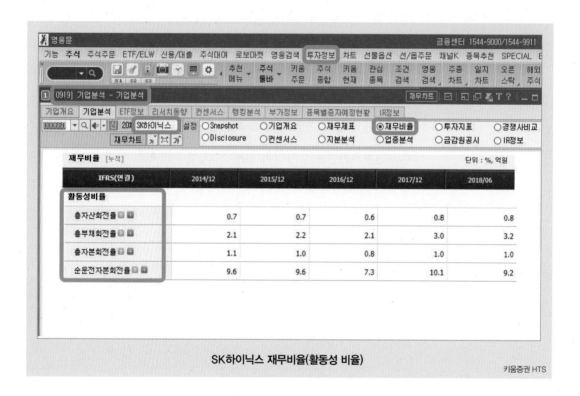

SK하이닉스 재무비율(활동성 비율)

키움증권 HTS

44 현금 흐름
"현금 흐름 좋은 종목을 고른다"

기본 분석을 해서 투자 종목을 고를 때 또 하나 유념할 것은 현금 흐름이 좋은지 확인하는 것입니다. 현금 흐름이 좋은지 보려면 현금흐름표를 보면 됩니다.

현금흐름표는 이른바 3대 재무제표(포괄손익계산서, 재무상태표, 현금흐름표) 중 하나죠. 기업이 일정 기간 영업하는 동안 현금이 얼마나 들어오고 나갔는지를 일목요연하게 계산한 표입니다. 현금흐름표는 크게 3대 부문으로 이뤄집니다. 영업 활동으로 인한 현금 흐름, 투자 활동으로 인한 현금 흐름, 재무활동으로 인한 현금 흐름을 보여주죠. 보기로 든 '카카오' 현금흐름표 역시 같은 짜임새를 보여줍니다.

영업 · 투자 · 재무 활동으로 현금 흐름 파악하기

'영업활동으로 인한 현금 흐름'은 기업이 영업활동을 해서 현금을 잘 벌어들이고 있는지 보는 데 도움이 됩니다. 플러스(+) 값이면 영업활동을 통해 현금이 기업으로 들어왔다는 뜻이고, 마이너스(-) 값이면 현금이 기업 밖으로 빠져나갔다는 뜻입니다. 특별한 경우가 아니면 플러스(+) 값을 보이는 게 정상입니다. 플러스(+) 값을 보여주는지 확인해보고 만약 마이너스(-) 값이면 왜 그런지 확인해야 합니다.

'투자활동으로 인한 현금 흐름'은 투자가 활발하게 이뤄지고 있는지 보는 데 도움이 됩니다. 플러스(+)라면 과거 투자했던 자산을 처분하거나 회수해서 현금이 기업으로 들어왔다는 뜻입니다. 마이너스(-)라면 투자를 하느라 현금이 기업 밖으로 빠져나갔다는 뜻입니다. 반드시 플러스(+)나 마이너스(-) 값 중 어느 것이 좋다고 보기 어렵고 그때그때 상황에 따라 봐야 합니다. 유망해 보이는 투자를 하느라 현금 흐름이 마이너스(-) 값으로 나타났다면 좋게 봐야겠죠. 반대로 유망하지 않은 투자를 하느라 현금 흐름이 마이너스(-) 값이라면 주가에 악재가 될 수 있다고 봐야 합니다.

'재무활동으로 인한 현금 흐름'은 해당 기업이 빚을 열심히 갚고 있는지, 아니면 빚이 늘고 있는지 보는 데 도움이 됩니다. 플러스(+)라면 빚이 늘어서 현금이 기업으로 들어왔다는 뜻입니다. 마이너스(-)라면 빚을 갚았기 때문에 현금이 기업 밖으로 빠져나갔다는 뜻입니다. 빚이 늘어나는 게 반드시 악재는 아니지만, 특별한 이유가 없다면 빚은 줄어드는 게 좋죠. 재무활동으로 인한 현금 흐름도 마이너스(-) 값을 보이는 게 바람직합니다.

DO IT!　　　HTS로 종목별 현금흐름표 찾아보기

다음은 HTS에서 코스피 상장기업 '카카오' 현금흐름표를 찾아본 예입니다. 홈에서 [투자정보 → 기업분석 → 기업분석(창 번호 0919)]에 들어가 종목(카카오)을 고른 후 [재무제표] 중 현금흐름표를 골라 봅니다.

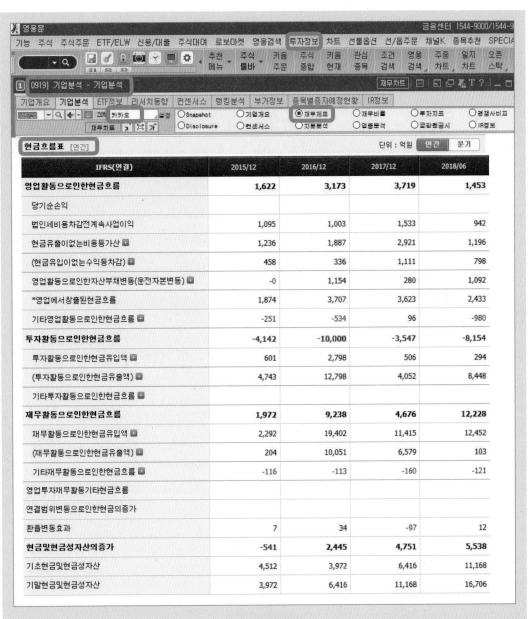

IFRS(연결)	2015/12	2016/12	2017/12	2018/06
영업활동으로인한현금흐름	**1,622**	**3,173**	**3,719**	**1,453**
당기순손익				
법인세비용차감전계속사업이익	1,095	1,003	1,533	942
현금유출이없는비용등가산 ⊞	1,236	1,887	2,921	1,196
(현금유입이없는수익등차감) ⊞	458	336	1,111	798
영업활동으로인한자산부채변동(운전자본변동) ⊞	-0	1,154	280	1,092
*영업에서창출된현금흐름	1,874	3,707	3,623	2,433
기타영업활동으로인한현금흐름 ⊞	-251	-534	96	-980
투자활동으로인한현금흐름	**-4,142**	**-10,000**	**-3,547**	**-8,154**
투자활동으로인한현금유입액 ⊞	601	2,798	506	294
(투자활동으로인한현금유출액) ⊞	4,743	12,798	4,052	8,448
기타투자활동으로인한현금흐름 ⊞				
재무활동으로인한현금흐름	**1,972**	**9,238**	**4,676**	**12,228**
재무활동으로인한현금유입액 ⊞	2,292	19,402	11,415	12,452
(재무활동으로인한현금유출액) ⊞	204	10,051	6,579	103
기타재무활동으로인한현금흐름 ⊞	-116	-113	-160	-121
영업투자재무활동기타현금흐름				
연결범위변동으로인한현금의증가				
환율변동효과	7	34	-97	12
현금및현금성자산의증가	**-541**	**2,445**	**4,751**	**5,538**
기초현금및현금성자산	4,512	3,972	6,416	11,168
기말현금및현금성자산	3,972	6,416	11,168	16,706

카카오 현금흐름표

키움증권 HTS

보기로 든 카카오 현금흐름표는 영업활동으로 인한 현금 흐름이 최근 3년 (2015~2017년) 동안 늘어나는 모습을 보여줍니다. 영업해서 현금을 잘 벌어들이고 있다는 뜻이죠.

투자활동으로 인한 현금 흐름은 들어온 돈보다 나간 돈이 많아서 마이너스(−)값을 보입니다. 투자를 활발하게 하는 거죠. 재무활동으로 인한 현금 흐름은 플러스(+) 값을 보입니다. 빚을 갚는 액수보다 빚지는 액수가 크다는 뜻입니다.

영업 · 투자 · 재무 활동으로 인한 현금 흐름을 모두 합산하고 환율 변동 효과까지 반영한 결과 현금자산(현금 및 현금성 자산)은 증가 추이를 보이므로 전체 현금 흐름은 양호해 보입니다.

+@ 기업공시 체계

상장기업은 공시(公示)를 하게 되어 있습니다. 증권 투자자의 판단에 영향을 미칠 만한 사항을 공개하는 것입니다.

공시는 경우에 따라 주가에 미치는 영향이 크기 때문에 늘 챙겨봐야 합니다. 증권사 HTS나 MTS에서 쉽게 볼 수 있습니다.

공시 전부를 챙겨 보려면 전자공시시스템 DART나 KIND를 검색해보면 됩니다.

DART(Data Analysis, Retrieval and Transfer system)는 금융감독원이 상장기업으로부터 공시 서류를 신고 받고 공개하는 인터넷 홈페이지(dart.fss.or.kr)입니다.

DART 공시 서류는 대부분 한국거래소가 운영하는 상장기업 공시 시스템(kind.krx.co.kr) KIND(Korea Investor's Network for Disclosure System)와 공유하고 있습니다.

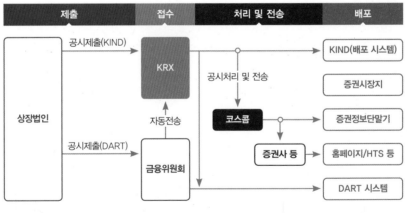

KRX 홈에서 발췌

경제학자와 함께 하는 주식투자 실전

STEP IV

매매 타이밍 잡는 법

차트 분석 지표
활용하기

기술 분석 왜 필요한가

주식 투자에서는 종목 고르기 못지않게 언제 매매할지가 중요한 문제입니다. 매매 타이밍을 고를 때 전문가들은 흔히 기술 분석(Technical Analysis)이라는 기법을 씁니다.

기술 분석은 앞 장에서 살펴본 기본 분석과는 이론 입지가 다릅니다. 기본 분석은 종목마다 적정 주가라는 게 있다고 전제합니다. 적정 주가와 시세 사이엔 으레 괴리가 생기게 마련이고 적정 주가를 찾아내면 저평가됐는지 고평가됐는지, 사야 할지 팔아야 할지 알 수 있다고 주장합니다.

반면 기술 분석은 적정 주가와 시세 사이에 괴리가 생기지 않는다고 봅니다. 주가는 언제나 기업 가치를 포함해서 주가에 영향을 미칠 수 있는 모든 요인을 그때그때 빠짐없이 반영한다고 보죠.

그럼 현실에서 시세를 움직이는 것은 뭐냐? 투자자가 시장 매매에 참여하면서 형성하는 심리 흐름이라고 봅니다. 투자자들이 저마다 다른 판단으로 매매 방향과 시점을 골라 매매하면서 수요와 공급을 형성해 주가를 움직인다는 겁니다. 주식 수급(수요와 공급)과 주가 변동에 늘 투자자 심리가 반영돼 있다는 거죠.

주식 수급이나 주가가 변하는 모습은 숫자와 차트(Chart: 도표, 그래프)로 나타낼 수 있습니다. 기술 분석 이론가들은 투자자 심리가 주가를 움직일 때 주식 수급과 주가에 일정한 추세나 유형(패턴)이 형성되며, 한 번 나타난 패턴은 나중에도 반복해서 나타난다고 말합니다. 정말 그렇다면 주가 움직임만 좇아 봐도 투자에 필요한 정보를 많이 얻어낼 수 있겠죠. 투자자들이 언제 어떤 생각으로 매매에 참여하고 어떤 형태로 수급이 형성되면서 어떤 방향으로 주가가 움직일지도 짐작할 수 있을 것입니다.

실제로 기술 분석 전문가들은 과거 주가 흐름을 자세히 좇아 차트로 만들고 분석해보면 미래 주가가 어디로 갈지 예측할 수 있다고 말합니다. 주가 추이와 패턴을 고려해 적당한 매매 시점도 짚어낼 수 있다고 주장합니다.

입장은 다르지만, 기본 분석이나 기술 분석 모두 유용한 분석 도구입니다. 기본 분석은 주로 기업 가치 분석을 통해서 유망 주식을 골라내는 데 유용합니다. 기술 분석은 주가 추이 분석을 통해 매매 시점을 포착하는 데 유용합니다. 둘 다 함께 활용하면 좋습니다.

기술 분석에서 즐겨 쓰는 분석 방법은 과거 주가 흐름을 자세히 좇아 차트로 만들고 분석해서 미래 주가가 움직일 모습과 시점 등을 예측하는 것입니다. 차트를 분석하기 때문에 차트 분석이라 하죠.

차트 분석이 곧 기술 분석은 아니지만, 기술 분석에선 차트 분석이 주가 되므로 차트 분석과 기술 분석을 같은 것으로 보는 이도 많습니다. 차트 분석에도 여러 가지 기법이 있습니다. 하나씩 살펴보겠습니다.

A

봉 차트 분석
---

45 봉 차트 이해
"봉 차트란 무엇인가?"

기술 분석 전문가들이 가장 많이 쓰는 차트가 '봉 차트(棒 Chart)'입니다. 봉 차트는 미리 정해놓은 원칙을 따라 종목별 주가 추이를 그때그때 봉 (막대) 모양으로 그려놓은 주가 동향 그래프입니다. 봉이라기보다 양초처럼 생겼다고 보아 캔들 차트(Candle Chart, Candlestick Bar Chart)라고 부르기도 합니다. 일본식과 미국식이 있고 서로 색깔이나 모양이 다릅니다. 우리나라에서는 HTS 등에서 주로 일본식 봉 차트를 씁니다.

다음 쪽(p. 230)에 나오는 보기 그림으로 현대차 봉 차트를 볼까요. 2014년부터 2018년 10월까지 월 단위로 현대차 주가 추이를 표시한 봉 차트입니다. 봉 차트라지만 봉 생김새가 달마다 조금씩 다릅니다. 주가 추이에 따라 봉 모양도 달리 그리는 게 원칙이기 때문입니다.

요컨대 봉 차트를 이해하려면 어떤 원칙으로 '봉'을 그리는지 알아야 합니다. 원칙을 알고 봉 차트를 보면 종목별 주가 흐름을 한눈에 짚어보거나 미래 주가 흐름을 예측하고 적당한 매매 타이밍을 고르는 게 가능해집니다.

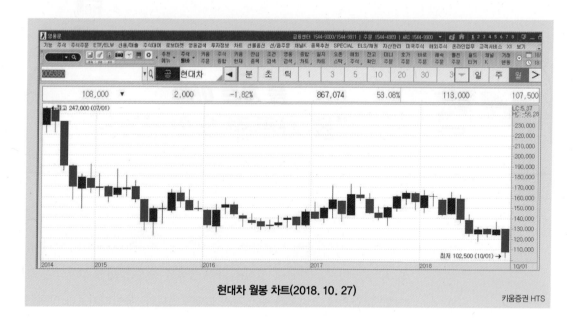

현대차 월봉 차트(2018. 10. 27)

키움증권 HTS

46 양봉과 음봉
"봉 차트는 어떻게 만드나"

보통 봉 차트는 화면 하나에 봉 여러 개를 잇달아 그리는 식으로 주가 추이를 표시합니다. 하루 동안 주가 흐름을 봉으로 표시한 차트는 일봉 차트, 일주일간 주가 흐름을 그린 차트는 주봉 차트, 한 달 동안 주가 추이를 표시한 차트는 월봉 차트라고 부릅니다. 앞서 본 현대차 봉 차트도 월 단위로 주가 추이를 그린 월봉 차트입니다.

주봉이나 월봉 차트는 보통 중장기 주가 흐름을 파악하는 데 쓰고 단기 주가 흐름을 파악하려 할 때는 일봉을 주로 씁니다. 현장에서는 단기 주가 분석을 목적으로 일봉을 많이 쓰므로 일봉을 주로 설명하겠습니다.

일봉 차트를 그릴 때는 거래일 하루 동안 형성되는 시가(시초가)·종가·고가·저가 등 4가지 주가를 봉 한 개에 표현합니다. 봉 모양은 하루 중 주가 흐름에 따라 달라집니다.

일봉을 만드는 예를 들어 보겠습니다.

K전자 하루 주가 추이	
시가	9,000원
종가	11,000원
고가	12,000원
저가	8,500원

봉 그림을 그릴 때는 시가와 종가로 봉의 몸통을 만들고, 몸통 위와 아래로 실선을 그어 머리와 꼬리를 답니다. 보기 K전자는 당일 종가가 시가보다 올랐으므로 봉 몸통 맨 밑에 시가(9,000원)를, 몸통 맨 위에 종가(11,000원)를 표시합니다. 고가(12,000원)는 머리에 실선을 그어 표시하고 저가(8,500원)는 꼬리에 실선을 그어 표시합니다.

고가(12,000원)는 종가(11,000원)하고 1,000원 차이 나죠. 저가(8,500원)는 시가(9,000원)하고 500원밖에 차이가 나지 않으니까 고가 표시 실선보다 저가 표시 실선을 절반 짧게 그립니다.

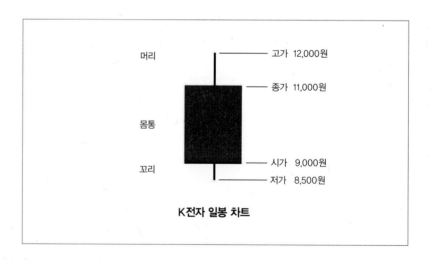

K전자 일봉 차트

몸통이 빨간 양봉: 종가가 시가보다 높을 때

봉 차트를 만들 때 종가가 시가보다 높으면 봉 몸통을 빨간색이나 흰색으로 표시합니다. 보기 K전자 일봉도 종가(11,000원)가 시가(9,000원)보다 높으니 봉 몸통을 빨갛게 표시했습니다. 몸통이 빨간 봉 곧, 종가가 시가보다 높은 봉은 '양봉'이라고 부릅니다.

양봉은 아침에 장을 시작하면서 형성된 거래가보다 장을 마칠 때 시세가 더 높을 때 나타납니다. 양봉이 나타난다면 하루 동안 매수세가 매도세보다 강했다는 뜻입니다. 매수세가 강할수록, 종가가 시가보다 높을수록 봉 몸통의 길이도 길어집니다. 몸통이 긴 양봉이 나타나는 종목은 매수 세력이 많아서 시세 상승 잠재력이 크다고 봅니다.

봉 차트에서 고가와 저가를 나타내는 실선은 흔히 '수염'이라고 부릅니다. 양봉에 달린 머리 쪽 수염은 당일 주가가 고가에 이르기는 했으나 곧 매도세가 나타나서 떨어졌다는 걸 나타냅니다. 머리 쪽 수염이 길면 길수록 장중에 주식을 팔려는 세력이 강하다는 뜻입니다.

양봉에 달린 꼬리 쪽 수염은 주가가 당일 저가에 이르기는 했으나 곧 매수세가 나타나서 주가가 반등했다는 것을 나타냅니다. 꼬리 쪽 수염이 길면 길수록 장중 주식을 사려는 세력이 많다는 뜻입니다.

이번에는 종가가 시가보다 낮은 일봉을 보겠습니다.

P식품 하루 주가 추이	
시가	11,000원
종가	10,500원
고가	11,500원
저가	9,500원

몸통이 파란 음봉: 종가가 시가보다 낮을 때

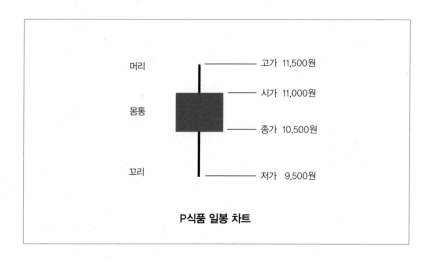

P식품 일봉 차트

봉 차트를 만들 때 종가가 시가보다 낮으면 봉 몸통을 파란색이나 검은색으로 표시합니다. 보기 P식품 일봉도 종가(10,500원)가 시가(11,000원)보다 낮기 때문에 봉 몸통을 파란색으로 표시했습니다. 몸통이 파란 봉 곧, 종가가 시가보다 낮은 봉을 '음봉'이라고 부릅니다.

음봉은 아침에 장을 시작하면서 형성된 거래가에 비해 장을 마칠 때 시세가 떨어지면 나타납니다. 음봉이 나타난다면 하루 동안 매도세가 매수세보다 강했다는 뜻입니다. 매도세가 강할수록, 종가가 시가보다 낮을수록 봉 몸통 길이도 길어집니다. 몸통이 긴 음봉이 나타나는 종목은 매도 세력이 많아서 시세 하락 가능성이 크다고 봅니다.

음봉에 달린 머리 쪽 수염도 당일 주가가 고가에 이르기는 했으나 곧 매도세가 나타나 떨어졌다는 것을 나타냅니다. 머리 쪽 수염이 길면 길수록 장중에 주식을 팔려는 세력이 강하다는 뜻입니다. 음봉에 달린 꼬리 쪽 수염도 마찬가지. 주가가 당일 저가에 이르기는 했으나 곧 매수세가 나와서 반등했다는 것을 나타냅니다. 꼬리 쪽 수염이 길면 길수록 장중 주식을 사려는 세력이 많다는 뜻입니다.

((•)) DO IT!   봉 차트 그리기

장이 시작할 때 거래가 8,000원을 기록한 뒤 장중 11,000원에 고가를, 7,000원에 저가를 기록하고 10,000원에 장을 마감한 종목일 때 봉 차트를 그려보십시오. 종가가 시초가보다 높으니 양봉 차트를 그리고, 장중 고가와 저가를 표시하면 됩니다.

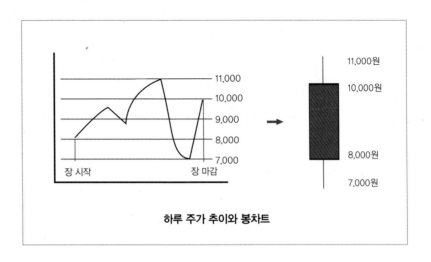

하루 주가 추이와 봉차트

47 적삼병과 흑삼병

주봉 차트나 월봉 차트도 일봉 차트와 같은 원리로 만듭니다. 주봉 차트에서 시초가는 보통 한 주간 증시가 시작되는 월요일 아침에 기록된 시초가를 표시합니다. 반면 종가는 한 주간 증시가 마감되는 금요일 오후 종가를 표시합니다.

일봉 차트든 주봉 차트든 여러 날 여러 주에 걸친 봉 차트를 보면 장차 주가가 어떻게 움직일지 예측하는 데 필요한 실마리를 잡기에 유용합니다. 여러 날에 걸쳐 양봉이 계속 나타나면 증시에 매수세가 강하다는 뜻으로 풀이합니다. 반대로 여러 날에 걸쳐 음봉이 계속 나타난다면 증시에 매도세가 강하다고 봅니다. 여러 날에 걸쳐 주가가 약세인 가운데 음봉이 나타나면 주가가 더 내려갈 조짐으로 풀이합니다. 반대로 여러 날 동안 주가가 약세였는데 양봉이 잇달아 나타나면 주가가 곧 단기 반등할 조짐으로 봅니다.

적삼병은 조정 끝 상승 반전 기대

한동안 주가가 약세였는데 3일 연속 양봉이 나타나면 '적삼병(赤三兵, Three White Soldier)이 나타났다'고 말합니다. 몸통이 붉거나 흰 양봉 3개가 잇달아 나타났다는 뜻이죠. 보통 장기간 하락세나 약세로 기간 조정을 거친 주가가 강하게 상승 반전할 때 나타납니다.

주가가 약세인데 적삼병이 나타나면 주가가 상승세로 바뀔 조짐이 있다고 풀이합니다. 주가가 바닥권인데 적삼병이 나타나고 주가 상승 호재가 확인되거나 거래량이 늘면서 매수세가 강해진다면 매수할 때라고 봅니다.

적삼병이 나타난 직후 주가가 하루 떨어져서 음봉이 나타나면 '적삼병 뒤에 흑일병이 나타났다'고 말하며 매수 기회로 삼습니다. 흑일병이란 몸통을 검거나 파란색으로 표시하는 음봉 하나를 뜻합니다. 음봉을 파란색으로 표시할 때는 '청일병'이라고 불러야겠지만 보통 흑일병이라고 부릅니다. 길게 볼 때는 석 달 연속 적삼병이 발생하면 증시가 강세장으로 들어서고 있다고 풀이합니다.

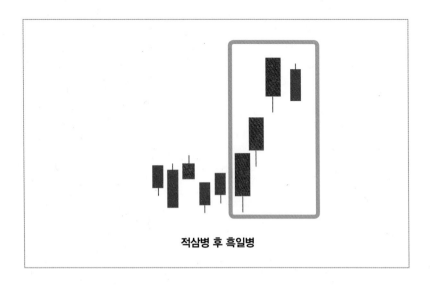

적삼병 후 흑일병

흑삼병은 상승 끝 하락 조짐

적삼병과는 반대로 주가가 상승세를 보이던 중 3일 연속 떨어져서 음봉 3개가 나타날 때도 있습니다. 몸통을 검거나 푸른색으로 표시하는 음봉 3개가 잇달아 나타난다 해서 '흑삼병(黑三兵, Three Black Soldier)'이라고 부르는 장세입니다. 음봉을 파란색으로 표시할 때는 '청삼병'이라고 불러야겠지만 보통은 그냥 흑삼병이라고 부릅니다.

흑삼병은 주가가 어느 정도 오른 상태에서 대량거래가 일어나면서 나타날 때가 많습니다. 흑삼병이 나타나면 주가가 하락세로 바뀔 조짐이 있다고 풀이합니다. 특히 주가가 천정에 이른 상황에서 흑삼병이 나타나면 주식을 팔 때라고 봅니다. 만약 주가가 최근 침체한 상태라면 앞으로도 계속 떨어질 조짐으로 봅니다.

흑삼병이 나타난 직후 주가가 하루 올라 양봉이 나타날 때는 '흑삼병 후에 적일병(몸통이 붉은 양봉 하나)이 나타났다'고 말하며 매도 기회로 삼습니다.

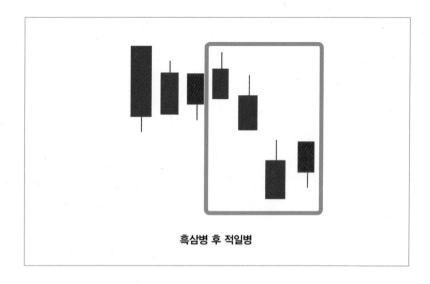

흑삼병 후 적일병

48 봉 차트 해석과 대응

봉 차트는 주가 움직임에 따라 봉 모양을 여러 가지로 다르게 나타냅니다. 봉 모양마다 장세가 다르므로 봉 차트를 볼 줄 알면 장세가 어떤지 판단하고 매매 전략을 정하는 데 도움이 됩니다. 봉 차트마다 어떤 시세나 시황을 나타내는지 정리해 보겠습니다.

종가가 시가보다 오른 경우

샛별형

종가가 시가보다 높고, 고가는 종가보다 높고, 저가는 시가보다 낮은 경우

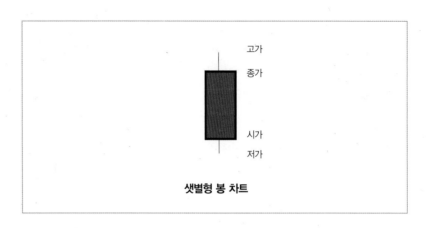

샛별형 봉 차트

매수세와 매도세가 팽팽하게 맞선 상태지만 종가가 시가보다 높으므로 매수세가 강합니다. 이전 주가가 약세였다면 시세가 바뀔 가능성이 있습니다. 특히 주가가 하락세일 때 음봉이 나타난 뒤 음봉보다 몸통이 큰 양봉(곧 종가가 시가보다 아주 높은 양봉)이 나타나면 주가가 상승세로 돌아설 가능성이 큽니다. 주가가 하락세를 이어가면서 음봉이 자주 나타나다 하락세가 멎고 몸통이 큰 양봉이 나타날 때도 주가가 상승세로 바뀔 가능성이 큽니다.

샅바형

시가가 곧 저가이고, 종가는 시가보다 높지만 종가보다 높게 고가가 형성되는 경우

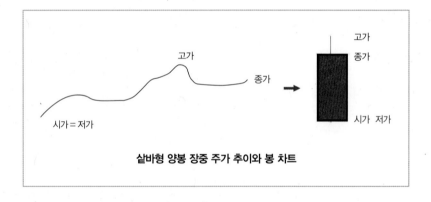

샅바형 양봉 장중 주가 추이와 봉 차트

그림에서 보듯 장을 시작한 뒤엔 주가가 올랐지만, 고가에 이르러서는 매도세에 밀려 고가보다 낮은 시세로 장이 끝난 경우입니다. 주가가 오름세를 이어갈 가능성이 높지만, 시세가 어느 정도 오르면 고가에 주식을 팔려는 세력이 대기하고 있어서 도로 떨어질 수도 있습니다. 샅바형 양봉처럼 머리 쪽으로 수염이 달리는 모양은 주가가 오를 때 매수자들이 추격 매수하면서 나타납니다. 수염이 길수록 추격매수세가 큰데, 매수세를 받아서 매도세가 나타나면 주가가 밀릴 가능성이 큽니다. 특히 주가가 오름세일 때 샅바형 양봉이 나타나면 매수보다는 매도로 대응하는 게 좋습니다.

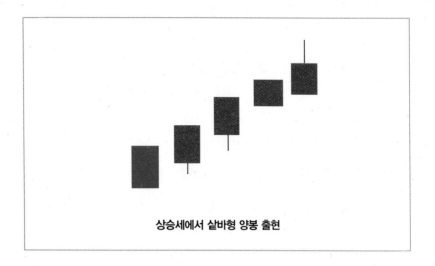

상승세에서 샅바형 양봉 출현

망치형

저가는 시가보다 낮지만, 종가는 시가보다 높으면서 고가를 기록한 경우

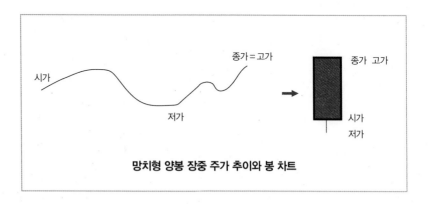

망치형 양봉 장중 주가 추이와 봉 차트

장중 주가가 시가보다 떨어졌다가 도로 올라 당일 가장 높은 시세로 장을 마친 경우에 나타나는 양봉입니다. 앞쪽(p. 241) 아래 그림(망치형 양봉 장중 주가 추이와 봉 차트)에서 보듯, 장중 주가가 내려가면서 매도세가 강해져 시가보다 낮은 수준에서 바닥을 치고 나서는 강한 매수세가 들어와 당일 고가로 장을 마친 경우죠. 망치형 양봉이 나타나면 시장에 매수세가 강하다는 뜻입니다. 하락 장에서 나타나면 이후 주가는 더 내려가지 않고 상승세로 바뀔 가능성이 큽니다.

망치형 양봉처럼 꼬리 쪽으로 수염이 길게 달리는 양봉은 주가가 떨어질 때 추가 하락을 우려한 매도자들이 주식을 던지는 바람에 생깁니다. 주가 하락세가 일시 강하지만 결국 상승세로 바뀔 테니 평소 관심 둔 종목이면 매수 기회로 활용할 만합니다.

장대양봉형
종가가 시가보다 높고 시가가 저가를, 종가가 고가를 기록한 경우

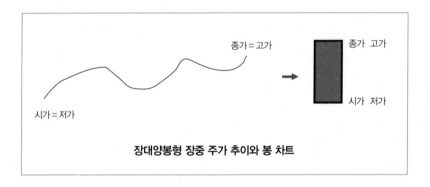

장대양봉형 장중 주가 추이와 봉 차트

보기 그림처럼 종가가 시가보다 높고 시가가 저가, 종가가 고가를 기록할 때 나타나는 양봉입니다. 장대양봉이 나타난다는 것은 장이 시작하고 나서 마칠 때까지 매수세가 꾸준하거나 강했다는 뜻입니다. 주가가 내림세나 제자리걸음을 하는 장세에서 장대양봉이 나타나는 경우 양봉 몸통이 길면 길수록 이후 주가는 상승세로 바뀔 가능성이 높습니다.

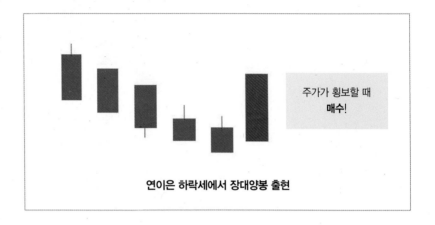

주가가 횡보할 때
매수!

연이은 하락세에서 장대양봉 출현

보기 그림처럼 여러 날 내림세를 이어가던 주가가 게걸음을 하면서 장대양봉이 나타나면 주가가 상승세로 바뀔 가능성이 높습니다. 평소 사려고 눈여겨 봐둔 종목이라면 양봉이 나타난 다음 날 주가가 조정받고 횡보할 때 매수주문을 내는 게 정석입니다.

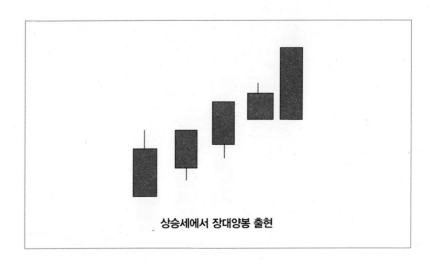

상승세에서 장대양봉 출현

보기 그림처럼 여러 날에 걸쳐 주가가 오르던 중 장대양봉이 나타나면 이후 주가가 더 오를 수 있지만, 주의할 필요도 있습니다. 주가가 조정되면 사려고 기다리던 투자자들이 참지 못하고 대거 매수에 가담하면서 주가에 단기 거품이 낄 수 있기 때문이죠. 평소 사고 싶었던 종목이라도 일단 관망하면서 주가 조정을 기다리는 게 좋습니다.

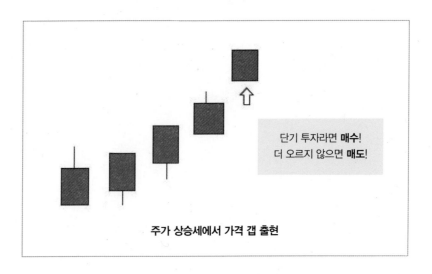

단기 투자라면 **매수!**
더 오르지 않으면 **매도!**

주가 상승세에서 가격 갭 출현

만약 왼쪽(p. 244)의 보기 그림(주가 상승세에서 가격 갭 출현)처럼 주가가 여러 날에 걸쳐 오르던 중 큰 폭으로 뛰면서 가격 갭(Gap)이 생긴다면 이후 더 오를 가능성이 큽니다.

가격 갭이란 보기 그림에서 화살표로 표시한 부분처럼 마지막 봉 저점이 직전 봉 고점보다 높을 때 발생하는 간격을 말합니다. 주가 상승세에서 나타나는 가격 갭은 '상승 갭', 주가 하락세에서 나타나는 가격 갭은 '하락 갭'이라고 합니다.

상승 갭은 호재가 나왔거나 투자자가 대거 매수에 가담했을 때 나타납니다. 단기 투자 관점에서는 더 사도 되지만 갭 발생 후 주가가 더 오르지 못하면 매도하는 게 정석입니다.

하락 갭은 악재가 생겼거나 투자자가 대거 매도에 나섰을 때 나타납니다. 하락 갭이 나타나면 주가가 더 내려갈 수 있습니다. 단기 투자 관점에서는 파는 게 좋지만, 갭 발생 후 주가가 더 내려가지 않으면 사는 게 정석입니다.

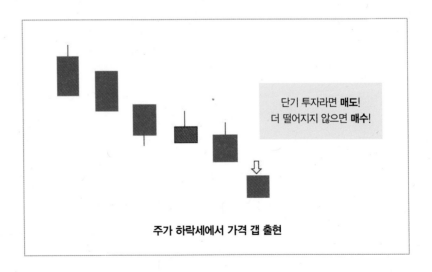

단기 투자라면 **매도!**
더 떨어지지 않으면 **매수!**

주가 하락세에서 가격 갭 출현

저녁별형

종가가 시가보다 낮고, 저가는 종가보다 낮고, 고가는 시가보다 높은 경우

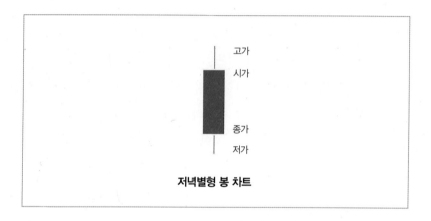

저녁별형 봉 차트

매수세와 매도세가 팽팽하게 맞서 있으나 종가가 시가보다 낮으므로 증시에 매도세가 강합니다. 이전 시세가 강했다면 시세가 하락세로 바뀔 가능성이 있습니다.

교수형

종가가 시가보다 낮고, 시가가 곧 고가이고, 저가는 종가보다 낮은 경우

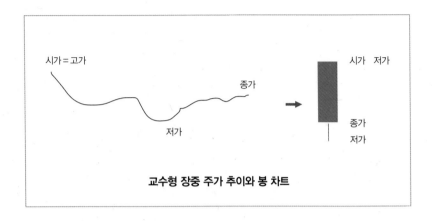

교수형 장중 주가 추이와 봉 차트

보기 그림처럼 장 개시 후 주가가 내리다 바닥권에서 매수세가 들어와 반등하긴 했으나 결국 시가보다 낮은 수준에서 장을 마쳤을 때 나타나는 음봉입니다. 교수형 음봉이 나타나면 주가가 반등하더라도 더 오르지 못하고 떨어진 다음 바닥에서 매수세가 들어와 반등할 가능성이 있습니다.

교수형처럼 꼬리 쪽으로 수염이 길게 달리는 음봉은 주가 하락 장세에서 매도자들이 추가 하락을 우려해 주식을 던지는 바람에 생깁니다. 교수형 음봉은 주가가 강력한 상승세로 돌아선다는 신호는 아니지만, 평소 사려던 주식이라면 저가권에서 매수 기회로 활용할 수도 있습니다.

유성형

종가가 시가보다 낮고, 시가보다 고가가 높고, 종가가 곧 저가인 경우

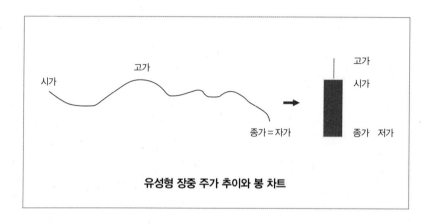

유성형 장중 주가 추이와 봉 차트

보기 그림처럼 장 시작 후 주가가 오르다 떨어져 저가 수준에서 장을 마칠 때 나타나는 음봉입니다. 주가가 상승세에서 하락세로 바뀔 가능성이 높을 때 잘 나타납니다. 평소 팔려 했던 보유 주식에서 유성형 음봉이 나타나면 고가권에서 파는 게 좋습니다. 평소 사려 했다면 다음 기회를 노리는 게 좋습니다.

장대음봉형

시가가 곧 고가이며, 종가가 곧 저가인 경우

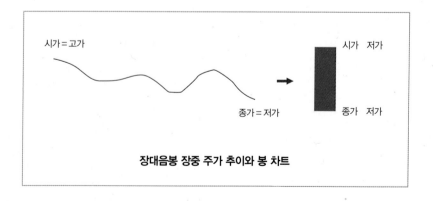

장대음봉 장중 주가 추이와 봉 차트

앞 쪽(p. 248)의 보기 그림(장대음봉 장중 주가 추이와 봉 차트)처럼 장 개시 후 시세가 시가보다 낮게 움직이다 결국 시가보다 아주 낮은 저가로 장을 마쳤을 때 나타나는 음봉입니다. 장대음봉이 나타나면 증시에 매도세가 강하고 주가가 한동안 하락세를 이어갈 가능성이 큽니다.

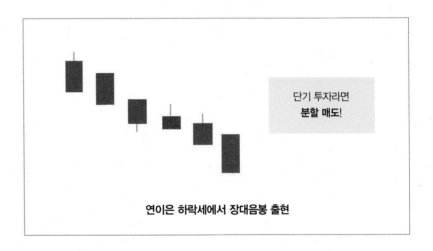

연이은 하락세에서 장대음봉 출현

특히 주가가 여러 날 내림세로 가다 보면 주가가 더 떨어질까 봐 걱정한 투자자들이 투매하는 탓에 장대음봉이 나타나곤 합니다. 이후엔 주가 하락 폭이 꽤 클 수 있습니다. 단기로 투자하는 종목이면 분할 매도하고, 이후 장세를 봐가면서 매매 방향을 결정하는 게 좋습니다.

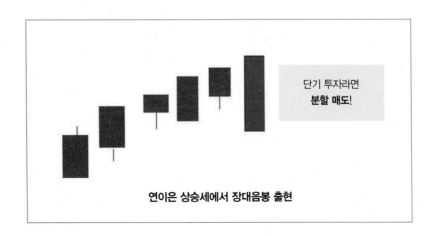

연이은 상승세에서 장대음봉 출현

주가가 여러 날 오름세를 이어가다 장대음봉이 나타날 때도 있습니다. 악재가 불거지거나 차익 실현을 위해 매도세가 크게 나오면서 주가가 대폭 하락한 탓이죠. 이후에도 주가가 더 내려갈 수 있으므로 단기 투자 종목이면 분할 매도하고 이후 장세를 봐가면서 매매 방향을 결정하는 게 좋습니다.

시가와 종가가 같은 경우

십자형

시가와 종가가 같고, 고가는 시가(종가)보다 높고, 저가는 시가(종가)보다 낮은 경우

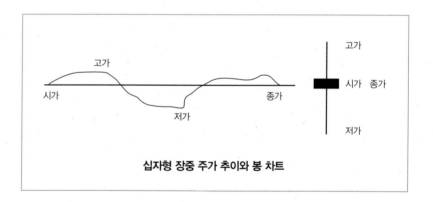

십자형 장중 주가 추이와 봉 차트

보기 그림처럼 매도세와 매수세가 팽팽하게 맞서 있고 추세가 바뀔 가능성이 있을 때 나타납니다. 주가가 바닥권에 있을 때 나타나면 시세가 오름세로 바뀔 가능성이 있습니다. 반대로 주가가 상승세일 때 나타나면 시세가 내림세로 바뀔 가능성이 있습니다.

비석형 A

시가 종가 고가가 같고, 저가만 시가(종가)보다 낮은 경우

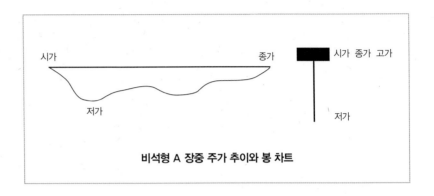

비석형 A 장중 주가 추이와 봉 차트

'T자형'이나 '잠자리형'이라고도 부르는 봉 차트입니다. 보기 그림처럼 장 시작 후 주가가 내렸다가 장 후반엔 도로 올라서 결국 시가 수준에서 장을 마칠 때 나타납니다. 매수세와 매도세가 맞서 시세가 팽팽한 상태(보합세)인데, 대개 거래량이 적고 주가가 침체한 상태에서 나타납니다. 주가가 바닥권일 때 나타나면 시세가 상승세로 돌아설 가능성이 있습니다.

비석형 B

시가 종가 저가는 같고, 고가만 시가(종가)보다 높은 경우

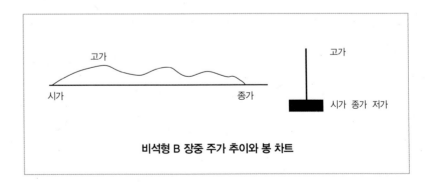

비석형 B 장중 주가 추이와 봉 차트

앞쪽(p. 251)의 보기 그림(비석형 B 장중 주가 추이와 봉 차트)처럼 장 시작 후 주가가 조금 오르다 도로 떨어져 시가 수준에서 장을 마칠 때 나타납니다. 매수세와 매도세가 맞서 시세가 팽팽한 상태이며, 대개 거래량이 적고 주가가 침체한 상태에서 나타납니다. 주가가 오르는 추세에서 나타나면 고점일 가능성이 있습니다.

비석형 C
시가 종가 저가 고가가 다 같은 경우

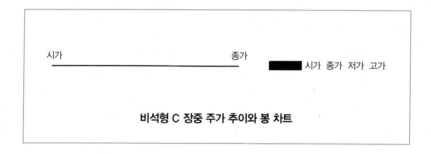

비석형 C 장중 주가 추이와 봉 차트

주가가 장 시작부터 끝까지 움직이지 않는 그림이죠. 매수세와 매도세가 맞서 시세가 완전히 팽팽한 상태라는 뜻입니다. 대개 거래량이 적고 주가가 침체한 상태에서 나타납니다.

49 HTS로 봉 패턴 검색하기

증권사 HTS에서 종목별로 봉 차트를 검색해보면 어떤 종목에 지금 어떤 봉 패턴이 나타나는지 알아볼 수 있습니다.

 DO IT! **HTS로 종목별 봉 차트 검색해보기**

종목별로 봉 차트를 검색해보겠습니다. 홈에서 [차트 → 키움종합차트]를 고르면 봉 차트를 포함한 그림(종목별 봉 차트 ①)이 뜹니다. 시간 흐름에 따라 어떤 봉 패턴이 나타나는지 볼 수 있습니다.

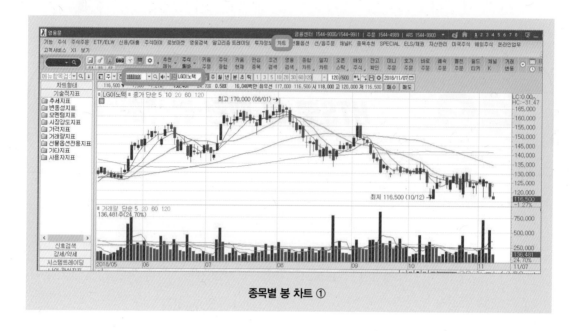

종목별 봉 차트 ①

봉 차트라고 하나 이대로는 연속된 봉 패턴에 여러 선(이동평균선이라 하는데, 뒤에 설명합니다)이 걸쳐져서 복잡해 보이죠. 간단하게 만들어 보는 방법이 있습니다. 이 상태에서 마우스를 움직여 아무 줄 아무 곳에 선택하고, 마우스 오른쪽을 클릭하면 작은 메뉴 창이 뜹니다(종목별 봉 차트 ②). 메뉴 창에서 [기술적지표 삭제]를 선택하면 선들이 다 없어지고 오른쪽(p. 255)의 그림(종목별 봉 차트 ③)처럼 봉 차트만 깔끔하게 남습니다.

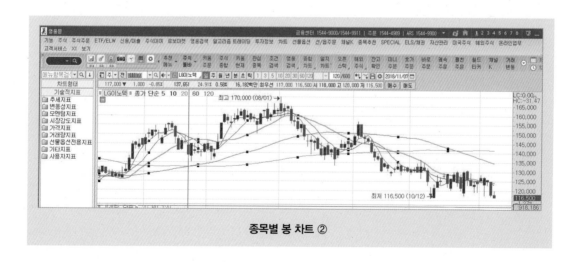

종목별 봉 차트 ②

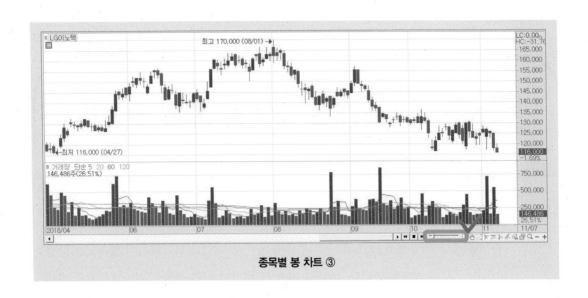

종목별 봉 차트 ③

위 그림 아래쪽 메뉴에 붉은색 박스로 표시한 부분을 마우스로 선택해 움직이면 시간 흐름에 맞춰 봉 패턴 크기를 조절할 수 있습니다. 아래 그림이 봉 패턴을 크게 볼 수 있도록 조절한 예입니다.

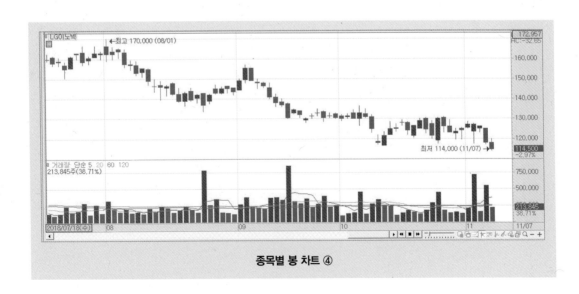

종목별 봉 차트 ④

50   *HTS로 적삼병 종목 찾기*

앞에서 HTS로 어떤 종목에 어떤 봉 패턴이 나타나는지 살펴보는 방법을 알아봤습니다. 반대로 어떤 봉 패턴이 어떤 종목에 나타나는지도 검색해 볼 수 있습니다.

🔔 DO IT!   HTS로 종목별 봉 차트 검색해보기

봉 차트 가운데 '적삼병' 패턴이 나타난 종목을 검색해 보겠습니다. 홈에서 [조건검색→패턴분석→상승지속형/쓰리 화이트 솔저]를 클릭하세요. 그런 다음 오른쪽 창 중간에 있는 [검색] 버튼을 클릭하면 해당 종목이 뜹니다. 결과는 오른쪽(p. 257) 보기 그림 '적삼병 종목 봉 차트 패턴 분석'과 같습니다.

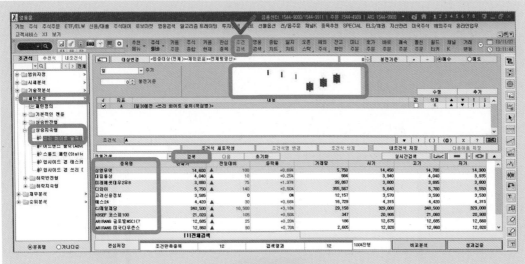

적삼병 종목 봉 차트 패턴 분석

잠깐!

봉 차트는 여러 분석 도구와 함께 활용할 때 효과적!

봉 차트는 투자자가 증시 흐름을 진단하고 예측하는 데 유용하지만 완벽한 도구는 아닙니다. 양봉이나 장대양봉이 나올 때면 흔히 상승 장세가 전개되지만 그렇지 않을 때도 있습니다. '장대양봉이 나왔으면 사야지' 하는 식으로 단순하게 대응했다가 손해를 볼 수도 있다는 얘기입니다. 실전 매매 때는 상황을 여러모로 판단해서 대응해야 합니다. 봉 차트 역시 여러 가지 다른 변수나 분석 도구와 함께 고려하는 정도로 활용해야 합니다.

B

추세 분석

51

지지선과 저항선
"두 가지 추세선 유형"

주가는 오르든 내리든 한동안은 같은 방향으로 움직이는 경향이 있습니다. 오름세 또는 내림세로 추세를 이루죠. 차트 분석에서는 주가가 한 방향으로 추세를 만드는 경향이 있는 점을 이용해서 주가 추세를 표시하는 '추세선'이라는 것을 만들어 씁니다.

추세선은 증시에서 매도 세력과 매수 세력이 세력 균형을 이루어 나타납니다. 일단 추세선이 만들어지면 이후 주가는 한동안 추세선을 벗어나지 않는 경향을 흔히 볼 수 있습니다.

차트 분석에서 활용하는 추세선은 크게 두 가지가 있습니다. 일정 기간 이어지는 주가 흐름에서 만들어진 저점 두 개를 서로 이은 직선, 그리고 고점 두 개를 서로 이은 직선입니다.

저점을 이은 직선은 '지지선'이라고 합니다. 보통 주가가 내려가더라도 저점을 이은 추세선 밑으로는 잘 떨어지지 않는 현상이 자주 나타나기 때문입니다. 저점을 이은 추세선이 가격 하락을 지지하는 역할을 하는 거죠.

고점을 이은 직선은 '저항선'이라고 합니다. 보통 주가가 오르더라도 고점을 이은 추세선은 잘 오르지 못하고 떨어지는 현상이 자주 나타나기 때문입니다. 고점을 이은 추세선이 가격 상승에 저항하는 역할을 하는 거죠.

만약 주가가 지지선이나 저항선을 돌파하려는 시도가 여러 번 나타나면 향후 주가 추세가 바뀔 가능성이 있다고 봅니다.

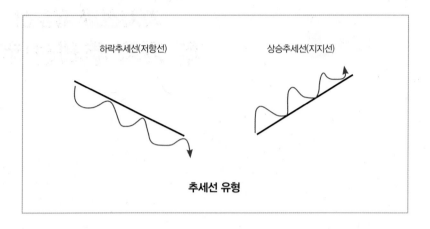

추세선 유형

상승추세선에서 사고 하락추세선에서 판다

주가 저점 두 개를 서로 이은 지지선이 위를 향하면 '상승추세선'이라고 합니다. 상승추세선은 주가가 추세선 밑으로 떨어지는 걸 막는 지지선 역할을 합니다. 지지선에서는 주식을 사는 게 정석입니다. 그렇다고 주가가 지지선을 벗어나 떨어지는 일이 없다는 것은 아닙니다.

주가 고점 두 개를 서로 이은 저항선이 아래를 향하면 '하락추세선'이라고 부릅니다. 하락추세선은 향후 주가가 추세선 위로 오르는 걸 막는 저항선 역할을 합니다. 저항선에서는 주식을 파는 게 정석입니다. 역시 그렇다고 해서 주가가 지지선을 벗어나 오르는 일이 없다는 건 아닙니다.

추세선 차트를 그려보겠습니다. HTS 홈에서 [차트 → 종합차트] 순으로 이동하고 종목을 고릅니다. '삼성전자' 종목을 예시로 골라보겠습니다. 봉 차트가 나타나면 화면 왼쪽 메뉴 중 맨 위에 있는 [차트 형태 → 종가선 차트]를 고릅니다. '봉 차트'에 그려도 되지만 '종가선 차트'가 단순해서 보기가 편합니다. 메인 화면에 '종가선 차트'가 나타나면 화면 오른쪽 메뉴에서 [직선추세선] 탭을 클릭합니다. 이후 종가선 차트에서 주가 고점 두 곳을 마우스 클릭한 다음 이으면 직선추세선이 그려집니다. 고점을 이었으니 '저항선'이고, 아래를 향하므로 '하락추세선'입니다.(같은 방식으로 저점 2개를 이은 지지선도 그릴 수 있습니다.)

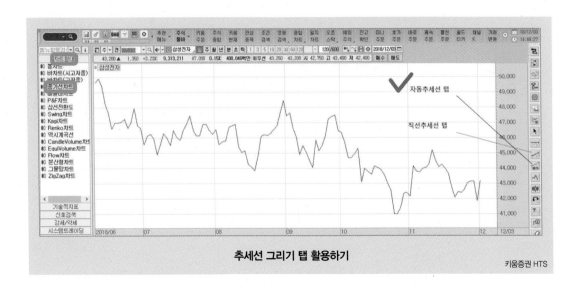

추세선 그리기 탭 활용하기

키움증권 HTS

화면 오른쪽 메뉴에서 [자동추세선] 탭을 클릭하면 자동으로 추세선을 그릴 수 있습니다. 종가선 차트 화면에서 마우스 오른쪽을 클릭하면 여러 가지 메뉴가 나타나는데 그중에서 [자동추세선]을 골라도 됩니다. 또한 '자동추세선' 메뉴를 클릭하면 단기·중기·장기 추세선을 고를 수 있습니다. 보기 그림은 [봉 차트]에서 장기 자동추세선을 그린 예입니다. 장기 관점에서 고점 두 개를 이은 하락추세선 두 개를 위 아래로 보여줍니다.

장기 자동추세선_ 삼성전자 일봉 차트

52 평행추세선
"평행추세선 활용한 매매 전략"

주가 저점을 이은 지지선과 고점을 이은 저항선이 게걸음을 걷는 장세에서는 추세선이 평행을 달리는 '평행추세선'을 그립니다. 평행추세선을 그리는 주가는 저항선과 지지선 사이에 박스권을 형성하고 오르락내리락하죠. 평행추세선 장세에서는 보기 그림처럼 주가가 지지선에 이르면 사고, 저항선에 이르면 파는 식으로 대응하는 게 정석입니다.

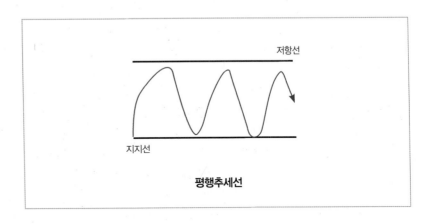

평행추세선

삼성전자 일봉 차트를 예로 들어보겠습니다. 아래 보기 그림은 평행추세선 장세를 보여줍니다. 지지선과 저항선이 어떻게 형성되고, 매수 시점과 매도 시점을 어떻게 잡는지 표시했습니다.

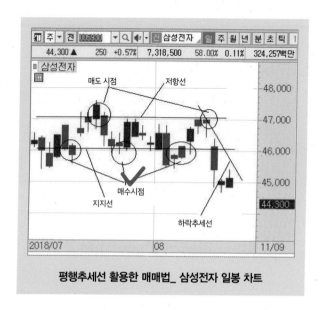

평행추세선 활용한 매매법_ 삼성전자 일봉 차트

주가가 하락추세선(저항선)을 위쪽으로 돌파(상향돌파)하면 매수세력이 매도세력보다 강해지거나 새로운 호재가 나타났다는 뜻입니다. 주가가 하락세를 마치고 상승 국면으로 들어가므로 매수 신호로 봅니다. 매도는 피하는 게 좋습니다.

반대로 주가가 상승추세선(지지선)을 아래쪽으로 돌파(하향돌파)하면 매도세력이 매수세력보다 강해지거나 새로운 악재가 나타났다는 뜻입니다. 주가가 상승추세를 마치고 하락 국면으로 들어가므로 매도하라는 신호로 봅니다. 확신이 안 들면 보유 주식 중 일부만 팔고 주가 향배를 봐서 대응하는 게 좋습니다.

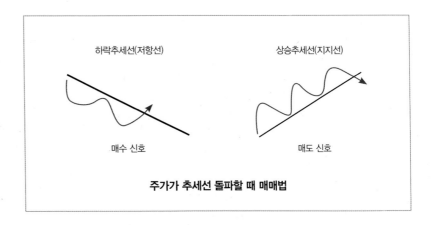

아래 보기 그림도 삼성전자 일봉 차트입니다. 하락추세선 상향돌파에 따른 매매 시점과
상승추세선 하향돌파에 따른 매매 방향과 시점을 표시했습니다.

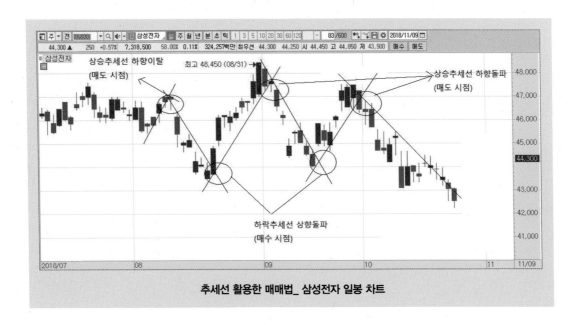

추세선 활용한 매매법_ 삼성전자 일봉 차트

추세선은 길이가 길수록 주가가 오랫동안 상승 압력이나 하강 압력을 견디고 일관성을 견지한다는 뜻입니다. 추세선이 상승하는 가운데 기울기가 가팔라지면 상승 추세가 더 강해지는 것입니다. 반대로 상승추세선 기울기가 완만해지면 상승 추세가 약해진다는 뜻입니다.

추세선이 우상향하면서 주가가 오를 때는 매수에 나서는 것이 좋습니다. 다만 상승추세선 각도가 우상향 45도를 넘어 직각에 가까울 정도로 상승세가 가팔라지면 팔 준비를 해야 합니다. 시장이 과열되어 주가가 내려가는 조정 장세가 올 조짐이기 때문입니다. 거래량도 주시해야 합니다. 추세선은 상승세인데 거래량이 줄어들면 주가가 곧 내려갈 가능성이 있습니다. 반대로 추세선은 하락세인데, 거래량이 늘어난다면 머지않아 주가가 반등할 가능성이 있습니다.

C

이동평균선 분석

53

이동평균선
"이동평균선 만드는 법"

주가 이동평균선은 일정 기간별로 계산한 주가 평균치가 시간이 흐르면서 어떻게 달라지는지를 나타낸 선입니다. 줄여서 '(주가) 이평선'이라고도 부릅니다. 기술 분석에서 중시하는 주요 지표로 알려져 있죠.

주가 이평선을 만들려면 기간(구간)을 얼마나 잡고 주가 평균치를 구할지부터 정해야 합니다. 단기 평균치를 구할 때는 흔히 5일(거래일 기준)을 평균 산출 구간으로 잡습니다. 5일 주가 평균치로 한 달에 걸쳐 이평선을 만들어보면 주가 평균치가 한 달 동안 어떻게 움직였는지 알 수 있습니다.

먼저 1일에서 5일까지 첫 5일(거래일) 동안 주가를 평균 내고 차트에 점으로 표시합니다. 다음엔 1일을 빼고 2일에서 6일까지 5일간 주가를 평균 내어 점을 찍습니다. 다음엔 1일과 2일을 빼고 3일에서 7일까지 5일간 주가를 평균 내어 점을 찍습니다.

앞선 날짜부터 빼는 방식(선입선출 방식이라고 합니다)으로 평균 계산 구간을 계속 옮기면서 5일간 평균치를 구하는 겁니다. 여기서 5일간 평균치는 그냥 평균이 아니라 '이동평균'이라고 부릅니다. 평균 계산 구간이 계속 이동하기 때문이죠.

월초부터 월말까지 5일간 이동평균을 모두 구해 점(이동평균점)을 찍고 선으로 이으면 5일 기준 이평선(MA: Moving Average line) 차트가 만들어집니다.

차트 분석에서 사용하는 주가 이평선은 5일 이평선(5MA) 말고도 20일선(20MA), 60일선(60MA), 120일선(120MA), 200일선(200MA) 등 여러 가지가 있습니다. 모두 같은 방식으로 만들고, 평균 산출 기간에 따라 단기선, 중기선, 장기선으로 구분합니다.

단기선은 주로 5일, 10일, 20일짜리를 만들어 사용합니다. 중기선으로는 60일짜리를 많이 사용합니다. 장기선은 120일, 200일, 240일짜리를 주로 사용합니다.

개별 종목 주가뿐 아니라 코스피지수, 코스닥지수 같은 종합주가지수 추이를 놓고도 같은 방식으로 가격(주가) 이평선을 만들어 사용합니다. 기간별 거래량 평균을 구해서 거래량 평균치 추이를 보여주는 거래량 이평선도 사용하고 있습니다.

보기 그림은 2018년 8월 9일~11월 16일 유가증권시장 상장 종목인 삼성전자 주가와 주가 이동평균선(5일선, 60일선, 120일선, 200일선)을 표시한 차트입니다. 홈에서 [차트→종목명 입력→기술적 지표→가격지표]를 고르고, 하위메뉴 가운데 [가격 이동평균]을 클릭하면 보기와 같이 이평선 차트가 나타납니다. 주가는 굵은 선으로 표시했습니다.

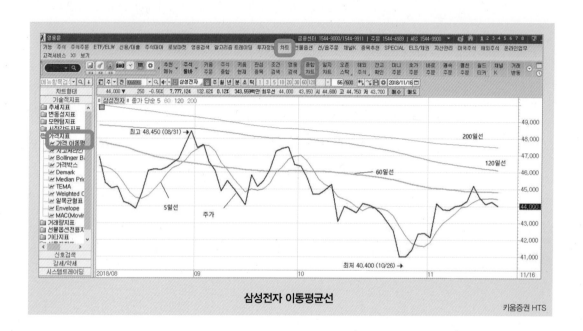

삼성전자 이동평균선

키움증권 HTS

HTS에서 주가는 봉 차트로도 볼 수 있고, 종가선 차트(종가를 선으로 이은 차트를 말함)로도 볼 수 있습니다. 주가와 이평선을 표시한 차트에서 주가를 표시하는 봉이나 종가선에 마우스를 대고 우클릭하면 메뉴 창이 뜹니다.

메뉴에서 [가격차트 설정]을 골라 클릭하면 차트 유형을 골라서 주가 이평선 그림을 그려볼 수 있습니다. 위 보기 그림은 삼성전자 주가를 종가선 차트로 그리고 이평선을 표시한 예입니다.

아래 보기 그림은 종가선 차트를 봉 차트로 바꾸는 과정이고, 그 아래 그림은 종가선 차트를 봉 차트로 바꾼 결과입니다.

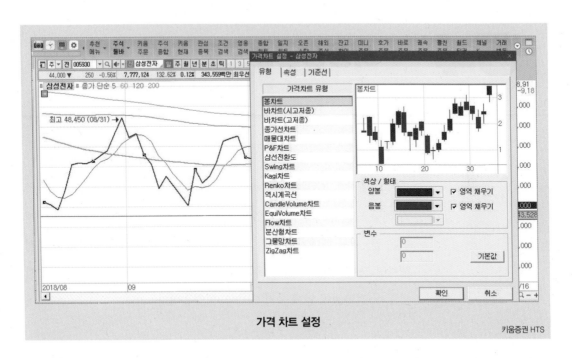

가격 차트 설정

키움증권 HTS

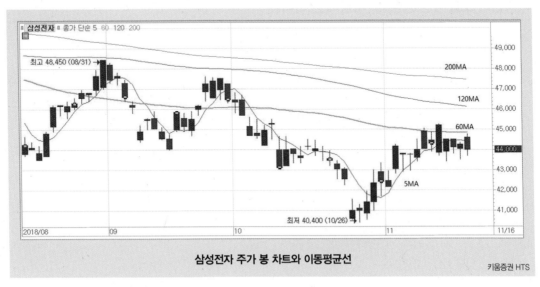

삼성전자 주가 봉 차트와 이동평균선

키움증권 HTS

54 이동평균선으로 장세 보기

주가 이평선은 주가 평균을 계산하는 기간 동안 형성된 평균 주식 매매가가 해당 기간에 어떻게 움직였는지를 차트로 나타낸 것입니다. 주가 이평선은 곧, 평균 매매가 추이라는 사실을 염두에 두고 이평선 추이를 분석해보면 장세를 파악하는 안목이 좋아집니다. 주가 향배를 짐작하거나 시세 등락 전환점이 언제 올지 예측할 수 있습니다.

이평선이 오름세면 상승세, 내림세면 하락세

이평선 분석에서 흔히 얘기하기로 이평선이 오름세면 주가가 상승 추세에 있다고 봅니다. 이평선이 내림세면 주가가 하락 추세에 있다고 봅니다.

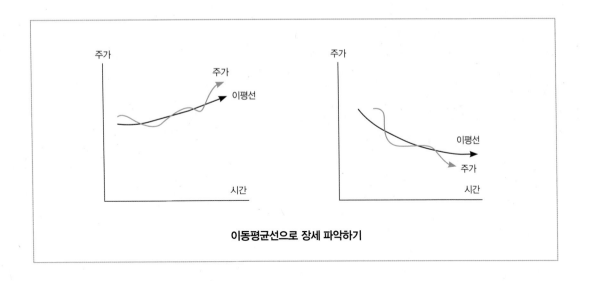

이동평균선으로 장세 파악하기

이평선 아래 주가가 이평선에 접근하면 매도세

주가가 이평선 밑에 있다가 이평선으로 접근하면 매도세가 강해집니다. 주가가 내려가 손실을 보던 투자자 중에서 주가가 이평선 수준 곧 평균 매매가에 이르렀을 때 원금을 챙기려는 이들이 많아지기 때문이죠.

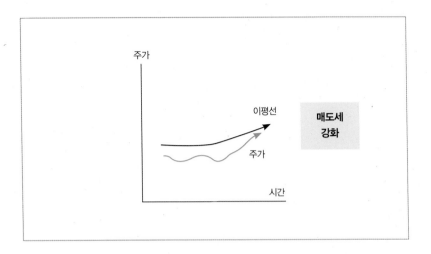

주가가 이평선 밑에서 위로 뚫고 올라가면 상승세

주가가 이평선 밑에 있다가 이평선을 뚫고 올라오면 한동안 주가 상승세
가 이어진다고 봅니다. 주가가 이평선에 접근할 때 나온 매도세를 이미
소화한 뒤라서 이후 한동안은 매물이 나올 여지가 적기 때문이죠.

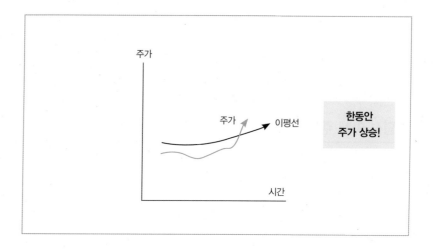

주가가 이평선 위에서 아래로 내려서면 매도세

주가가 이평선 위에 있다가 이평선으로 내려서며 접근해도 주식 매도세
가 강해집니다. 주가가 올라 득을 보던 투자자 중에서 주가가 평균 매매
가보다 떨어지기 전에 원금이라도 챙기려는 이들이 많아지기 때문이죠.

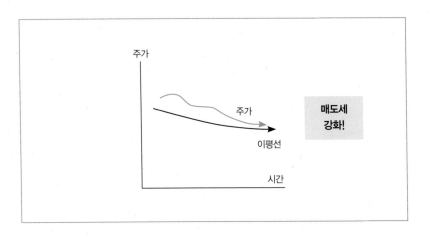

이평선 위 주가가 이평선을 가로지르며 떨어지면 하락세

이평선 위에 있던 주가가 이평선을 가로지르며 떨어지면 한동안 주가 하락세가 이어진다고 봅니다. 주가가 더 내려가기 전에 매도하려는 투자자가 많아지기 때문이죠.

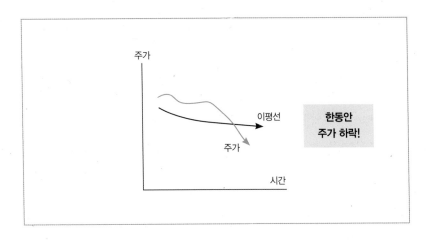

오름세 이평선이라도 거래량 적으면 하락세

이평선이 오름세일지라도 거래량이 받쳐주지 않으면 주가가 오르기 어렵습니다. 이평선도 하락세로 돌아설 가능성이 높습니다.

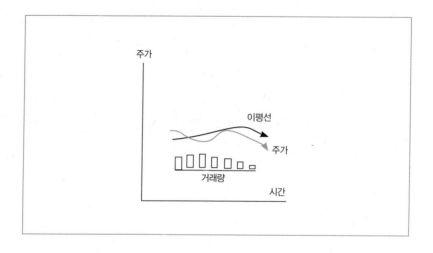

55　이평선 추이에 따른 매매 전략

이평선 분석을 활용할 때 단기선과 중·장기선이 각기 어떻게 움직이는
지 구분해서 보면 매매 대응에 유익한 힌트를 얻을 수 있습니다.

상승 주가가 단기선을 하향돌파하면 매도 신호

5일, 10일, 20일짜리 단기선은 주로 단기 수급 상황을 나타냅니다. 주가
평균 계산 기간이 짧고 새로운 재료가 빨리 반영되는 만큼 기울기가 가파
릅니다. 주가가 급등하거나 급락하다가도 단기선에 이르면 시세가 바뀌
는 경우가 자주 있습니다.

만약 하락세이던 주가가 방향을 바꿔 단기선을 상향돌파하면 주식을 살
때라고 보는 게 정석입니다. 주가가 이평선을 뚫고 오를 때는 상승 과정
에서 매물을 많이 소화하고 이후 한동안 상승세가 이어진다고 보기 때문
이죠. 다만, 중기선이나 장기선이 하락세일 때는 주가가 방향을 바꿔 단
기선을 상향돌파하더라도 주의해야 합니다. 중·장기선이 보여주는 대
세 하락 국면에서는 주가가 한때 반짝 방향을 바꿔 단기선을 상향돌파할

수도 있기 때문입니다. 중·장기선이 하락세라면 주가가 단기선을 상향 돌파하는 현상이 나타나더라도 매수를 신중히 하는 게 좋습니다. 꼭 사고 싶으면 조금씩 나눠 사는(분할매수) 게 좋습니다.

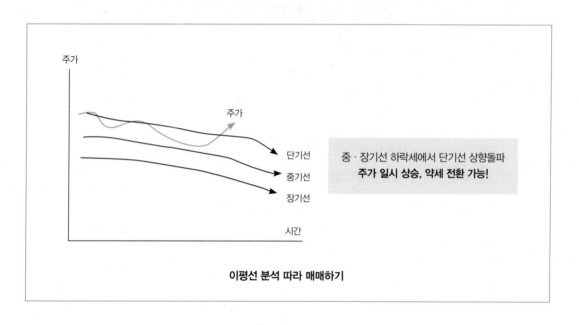

이평선 분석 따라 매매하기

만약 상승세를 가던 주가가 방향을 바꿔 단기선을 하향돌파한다면 주식을 팔 때라고 보는 게 정석입니다. 주가가 이평선을 지나 떨어지는 과정에서는 흔히 주가가 더 내려가기 전에 처분하려는 매물이 늘면서 한동안 하락세가 이어지기 때문입니다.

다만, 중기선이나 장기선이 상승세일 때는 주의해야 합니다. 중·장기선이 보여주는 대세 상승 국면에서는 주가가 한때 반짝 단기선을 하향돌파할 수도 있기 때문입니다. 중·장기선이 상승세라면 주가가 단기선을 하향돌파하는 현상이 나타나더라도 매도를 신중히 하는 게 좋습니다. 꼭 팔고 싶으면 조금씩 나눠 파는(분할매도) 게 좋습니다.

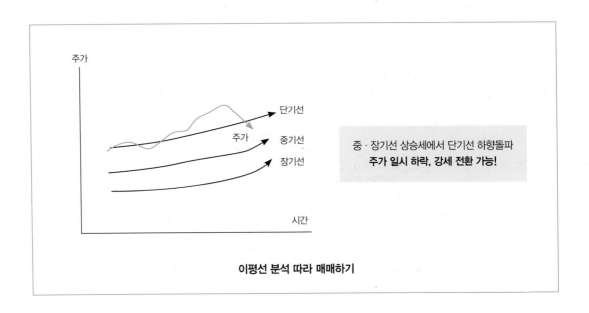

이평선 분석 따라 매매하기

60일선 보면 주가 추세 전환점 보인다

단기선은 수시로 올랐다 내렸다 변덕을 부립니다. 긴 눈으로 주가 추세를 파악하는 데 큰 도움이 안 됩니다. 60일 중기선은 주가 추세를 좀 더 긴 눈으로 파악하는 데 도움이 됩니다. 이평선이 곧 평균매매가라는 사실을 활용해 매매 시점을 찾는 데에도 도움이 됩니다.

주가는 이평선에서 멀리 벗어날수록 평균매매가에서 멀어졌다가 결국은 평균매매가 수준으로 되돌아오는 경향이 있는데, 특히 60일선을 벗어난 주가는 이평선에서 멀어졌다 회귀하는 경향이 강하기 때문입니다.

다음 쪽(p. 280) 보기 차트가 60일 평균선 회귀 현상을 보여주는 예입니다. 삼성전자 주가인데, 약 2년간(2016년 11월 11일~2018년 8월 7일) 60일선을 중심으로 움직입니다. 중기 투자 관점에서 주가가 방향을 바꾸는 시점을 판단하는 데에도 60일선이 유용하다는 걸 보여주는 차트입니다.

주가가 중기 이평선 따라 움직이는 모습_ 삼성전자 2016. 11. 11~2018. 8. 7

120일선, 200일선 보면 장기 주가 흐름 보인다

120일, 200일, 240일짜리 장기선은 장기 주가 추세를 나타냅니다. 장기선 중에서도 120일선과 200일선이 경기 흐름과 비슷하게 움직입니다. 120일선이 상승세에서 하락세로 돌아서면 경기가 단기 하강하는 신호로 봅니다. 반대로 120일선이 하락세에서 상승세로 돌아서면 경기가 단기 확대된다는 신호로 봅니다.

만약 횡보하거나 하락세였던 주가가 120일선을 뚫고 올라가면 주가가 장기 상승세로 바뀔 가능성이 높습니다. 횡보하거나 상승세였던 주가가 120일선을 뚫고 내려서면 주가가 장기 하락세로 바뀔 가능성이 높습니다.

아래 보기 차트가 좋은 예입니다. SK하이닉스 주가가 120일 이평선을 상향 돌파하면서 반년 남짓 상승하고, 120일 이평선을 하향 돌파한 다음엔 넉 달 정도 하락세를 이어간 모습을 보여줍니다.

장기 주가 추세를 볼 때는 200일선도 중요합니다. 만약 200일선이 상승세에서 하락세로 돌아서면 120일선으로 볼 때보다도 경기가 뚜렷하게 나빠지고 증시도 긴 조정기에 접어든다고 봅니다. 반대로 200일선이 하락세에서 상승세로 돌아서면 경기가 뚜렷이 좋아지고 증시도 긴 확장기로 들어선다고 봅니다.

흔히 '대세 상승'이니 '대세 하락'이니 하는 말로 장세를 얘기하죠. 이평선으로는 주로 200일선이 상승하거나 하강할 때를 가리켜 대세 상승기나 대세 하락기라고 말합니다.

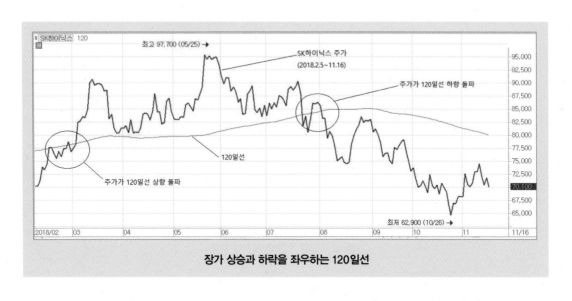

장가 상승과 하락을 좌우하는 120일선

장세가 확장 국면이든, 수축 국면이든 대개 단기선이 먼저 움직이고 중 · 장기선이 나중에 움직입니다.

시장이 하락세에서 상승세로 방향을 바꿀 때는 주가가 오르면서 단기선이 먼저 오름세로 돌아서고, 이어 중기선과 장기선이 차례대로 오름세로 돌아섭니다. 하락하던 주가가 오름세로 돌아서서 단기선, 이를테면 5일선을 상향돌파하면 먼저 10일선, 다음으로 20일선이 저항선이 됩니다. 단기선을 모두 뚫고 나면 60일선에서 저항을 받고 이어 120일, 200일, 240일선에서 저항을 받습니다.

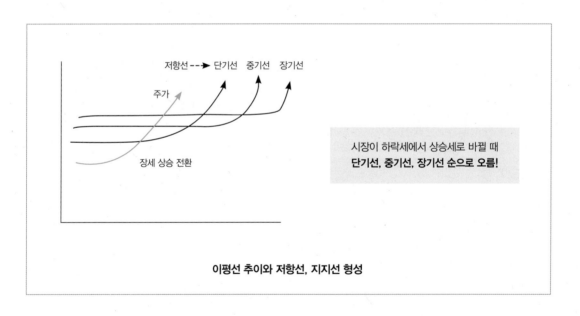

이평선 추이와 저항선, 지지선 형성

시장이 상승세에서 하락세로 방향을 바꿀 때도 마찬가지. 주가가 내리면서 먼저 단기선이 내림세로 돌아서고, 이어 중기선과 장기선이 차례로 내림세로 돌아섭니다. 상승하던 주가가 내림세로 돌아서서 단기선인 5일선을 하향돌파하면 먼저 10일선에서 지지를 받습니다. 10일선도 뚫고 내리면 20일선이 지지선이 되죠. 단기선을 모두 뚫고 나면 60일선에서 지지를 받고 이어 120일, 200일, 240일선이 지지선 역할을 합니다.

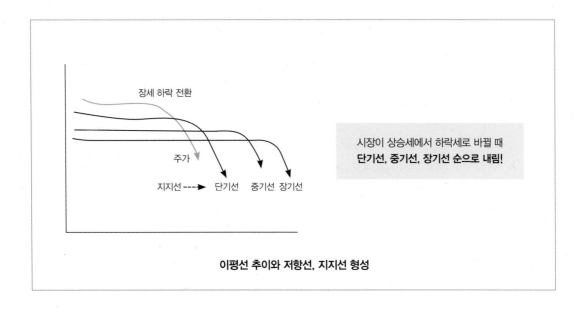

시장이 상승세에서 하락세로 바뀔 때
단기선, 중기선, 장기선 순으로 내림!

이평선 추이와 저항선, 지지선 형성

이평선 배열 보면 주가가 보인다

단기선과 중장기 이평선이 다 함께 어떻게 배열되어 있고 어디로 움직이는지도 주가 흐름을 파악하고 미래 향배를 예측하는 데 유용한 정보입니다.

정배열

주가가 오르는 종목은 주가와 단기 이평선, 중기선, 장기선이 위부터 아래로 차례대로 놓이고 모두 위를 향합니다. 이평선이 단기, 중기, 장기 순으로 놓여 상승세를 보이는 구조를 '정배열'이라고 부릅니다. 정배열 종목은 한동안 주가가 강세를 보일 가능성이 높습니다.

만약 이평선이 정배열을 이어가던 중 단기선이 더 오르지 못하고 횡보하면 상승 국면이 끝날 가능성이 높습니다. 주가가 방향을 바꿀 가능성이 높으므로 적어도 매수 시점은 아니죠.

만약 단기선, 중기선, 장기선이 모두 같은 지점으로 모이는 수렴 현상이 생긴다면 이후 주가가 어디로 갈지 가늠하기 어렵습니다. 당분간 매매를 쉬고 관망하는 게 좋습니다.

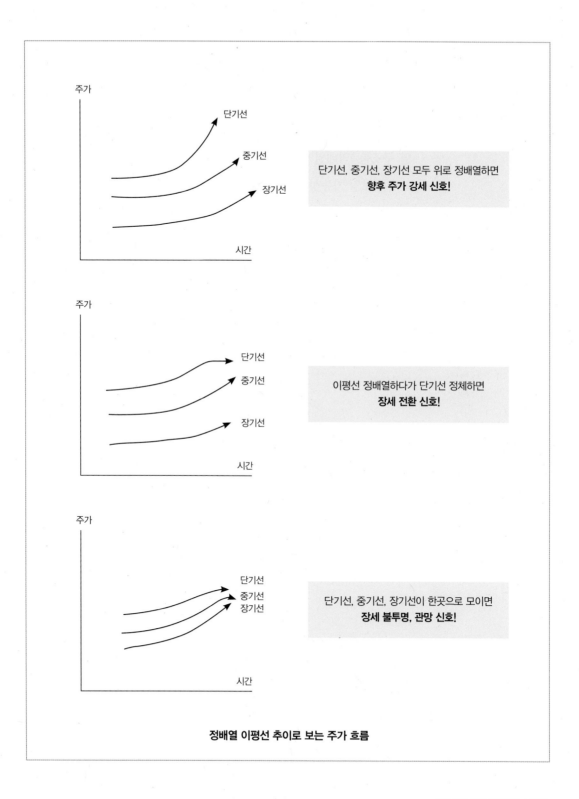

정배열 이평선 추이로 보는 주가 흐름

단기선, 중기선, 장기선 모두 위로 정배열하면
향후 주가 강세 신호!

이평선 정배열하다가 단기선 정체하면
장세 전환 신호!

단기선, 중기선, 장기선이 한곳으로 모이면
장세 불투명, 관망 신호!

역배열

주가가 내림세인 종목은 이평선들이 위로부터 장기선, 중기선, 단기선 순으로 놓이고 모두 아래를 향합니다. 주가는 단기선 밑에서 움직입니다. 장기, 중기, 단기 이평선 배열이 정배열일 때와 정반대이므로 이평선 배열 구조를 '역배열'이라고 부릅니다. 이평선이 역배열인 종목은 주가가 약세를 보일 가능성이 높습니다.

이평선이 역배열인 가운데 단기선이 더 떨어지지 않고 횡보하면 단기 하락 국면이 끝날 가능성이 높습니다. 주가가 방향을 바꿀 가능성이 높으므로 적어도 매도 시점은 아니죠.

만약 장기선이 내림세이거나 횡보하는 사이 단기선이 오름세를 보인다면 주가가 단기 바닥을 지나 상승세로 돌아선다는 신호로 봅니다.

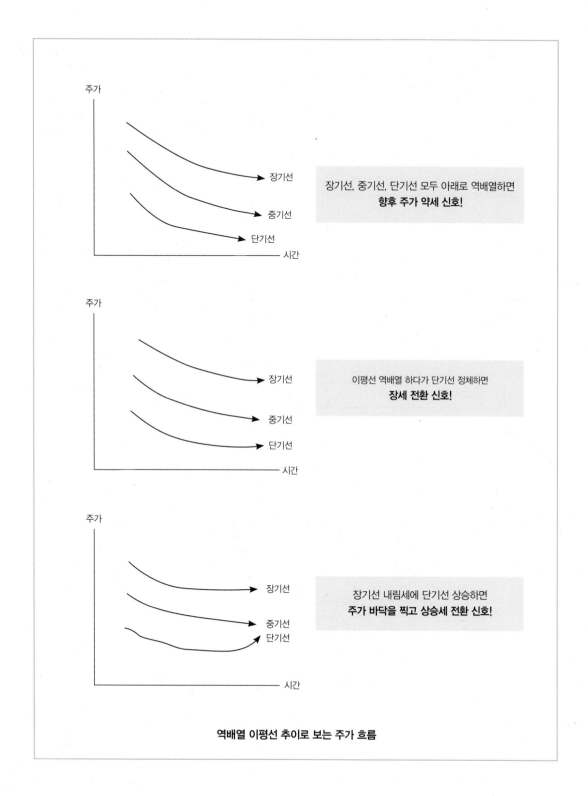

역배열 이평선 추이로 보는 주가 흐름

장기선, 중기선, 단기선 모두 아래로 역배열하면
향후 주가 약세 신호!

이평선 역배열 하다가 단기선 정체하면
장세 전환 신호!

장기선 내림세에 단기선 상승하면
주가 바닥을 찍고 상승세 전환 신호!

골든크로스와 데드크로스

만약 단기선과 중기선, 장기선이 다 같이 위를 향해 달리면서 단기선이 중·장기선을 밑에서 위로 급하게 교차하면 '골든크로스(Golden Cross)'라고 부릅니다. 중기선이 장기선을 밑에서 위로 급하게 교차하는 경우 역시 골든크로스입니다. 둘 다 곧 주가가 오른다는 신호라고 봅니다.

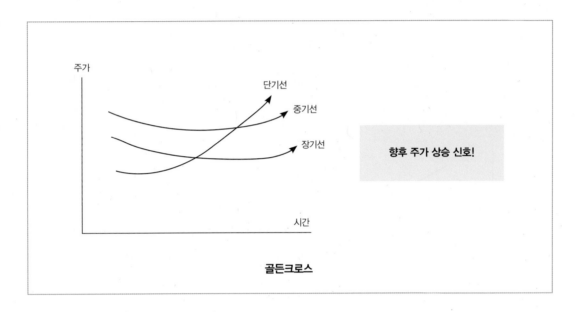

골든크로스

반대로 단기선·중기선·장기선이 모두 아래를 향해 달리면서 단기선이 중기선이나 장기선을 위에서 아래로 급하게 교차하면 '데드크로스(Dead Cross)'라고 부릅니다. 중기선이 장기선을 위에서 아래로 급하게 가로지르는 것도 데드크로스입니다. 둘 다 곧 주가가 내려간다는 신호로 풀이합니다.

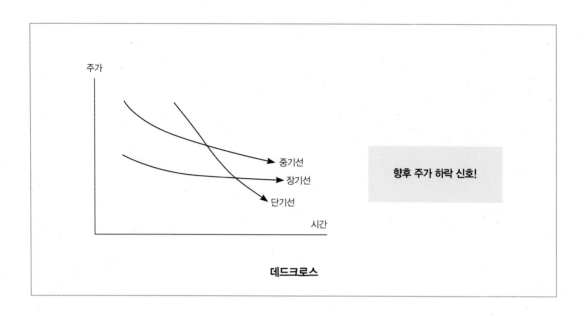

주가

중기선

장기선

단기선

시간

향후 주가 하락 신호!

데드크로스

골든크로스가 나타나면 주식을 사고 데드크로스가 나타나면 파는 게 정석입니다. 정석은 그렇지만 현실은 반드시 정석대로 움직이지 않는다는 사실도 염두에 둬야 합니다. 골든크로스가 생긴 뒤 주가가 내려가는 수도 있고, 데드크로스가 생긴 뒤 시세가 오르기도 하기 때문이죠. 데드크로스가 생겨도 중·장기선이 상승세를 이어가는 흐름이라면 섣불리 팔지 말아야 합니다. 반대로 골든크로스가 생겨도 중·장기선이 하락세를 이어가는 흐름에서는 섣불리 사지 말아야 합니다. 데드크로스나 골든크로스 신호만 보고 주가 흐름을 예측해선 안 되고 다른 변수도 함께 고려해야 합니다.

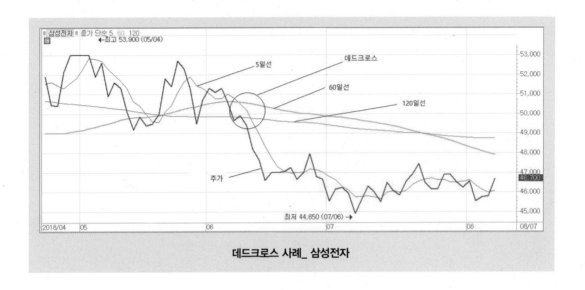

데드크로스 사례_ 삼성전자

이평선 분석 한계 알고 투자하기

이평선 추이를 보고 주가 추세를 진단하거나 분석하는 이평선 분석은 두 가지 전제를 깔고 있습니다. 첫째, 주가란 언제나 투자자 심리를 반영해 움직이고 둘째, 과거 보였던 움직임이 되풀이해서 나타난다는 겁니다.

과연 그럴까요? 주가 움직임엔 투자자 심리뿐 아니라 다른 많은 변수가 간여합니다. 예전에 나타났던 주가 추이가 늘 그대로 되풀이된다는 법도 없죠. 전제가 완벽하지 않은 겁니다. 그렇다면 이평선 분석도 한계가 있을 수밖에 없습니다. 이평선이 보여주는 신호를 투자에 유용하게 쓰려면 이평선 외에 다른 지표도 함께, 되도록 많이 활용해서 종합해볼 필요가 있습니다.

D

패턴 분석

56 패턴 분석이란

기술분석에서 흔히 쓰는 기법 중에 패턴 분석(Pattern Analysis)이 있습니다. 주가 흐름에서 때때로 일정한 패턴(유형)이 나타난다고 전제하고 패턴을 찾아 분석하는 기법입니다. A 패턴이 나타나면 이후 주가가 오른다든지, B 패턴이 나타나면 이후 주가가 내려간다든지 하는 식으로 패턴에 따라 주가 향배를 예측합니다.

패턴은 크게 3가지가 있습니다.

1 주가가 상승하다 패턴이 나타난 다음 떨어지는 경우
2 하락세였던 주가가 패턴이 나타난 뒤 오르는 경우
3 패턴이 나타난 뒤에도 주가가 이전 추세를 계속 이어가는 경우

57 오르던 주가가 패턴 출현 후 떨어지는 경우

쌍봉형(M자형, 이중 천정형) 패턴

상승하던 주가가 같은 가격대에서 되풀이 저항을 받고 내려서면서 봉우리 2개, 곧 쌍봉을 만드는 패턴입니다. 패턴이 완성되면 주가가 내려갑니다. 패턴 형성에 시간이 오래 걸릴수록 패턴 완성 뒤 주가가 확실하게 내려간다고 전망합니다.

쌍봉형 패턴이 형성된다 싶으면 주가가 두 번째 봉우리를 완성하는 것을 주목했다가 추세선을 벗어날 경우 주식을 팔아야 합니다. 여기서 말하는 추세선은 주가 저점들을 이은 선이 위로 향하는 상승추세선을 가리킵니다. 상승추세선은 보통 때는 주가가 추세선 밑으로 떨어지는 것을 막는 지지선 역할을 하지만, 쌍봉형 패턴이 완성되고 나면 주가 하락 압력이 거세져서 지지선 역할을 못 합니다.

쌍봉형 패턴이 완성되고 추세선을 벗어난 뒤에도 주가는 기준선 언저리에서 일시 반등할 수 있는데, 그렇더라도 주식을 파는 게 좋습니다.

왜 그럴까요? 기준선이 하는 역할 때문입니다.

패턴 분석에서 말하는 기준선이란 패턴을 중심으로 형성하는 주가의 고점과 저점들을 각각 수평으로 이은 선입니다. 주가 고점만 이은 직선은 저항선, 저점만 이은 직선은 지지선이 되죠. 기준선은 주가 고점들과 저점들을 함께 연결한 수평선이므로 어떤 때는 저항선 역할을 하고 어떤 때는 지지선 역할을 합니다.

쌍봉형 패턴이 완성되고 추세선을 벗어나 내려가던 주가가 일시 반등하는 이유는 기준선이 지지선 역할을 하기 때문입니다. 문제는 쌍봉형 패턴이 완성된 후 추세선을 벗어난 주가는 하락 압력이 매우 거세진다는 점입니다. 기준선이 지지선 역할을 하는 것으로는 주가 하락세를 막을 수 없습니다. 설사 주가가 일시 반등하더라도 이번엔 저항선 역할을 하는 기준선에 부딪쳐 하락하고, 대개는 폭락합니다.

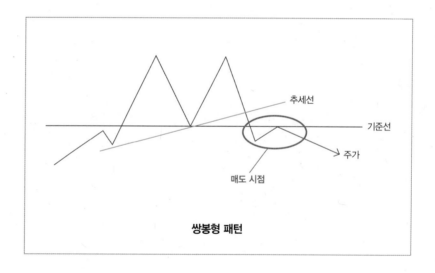

쌍봉형 패턴

자동패턴분석 탭

HTS에서 패턴 분석을 손쉽게 해볼 수 있습니다. 홈에서 [차트 → 키움종합 차트]로 들어가 종목을 고릅니다. 차트가 그려지면 오른쪽에 여러 가지 메뉴 탭이 나타납니다. 이 중 보기 그림과 같은 [자동패턴분석] 탭을 클릭하면 주가 차트에 자동으로 패턴이 그려집니다. 이 상태에서 [자동패턴분석]을 한 번 더 클릭하면 차트에서 패턴이 지워집니다.

아래 보기 그림은 [자동패턴분석] 탭을 활용해 그려본 '현대건설' 주가 차트입니다. 2018년 9월 7일~10월 8일 사이 쌍봉형 패턴이 나타났고, 패턴 출현 뒤 주가가 급락하는 것을 볼 수 있습니다.

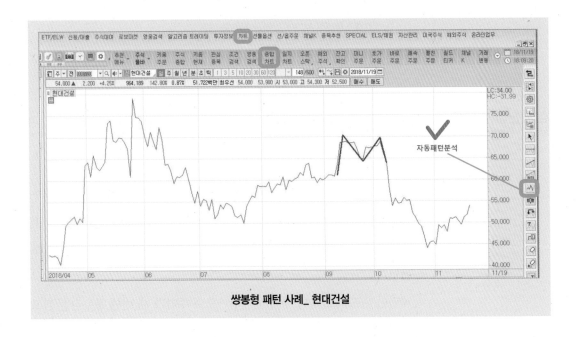

쌍봉형 패턴 사례_ 현대건설

다음 보기 그림(p. 296)은 2018년 8월 이후 1개월 동안 'LG디스플레이' 주가에 나타난 쌍봉형 패턴입니다. 역시 패턴 출현 뒤 주가가 급락하는 모습을 볼 수 있습니다.

LG디스플레이 주가에 나타난 쌍봉형 패턴

삼중천정형 패턴

상승하던 주가가 사람 머리와 좌우 어깨 모양으로 봉우리 3개를 만드는
패턴입니다. 봉우리 3개를 만드는 동안 주가가 3회 오르고 3회 내립니다.
'삼봉천정형', '헤드앤숄더(H&S형, Head and Shoulder) 패턴'이라고도 부
릅니다.

패턴이 완성되고 나면 주가가 내려가므로 주가가 세 번째 봉우리를 찍고
추세선을 벗어나면 주식을 파는 게 정석입니다. 쌍봉형 패턴과 마찬가지
로 추세선을 벗어난 뒤에도 주가가 기준선 언저리에서 일시 반등할 수 있
는데, 그래도 역시 파는 게 좋습니다.

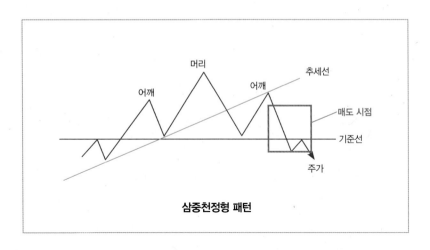

삼중천정형 패턴

DO IT!   HTS로 [자동패턴분석] 탭 활용한 종목별 패턴 분석 ②

다음 보기 그림은 HTS에서 [자동패턴분석] 탭을 활용해 그려본 주가 차트입니다.

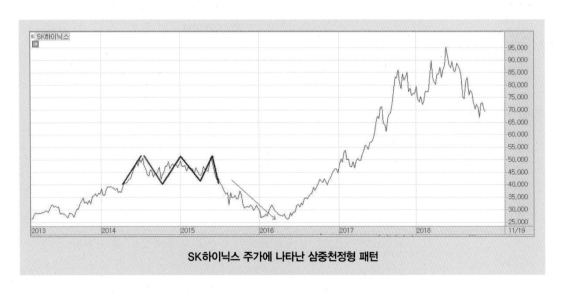

SK하이닉스 주가에 나타난 삼중천정형 패턴

2014년 7월 20일 경부터 2015년 6월 말 사이 'SK하이닉스' 주가에 나타난 삼중천정형 패턴입니다. 패턴 출현 뒤 주가는 급락세를 탔고, 이듬해 5월 중순까지 거의 1년이 지나서야 반등했습니다.

역V자형(V자 천정형) 패턴

급등하던 주가가 급락세로 바뀌면서 V자를 거꾸로 세운 모양을 만드는 패턴입니다. 꼭대기에서 팔면 가장 좋지만, 대개는 그러기 어려우니 패턴이 완성된다 싶으면 서둘러 파는 게 정석입니다.

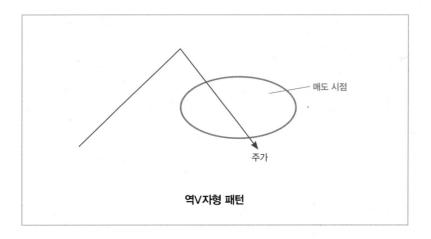

역V자형 패턴

원형 천정형 패턴

주가가 올랐다 내리면서 반원 모양을 만드는 패턴입니다. 주가가 오르는 동안엔 거래량이 늘지만 정상을 지나고 나면 줄어듭니다. 패턴이 완성될 무렵 주가 향배를 살펴서 주가가 오르지 못하면 파는 게 정석입니다.

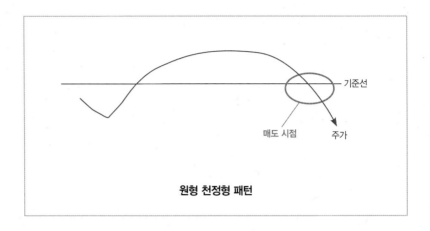

기준선

매도 시점   주가

원형 천정형 패턴

확장삼각형 패턴

주가 등락 폭이 점점 커져서 옆으로 누운 채 밑변이 열린 삼각형을 만드는 패턴입니다.

삼각형 왼쪽에 고점 추세선(주가 고점을 이은 선을 말함)과 저점 추세선(주가 저점을 이은 선을 말함)이 만나는 균형점이 있습니다. 균형점에서 출발한 두 추세선이 점점 더 벌어집니다. 고점 추세선은 점점 더 고점을 높여가고 저점 추세선은 반대로 저점을 점점 더 낮춰가는 거죠.

패턴이 만들어지는 동안 흔히 주가가 요동을 치고, 패턴이 완성된 뒤에는 주가가 폭락합니다. 패턴이 형성된다 싶으면 주가 향배를 주시해야 하고 주가가 전고점(이전 고점)에 이르지 못하고 내림세로 돌아서면 팔아야 합니다.

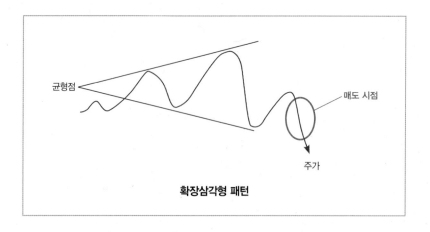

균형점

매도 시점

주가

확장삼각형 패턴

다음 보기 그림은 [자동패턴분석] 탭을 활용해 그려본 '대덕전자' 주가 차트입니다.
유가증권시장에 상장한 대덕전자는 2017년 10월 말경부터 2018년 2월 초까지 주가 흐름에 확장삼각형 패턴이 나타났습니다. 패턴 출현 뒤엔 주가가 급락했습니다.

대덕전자 주가에 나타난 확장삼각형 패턴

58 하락하던 주가가 패턴 출현 후 오르는 경우

이중바닥형(W자형) 패턴

쌍봉형(이중 천정형) 패턴을 뒤집어놓은 모양입니다. 주가가 바닥에서 두 차례 지지를 받고 오릅니다. 패턴이 완성되고 나면 주가가 오릅니다. 패턴이 완성될 무렵 주가가 추세선을 벗어나면 매수하는 게 정석입니다.

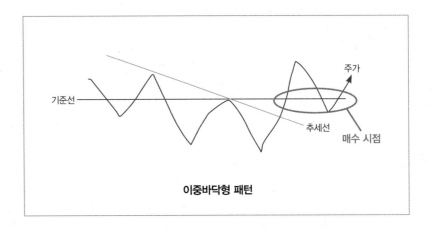

이중바닥형 패턴

보기 그림은 [자동패턴분석] 탭을 활용해 그려본 '이화산업' 주가 차트입니다.

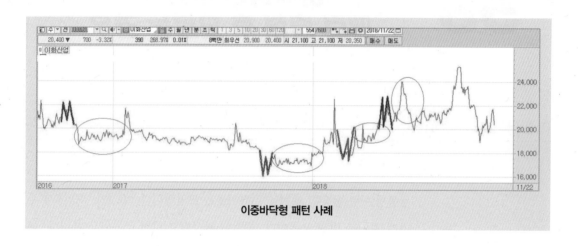

이중바닥형 패턴 사례

유가증권시장에 상장한 유통기업 이화산업은 2018년 2월 초순부터 3월 중순까지 W자 패턴이 나타났습니다. 패턴 출현 뒤 주가가 올랐죠.

W자 패턴은 2017년 9월 중순부터 10월 중순에도 나타났는데 당시엔 패턴 출현 뒤 12월 하순까지 주가가 오르지 못했습니다. 기술 분석에서 흔히 그렇듯 패턴 분석에서도 현실 이 늘 교과서대로 움직이지는 않습니다.

이화산업 주가에 나타난 쌍봉형(M자) 패턴도 같은 예입니다. 쌍봉형 패턴이 나타나면 주가가 내려가는 게 원칙인데 주가는 2016년에만 떨어지고 2018년엔 오히려 올랐습 니다.

삼중바닥형(역H&S형) 패턴

삼중천정형(헤드앤숄더) 패턴을 뒤집어 놓은 모양입니다. 패턴이 완성되면 주가가 상승합니다. 패턴이 완성될 무렵 주가가 추세선을 벗어나면 매수하는 게 정석입니다.

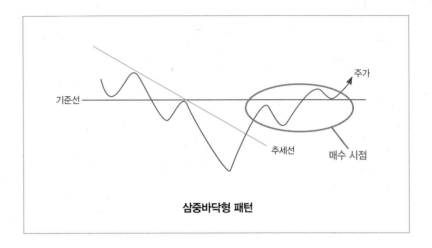

삼중바닥형 패턴

원형 바닥형 패턴

주가가 내렸다 오르면서 원형 천정형을 뒤집은 반원 모양을 만듭니다. 패턴이 완성되고 나면 주가가 오릅니다. 패턴이 완성될 무렵 주가 향배를 살펴서 오른다 싶으면 매수하는 게 정석입니다.

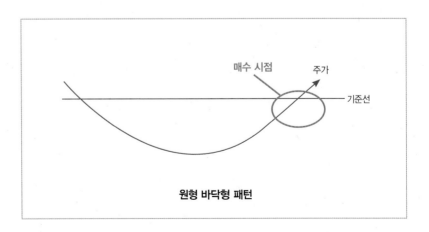

원형 바닥형 패턴

V자 바닥형 패턴

급락하던 주가가 급등세로 바뀌면서 V자 모양을 만드는 패턴입니다. 바닥에서 사면 가장 좋지만 대개 그러기 어려우니 패턴이 완성된다 싶으면 사는 게 정석입니다.

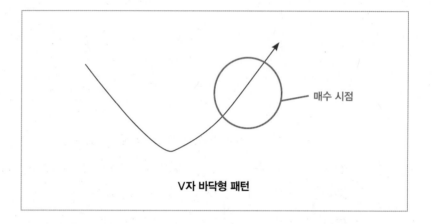

V자 바닥형 패턴

59 패턴 출현 후에도 이전 주가 추세가 계속되는 경우

상승삼각형 패턴

주가가 상승세를 이어가면서 저점을 이은 상승추세선과 고점을 이은 저항선이 만나 오른쪽에 꼭지점을 둔 삼각형을 만듭니다. 패턴이 나타나면 주가가 저항선을 뚫고 더 오릅니다. 패턴이 완성된다 싶으면 주가 항배를 주시하다 저항선을 뚫는 걸 확인하고 사면 좋습니다.

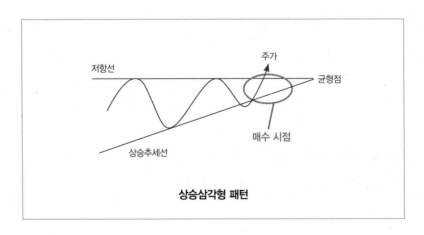

상승삼각형 패턴

하락삼각형 패턴

주가가 하락세를 이어가면서 고점을 이은 하락추세선과 저점을 이은 지지선이 만나 오른쪽에 꼭짓점을 둔 삼각형을 만듭니다. 패턴이 나타나면 주가가 저항선을 뚫고 더 떨어집니다. 패턴이 완성된다 싶으면 팔아야 합니다. 주가가 지지선을 하향돌파한다면 서둘러 팔아야 합니다.

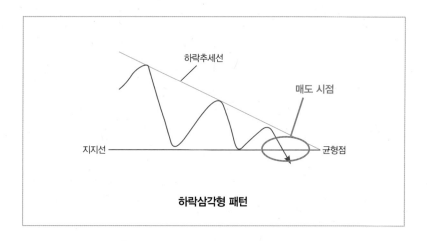

하락삼각형 패턴

대칭삼각형 패턴

오른쪽에 꼭짓점(균형점)을 두고 왼쪽 밑변이 열린 삼각형 모양입니다. 고점을 이은 저항선은 점점 낮아지고 저점을 이은 지지선은 점점 높아집니다. 매수세와 매도세가 팽팽히 맞서 삼각형 모양이 대칭을 이룹니다. 패턴이 완성되면 당분간 같은 추세를 이어가지만, 균형이 깨질 때를 대비해서 주가 향배를 주시해야 합니다. 주가가 균형점을 지나 오름세로 방향을 잡으면 사고, 내림세로 방향을 틀면 팝니다.

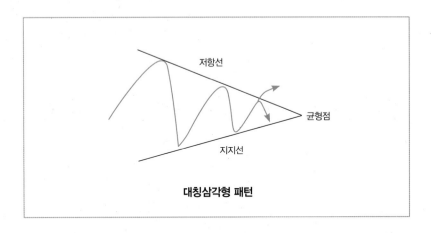

대칭삼각형 패턴

DO IT!　　　**HTS로 [자동패턴분석] 탭 활용한 종목별 패턴 분석 ⑤**

아래 보기 그림은 [자동패턴분석] 탭을 활용해 그려본 '현대건설' 주가 차트입니다.

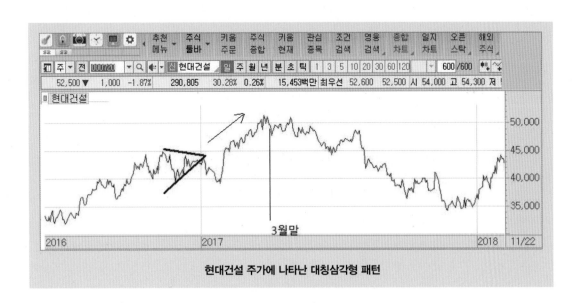

현대건설 주가에 나타난 대칭삼각형 패턴

2016년 11월 중순부터 2017년 1월 초에 걸쳐 현대건설 주가에 대칭삼각형 패턴이 나타납니다. 저항선이 완만하게 내려선 데 비해 지지선이 가파른 오름세여서 상승삼각형 패턴처럼 보이기도 하죠. '대칭삼각형'이든 '상승삼각형'이든 패턴 출현 이전 주가가 상승세여서 균형점을 지난 주가도 계속 상승할 것으로 예상되는 모양입니다. 실제로 패턴 완성 뒤 주가는 1월에 2주간 짧은 하락기를 거쳐 3월 말까지 계속 상승했습니다.

DO IT! 　HTS로 [자동패턴분석] 탭 활용한 종목별 패턴 분석 ⑥

대칭삼각형 패턴은 이전 주가 추세를 계속 이어갑니다. 주가가 하락세일 때는 패턴 완성 후에도 주가 하락이 이어집니다.

보기 그림은 [자동패턴분석] 탭을 활용해 'CJ대한통운'과 '보해양조' 주가에 그려본 대칭삼각형 패턴입니다. 둘 다 대칭삼각형 패턴이 나타난 뒤 주가가 이전에 나타난 하락세를 계속 이어갑니다.

CJ대한통운 주가에 나타난 대칭삼각형 패턴

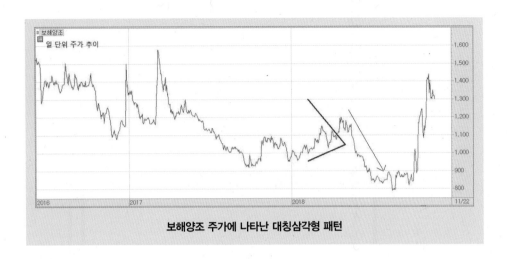

보해양조 주가에 나타난 대칭삼각형 패턴

박스형(상승 박스형, 하락 박스형) 패턴

매수세와 매도세가 팽팽히 맞서면서 저항선과 지지선이 평행을 달리는 박
스 모양을 만들고, 주가가 박스 안에서 오락가락하는 패턴입니다. 패턴이
완성되면 당분간 같은 추세를 이어가지만, 균형이 깨질 때를 대비해서 주
가 향배를 주시해야 합니다. 주가가 저항선에 접근하면 저항선을 뚫고 오
를 때를 대비해 사는 게 정석입니다. 주가가 지지선에 접근하면 지지선을
하향돌파 할 경우를 대비해 파는 게 정석입니다.

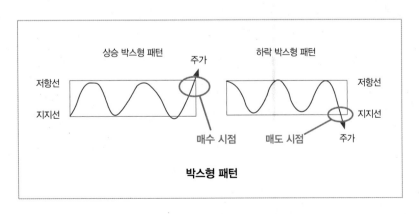

박스형 패턴

E

거래량 분석

60 거래량과 주가 추이에 따른 매매 대응법

기술 분석에서는 거래량도 주요 지표로 활용합니다. 거래량이란 매매가 성립된 수량을 말합니다. 보통 주가와 거의 동시에 움직이거나 주가보다 조금 앞서 움직이므로 주가 향배를 전망하는 데 유용한 정보가 됩니다. 거래량이 주가와 어떤 관계를 맺고 움직이는지, 거래량 변동에 따른 매매 대응은 어떻게 하면 좋은지 3가지로 요약해보겠습니다.

첫째, 거래량이 늘면 주가가 오르고 거래량이 줄면 주가도 내립니다.

주가가 많이 내려간 뒤 게걸음을 걷는 약세장이나 바닥권에서 거래량이 늘어나면, 곧 주가가 오른다는 신호이므로 매수해야 합니다. 반대로 주가가 대폭 오른 뒤 계속 오름세인 강세장이나 천정권에서 거래량이 줄어들면, 곧 주가가 내려간다는 신호이므로 매도해야 합니다.

둘째, 거래량이 늘면서 주가가 오르면 분할 매수하고 거래량이 늘면서 주가가 내리면 분할 매도하는 게 정석입니다. 만약 거래량이 별로 늘지 않는다면 주가가 대폭 오르거나 내리더라도 뇌동매매(남 따라 하는 매매를 말함)를 삼가고 관망하는 게 좋습니다. 소량 매매로 형성된 시세는 대량 매매가 나올 경우 쉽게 변할 수 있기 때문입니다.

셋째, 주가와 거래량이 함께 오르는 상승장에서는 주가가 최근 고점, 곧 전고점(Previous Peak)에 올라설지 여부가 관심사죠. 거래량이 전고점을 넘어설 정도로 늘어난다면 주가도 전고점을 넘을 가능성이 높습니다. 거래량이 전고점을 넘어서지 못한다면 주가도 전고점을 넘기 어렵습니다. 거래량과 주가가 전고점을 넘어 기세 좋게 상승할 때는 매수에 가담하는 게 좋지만, 바짝 주의해야 합니다. 주가와 거래량이 고점에 근접하면 대량 매도물량이 나오기 쉽기 때문입니다. 매수하되 분할 매수로 대응하면서 악재가 나오지 않는지, 매도물량이 늘어나지 않는지 살펴보고 전망이 나빠지면 매도하는 게 좋습니다.

(((🔔 DO IT! 고점에서 대량매도 물량 나오며 주가가 하락하는 예

HTS 홈에서 [종합차트]로 이동해 고점에서 대량매도 물량이 나오면서 주가가 하락하는 경우를 찾아보겠습니다. 다음 '삼성전자'와 '현대건설' 주가 그래프에서 볼 수 있습니다.

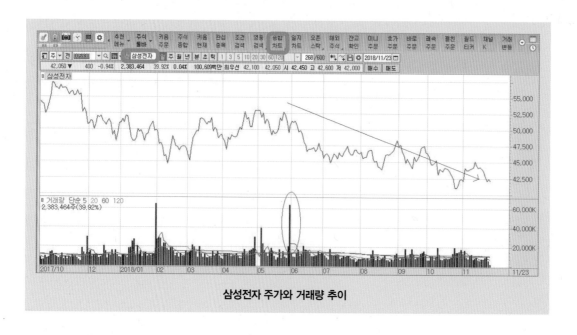

삼성전자 주가와 거래량 추이

삼성전자는 2018년 1월 말 5만 원 선에서 1차 대량매도가 나오면서 주가가 다시 전고점(5만5천 원 이상) 수준으로 올라가기 힘들다는 전망을 갖게 했습니다. 이후 주가는 일시 하락 후 이전 수준에서 등락했고, 5월 말에는 1차 대량매도 때와 비슷한 가격대에서 2차 대량매도 공세를 맞았죠. 이후엔 거래량이 급감하고 주가가 반년 넘게 하락세를 이어갔습니다.

현대건설 주가와 거래량 추이

현대건설은 2018년 4월 말 거래량이 대폭 늘고 주가가 급등했습니다. 5월 들어 거래량이 폭발했는데 주가와 거래량이 고점을 넘긴 5월 하순부터는 거래량이 급감하며 2개월 동안 주가가 급락했습니다. 한 달 새 5만 원에서 7만 원 대로 올라선 주가가 5만 원으로 되돌아갔죠. 5월 이전에 매수한 투자자가 거래량이 폭발한 5월 중에 팔았다면 득을 봤을 겁니다. 5월에 주식을 산 투자자는 대개 7월까지 손실을 감수해야 했습니다.

거래량 분석지표 '거래회전율'

거래회전율(Turnover Rate)은 '거래량 회전율'이라고도 합니다. 상장해서 유통 중인 주식 수 전체보다 거래량이 얼마나 되는지를 계산한 비율입니다. 총 상장 주식수가 100주인데 거래량이 10주라면 거래회전율은 10% 가 됩니다.

대개 거래회전율이 높으면 높을수록 투자자들이 관심을 많이 두고 거래를 활발히 하는 종목입니다. 거래가 활발하다는 것은 곧 손바뀜이 잦다는 뜻이기도 합니다.

$$거래회전율(\%,\ Turnover\ rate) = \frac{거래량}{유통주식총수}$$

DO IT! **HTS로 거래회전율 확인하기**

홈에서 [주식 → 순위분석 → 당일거래상위] 순으로 고르면 당일 거래량이 많은 순으로
종목별 주가, 거래량, 거래회전율, 거래대금 통계를 볼 수 있습니다.

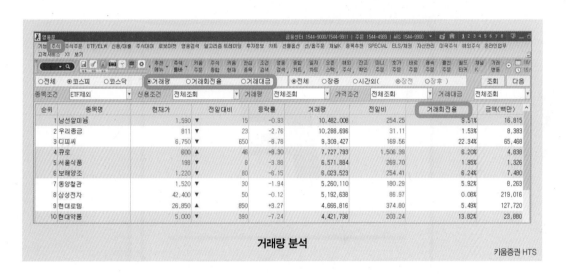

거래량 분석

키움증권 HTS

F

기술 분석 도와주는

보조지표들

61 역시계곡선
"거래량 분석 보조지표"

거래량 분석에 사용하는 보조지표로 '역(逆)시계곡선'이 있습니다. 가로 축에 25일 이동평균치 거래량을, 세로 축에 25일 이동평균치 주가를 표시하고 주가와 거래량 평균치가 매일 교차하는 점을 연결한 곡선입니다. 주가와 거래량이 서로 밀접한 관계를 갖고 움직이고, 거래량이 주가와 함께 또는 조금 앞서 움직인다는 관점을 토대로 만듭니다. 그림을 만들어보면 곡선이 대개 시계 반대 방향으로 움직이기 때문에 '역(逆)시계곡선'이라고 부릅니다.

역시계곡선은 주가와 거래량이 움직이는 방향에 따라 이동하면서 그때그때 투자자가 매매 대응을 어떻게 해야 할지 알려줍니다. 예를 들어 역시계곡선이 6시에서 3시 방향으로 움직일 때는 주가가 오르고 거래량이 늘어나서 매수할 시점이라고 풀이합니다. 반대로 12시에서 9시 방향으로 움직이면 주가가 내리고 거래량이 줄어 매도할 시점이라고 풀이합니다. 중장기로 볼 때 장세가 오름세인지 내림세인지 판단하는 데 도움이 되는 지표입니다.

역시계곡선 추이는 주가와 거래량이 움직이는 방향에 따라 8가지 국면으로 나눠볼 수 있습니다.

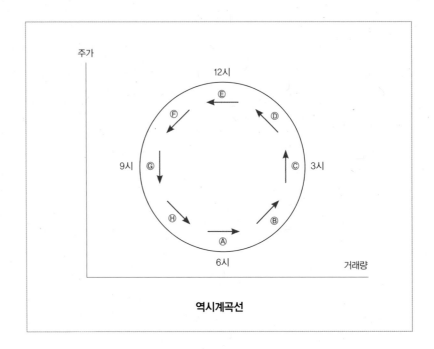

역시계곡선

Ⓐ 거래량 증가 → 주가 상승 대비 국면

역시계곡선이 6시에서 횡보하고 있죠. 주가는 바닥 수준이지만 거래량이 늘어나므로 주가가 오를 채비를 하는 국면입니다.

Ⓑ 거래량 증가, 주가 상승 → 매수 국면

역시계곡선이 6시에서 3시 방향으로 움직이고 있죠. 거래량이 늘고 주가도 오르므로 주식을 살 때입니다.

ⓒ 거래량 정체, 주가 상승 → 계속 매수 국면

역시계곡선이 3시에서 상승세입니다. 거래량은 제자리걸음을 하고 있으나 주가는 여전히 상승세이므로 계속 매수해도 좋은 국면입니다.

ⓓ 거래량 감소, 주가 상승 → 매입 유보, 관망 국면

역시계곡선이 3시에서 12시 방향으로 움직이고 있죠. 주가는 계속 상승세지만 거래량이 줄어들고 있으니 앞으로 주가가 더 오를 가능성은 낮습니다. 더는 주식을 사지 말고 관망해야 할 국면입니다.

ⓔ 거래량 감소, 주가 횡보 → 주가 하락 대비 국면

역시계곡선이 12시에서 횡보하며 뒷걸음질 치고 있죠. 주가는 제자리걸음을 하고 있지만, 거래량이 줄어들고 있으니 주가가 하락세로 바뀌는 데 대비할 시점입니다.

ⓕ 거래량 감소, 주가 하락 → 매도 국면

역시계곡선이 12시에서 9시 방향으로 움직이고 있죠. 주가도 내려가고 거래량도 줄어들고 있으니 주식을 팔아야 할 때입니다.

ⓖ 거래량 정체, 주가 하락 → 계속 매도 국면

역시계곡선이 9시에서 내려서고 있습니다. 거래량은 제자리걸음을 하고 있으나 주가는 여전히 하락세이므로 계속 팔아야 할 국면입니다.

Ⓗ **거래량 증가, 주가 하락 → 매도 유보, 관망 국면**

역시계곡선이 9시에서 6시 방향으로 움직이고 있죠. 주가는 계속 하락세지만 거래량이 늘어나고 있으니 앞으로 주가가 더 내려갈 가능성은 낮습니다. 더는 팔지 말고 관망해야 할 국면입니다.

🔔 **DO IT!** **HTS로 종목별 역시계곡선 그려보기 ①**

홈에서 [차트 → 키움종합차트] 순으로 메뉴를 고르고 원하는 종목을 골라 차트 화면을 연 다음, 화면 오른쪽에 나열된 차트 툴에서 [역시계곡선 그리기] 탭을 클릭하면 그려볼 수 있습니다. 보기 그림은 '현대건설' 역시계곡선입니다.

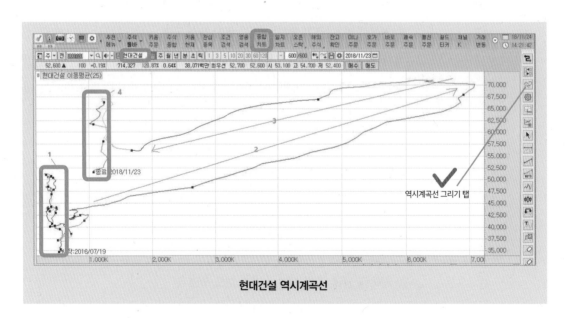

현대건설 역시계곡선

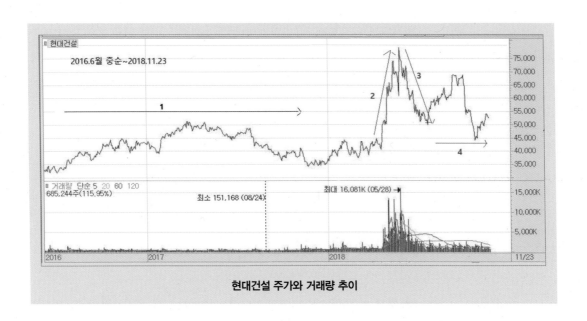

현대건설 주가와 거래량 추이

위 그림을 보면서 왼쪽 보기 그림(p. 320 현대건설 역시계곡선)을 분석해보 겠습니다.

1번 구간 현대건설 주가는 2016년 8월 중순 3만5천 원 안팎에서 출발해 2017년 3월 하순 5만 원 선까지 올랐다가 11월 중순 3만5천 원 수준으로 되돌아왔습니다. 그 사이 거래량은 미미한 수준에서 정체했습니다. 역시 계곡선에서 1번 부분이 2016년 8월 중순부터 2017년 11월 중순에 만들 어진 것입니다. 왼쪽(p. 320) 보기 그림 1번 부분에 해당합니다.

2번 구간 주가는 2018년 들어 조금씩 오르기 시작했고 거래량도 조금씩 늘었습니다. 3만5천 원에서 출발한 주가는 4만5천 원 선에서 저항을 받 고 등락했는데, 4월 19일 주가가 저항선 4만5천 원을 뚫으면서 거래량이 폭발합니다. 5월 28일 거래량 고점(약 1,608만 주)을 찍을 무렵엔 주가도 7만 원대 고점에 올라섰죠. 역시계곡선에서는 2번 부분이 2018년 4월 하순부터 5월 하순에 형성된 것입니다. 앞쪽 보기 그림(p. 320 현대건설 역시계곡선) 2번 부분에 해당합니다.

3번 구간 정점을 지난 현대건설 주가는 이후 급락해서 7월 20일경 5만 원대로 내려서고 거래량도 급감합니다. 역시계곡선에서는 3번 부분이 2018년 5월 하순부터 7월 20일경에 형성된 것입니다. 앞쪽 보기 그림(p. 320 현대건설 역시계곡선) 3번 부분이 여기 해당합니다.

4번 구간 2018년 7월 20일경 지나서는 주가가 도로 올라 9월 초순 6만5천 원대를 넘었으나 7만 원대를 회복하지 못하고 도로 떨어졌죠. 11월 하순 주가는 4만5천 원에서 5만5천 원대에서 움직입니다. 11월 하순까지 거래량은 주가와 거래량이 함께 급감한 7월 20일경 수준에서 그대로 머물렀습니다. 역시계곡선에서는 4번 부분이 2018년 7월 20일경부터 11월 하순에 형성된 겁니다. 앞쪽 보기 그림(p. 320 현대건설 역시계곡선) 4번 부분에 해당합니다.

역시계곡선은 보통 역시계 방향으로 움직입니다. 현대건설 주가와 거래량 추이 역시 2016년 7월 29일 출발해 2018년 11월 23일 종점에 이르기까지 역시계 방향으로 움직였습니다.

역시계곡선을 그리는 또 다른 방법입니다. 홈에서 [차트 → 키움종합차트] 순으로 이동
해 원하는 종목을 고르고 차트 화면을 연 다음, 화면 오른쪽 [차트 툴] 메뉴에 [역시계
곡선] 탭이 보이지 않을 때 씁니다. 보기 그림에서 표시한 [전환] 탭을 클릭하면 그다음
그림에서 보듯 [차트 툴 편집] 탭이 뜹니다. 다시 [차트 툴 편집] 탭을 클릭하면 그다음
그림 같이 '차트 툴 편집' 창이 뜹니다.

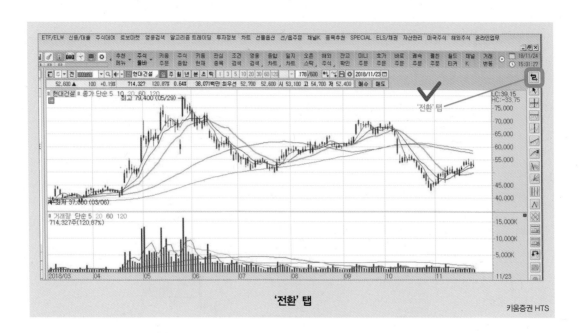

'전환' 탭

키움증권 HTS

'차트 툴 편집' 탭

키움증권 HTS

'차트 툴 편집' 창

키움증권 HTS

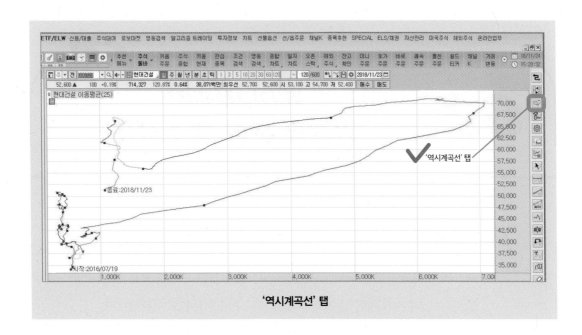

'역시계곡선' 탭

왼쪽(p. 324) 보기 그림(차트 툴 편집 창)처럼 [차트 툴 편집 → 메뉴 구분 → 차트 유형]을 고르면 아래쪽으로 여러 가지 차트 유형이 나열됩니다. 그런 다음 차트 유형 가운데 [역시계곡선 → ▶] 순으로 눌러 화면 오른쪽 '툴바 구성'으로 보냅니다. [확인] 탭을 클릭하면, 위의 보기 그림에서 보듯 '차트 툴 편집' 창이 없어지고 화면 오른쪽 '차트 툴' 메뉴에 [역시계곡선] 탭이 생기는 것을 볼 수 있습니다.

62 VR(거래량 비율) "거래량 분석 보조지표"

거래량 분석에 쓰는 보조지표로 '거래량 비율'을 뜻하는 'VR(Volume Ratio, 볼륨레이쇼)'도 있습니다. 일정 기간 주가가 오른 날 거래량 누계를 주가가 내린 날 거래량 누계로 나누어 백분율로 나타냅니다.

보통 최근 25일간 거래량을 분석한 VR 25로 시황을 단기 진단하는 데 많이 사용합니다. VR 25는 다음과 같이 구합니다.

$$VR25(\%) = \frac{\text{최근 25거래일 중 주가 상승일 거래량 누계}}{\text{최근 25거래일 중 주가 하락일 거래량 누계}} \times 100$$

주가가 횡보한 날은 거래량 누계를 반으로 나눈 다음 분모와 분자에 각각 더합니다. 주가가 보합세(오르지도 내리지도 않고 횡보하는 상태를 말함)였던 날까지 포함해서 VR을 계산할 때는 다음 식을 사용합니다.

$$VR25(\%) = \frac{\text{최근 25거래일 중 주가 상승일 거래량 누계} + \text{시세보합일 거래량 합계의 절반}}{\text{최근 25거래일 중 주가 하락일 거래량 누계} + \text{시세보합일 거래량 합계의 절반}} \times 100$$

VR 350% 이상이면 매수 자제, 75% 이하면 매수 기회

주가가 오른 날 거래량 누계와 떨어진 날 거래량 누계가 똑같다면 VR이 100%겠죠. 주가가 오른 날 거래량이 떨어진 날 거래량보다 많으면 100%를 넘습니다. 주가가 오른 날 거래량이 떨어진 날 거래량보다 10% 많으면 VR이 110%가 됩니다.

반대로 주가가 오른 날 거래량이 떨어진 날 거래량보다 적으면 100%가 못 되겠죠. 주가가 오른 날 거래량이 떨어진 날 거래량보다 10% 적으면 VR은 90%가 됩니다.

보통 VR이 150% 안팎이면 시황이 보합 수준이라고 봅니다. 강세장에서는 약 350% 정도까지는 정상으로 봅니다. 350%를 넘으면 시장이 과열됐다고 진단합니다. 보유 주식은 팔고 추가 매수를 자제해야 합니다.

반대로 VR이 100% 안팎이면 약세장이라고 진단합니다. 75% 이하면 장이 침체해 거래량이 바닥을 친 겁니다. 단기 매수 기회로 활용할 때입니다.

DO IT! HTS로 종목별 VR 차트 확인하기

VR 차트를 보려면 홈에서 [차트 → 종합차트]로 이동, 원하는 종목을 고르고 화면 왼쪽 메뉴에서 [기술적 지표 → 거래량지표 → Volume Ratio] 순으로 클릭하면 됩니다. 마우스로 커서를 움직여 '주가 차트'나 'VR 차트'에 대보면 날짜마다 주가와 VR 수치를 볼 수 있습니다.

다음 쪽(p. 328) 보기 차트는 코스피시장(유가증권시장)에 상장한 식료품 기업 중 '대상'을 골라 VR 차트를 그려본 예입니다.

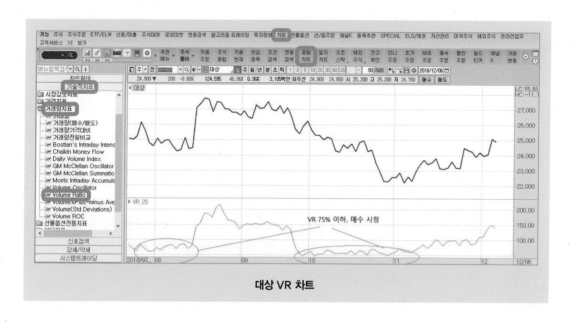

대상 VR 차트

7월 28일부터 8월 13일까지 대상 주가는 약 2만5000원, VR 25는 75% 아래에서 움직였습니다. VR 25가 75% 이하면 단기 매수 기회로 활용할 때입니다.

과연 8월 14일 이후엔 주가가 올랐고, 8월 16일 2만7000원대로 올라선 이후 9월 18일까지 약 한 달 동안은 2만7000원대를 유지했습니다.

8월 중순부터 9월 18일까지는 VR 25가 130~210% 정도로 보합 장세였죠.

9월 19일부터 11월 7일까지는 주가가 하락세를 탔습니다. 9월 18일 종가가 2만7100원이었는데 11월 7일 종가는 2만2300원으로 떨어졌습니다.

같은 기간(9월 21일~11월 7일) VR 25는 75% 밑에서 움직였습니다. 장이 침체해서 단기 매수 기회가 온 겁니다.

63 이격도 "모멘텀 분석 보조지표"

모멘텀 분석은 주가 방향이 바뀌는 점, 곧 변곡점을 찾는 기술 분석입니다. 모멘텀 분석에 활용하는 보조지표로는 '이격도(Disparity)'가 대표 격입니다.

이격도는 과거 일정 기간 형성된 주가 이동평균으로부터 현재 주가가 얼마나 멀리 벗어나 있는지를 가리킵니다. 보통 주가는 이동평균치(그림으로 볼 때는 주가 이동평균선)로부터 멀어졌다가 도로 가까워지고 가까워졌다가 다시 멀어지는 움직임을 되풀이합니다. 평균값(이동평균)으로 되돌아오는(회귀하는) 특성이 있는 거죠.

주가가 평균으로 되돌아오는 특성이 있다는 것은 무슨 뜻이냐? 주가가 오르든 내리든 평균치로부터 많이 떨어지면 조만간 제자리(곧 평균치)로 돌아온다는 것입니다. 이격도가 커지면 올랐던 주가가 조만간 도로 내리고, 내렸던 주가도 조만간 도로 오른다는 겁니다.

그렇다면 이격도를 보면 현재 주가가 어떤 상태에 있는지 가늠해볼 수 있을 겁니다. 현재 시세가 과거 평균치보다 얼마나 오르거나 내렸는지, 너무 많이 올랐는지, 아니면 너무 많이 내렸는지 진단할 수 있죠. 너무 많이 오른 주식은 시세가 내리고, 너무 많이 내린 주식은 시세가 오를 테니 주가 진단을 토대로 미래 시세 방향을 예측해볼 수도 있습니다.

적당한 매매 시점을 포착하고 유망 주식을 고르는 것까지 가능합니다. 이격도를 구해봐서 현재 주가가 평균가보다 아주 높은 주식은 팔고, 평균가보다 아주 낮은 주식은 사면 되니까요.

이격도 구하는 법

이격도는 현재 주가를 과거 일정 기간에 걸친 주가 이동평균치로 나누어 구합니다. 현재 주가가 과거 주가 이평치보다 높거나 낮은 상태를 백분율로 표시하죠. 비율로 표시하므로 이격도 대신 이격률이라고 부르기도 합니다.

$$\text{이격도(이격률, \%)} = \frac{\text{주가}}{\text{n일 주가 이동평균}} \times 100$$

주가 이평치 계산 기간을 얼마로 잡느냐에 따라 다양한 이격도를 구할 수 있습니다. 주로 5일 이격도, 10일 이격도와 20일, 60일, 75일, 120일, 240일 이격도 등을 사용합니다.

(주)국민건설이라는 종목이 있다고 생각하고 이격도를 구해 보겠습니다. 증시가 대세상승 국면인데 오늘 현재 국민건설 시세는 5만 원, 최근 20일간 주가 이동평균치는 4만5천 원이었다고 가정하죠. 20일 이격도는 다음과 같이 구합니다.

$$\text{20일 이격도(이격률, \%)} = \frac{\text{주가}}{\text{20일 주가 이동평균}} \times 100$$

$$\text{종목별 이격도(이격률, \%)} = \frac{\text{현재 주가}}{\text{주가 이동평균}} \times 100 = \frac{50{,}000}{45{,}000} \times 100 = 111.11\%$$

이격도 보는 법

20일 이격도(이격률)가 111.11%라는 것은 무슨 뜻일까요? 현재 주가가 최근 20일간 주가 이동 평균치보다 11.11% 더 높다는 뜻입니다.

이격도가 100%보다 높다면 현재 주가가 이동 평균보다 높다는 뜻입니다. 만약 100%보다 아주 높다면 투자자들이 주식을 너무 많이 사들인 상태, 곧 '과매수 상태'이거나 투자가 과열됐다는 뜻입니다. 주가가 평균치로 돌아간다면 조만간 과매수 된 주식이 매물로 나와 주가를 하락 반전시키겠죠.

증시가 대세상승하는 국면에서는 20일이나 25일 이격도가 106% 이상이면 과매수 상태라고 보아 팔아야 합니다. 60일이나 75일 이격도로는 110% 이상일 때 팔아야 합니다. 국민건설은 대세상승 국면에서 25일 이격도가 111.11%이므로 팔아야 합니다.

대세하락 국면에서는 20일이나 25일 이격도가 102% 이상, 60일이나 75일 이격도가 104% 이상이면 팔아야 합니다.

이격도가 100%보다 낮다면 현재 주가가 이동평균보다 낮다는 뜻입니다. 100%보다 아주 낮다면 투자자들이 주식을 너무 많이 팔아치운 상태, 곧 '과매도 상태'라는 뜻입니다. 주가가 평균치로 돌아간다면 과매도 주식에 조만간 매수세가 붙어 주가가 상승 반전하겠죠.

대세상승 국면에서는 20일, 25일, 60일, 75일 이격도 모두 98% 이하면 과매도 된 것이니 사야 합니다. 대세하락 국면에서는 20일과 25일 이격도가 92% 이하일 때, 60일과 75일 이격도가 88% 이하일 때 사야 합니다. 만약 이격도가 100%라면 현재 주가와 평균치가 일치한다는 뜻입니다. 그림으로 나타내면 주가 곡선과 이동평균선이 일치하겠죠.

이격도	장세	20일 & 25일 이격도	60일 & 75일 이격도	매매 대응
100%보다 높을 때	대세상승	106% 이상	110% 이상	매도
	대세하락	102% 이상	104% 이상	
100%보다 낮을 때	대세상승	98% 이하	98% 이하	매수
	대세하락	92% 이하	88% 이하	

DO IT!   HTS로 종목별 이격도 확인하기

이격도는 [차트 → 종합차트]에서 화면 왼쪽 [기술적지표 → 모멘텀 지표 → 이격도] 순으로 이동하면 그려볼 수 있습니다.

오른쪽(p. 333) 보기 그림은 SK하이닉스의 주가(봉 차트+이평선) 아래쪽에 이격도를 표시한 예입니다. 이격도를 표시한 곡선에 마우스를 움직여 갖다 대면 작은 박스 안에 날짜별 이격도 수치가 표시됩니다. 마우스를 움직여 보기 화면에 대보았더니 2018년 8월

10일에 20일 이격도가 89.53, 60일 이격도가 86.43으로 표시됐습니다.

SK하이닉스 7월 31일 종가는 8만6300원에서 8월 10일 7만5100원으로 열흘 새 1만 원 넘게 떨어졌습니다. 대세하락 국면인데 20일 이격도는 92% 이하, 60일 이격도는 88% 이하이므로 매수 적기라고 볼 수 있죠. 실제로 이후 주가는 바닥을 치고 올라 8월 31일 종가 8만3000원까지 올랐습니다.

이격도 곡선은 주가 이동평균 설정 기간을 달리해서 여러 가지를 그려볼 수 있습니다.

SK하이닉스 주가 추이와 이격도

키움증권 HTS

마우스를 움직여 이격도 곡선 아무 데나 대고 우클릭하면 화면에 작은 메뉴 창이 뜹니다. 메뉴 창에서 [기술적 지표 설정]을 클릭하면 보기 그림 같이 '지표조건 설정'을 할 수 있는 네모 창이 뜹니다. 숫자를 입력하면 원하는 이격도 곡선을 설정하고 그려볼 수 있습니다(p.334).

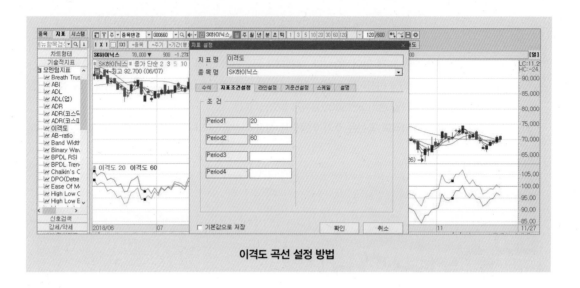

이격도 곡선 설정 방법

이격도 매매전략

이격도는 개별 종목뿐 아니라 주가지수를 대상으로 구해볼 수도 있습니다. 증시가 대세하락기에 들어섰고 코스피지수는 오늘 현재 2,300포인트, 최근 20일간 코스피지수 이동평균은 2,600포인트라고 가정하면 20일 주가지수 이격도는 다음과 같습니다.

$$20일\ 주가지수\ 이격도 = \frac{현재\ 주가지수}{20일\ 주가지수\ 이동평균} \times 100 = \frac{2,300}{2,600} \times 100 = 88.46(\%)$$

20일 주가지수 이격도가 88.46%라면, 최근 20일간 이동평균이 100일 때 현재 코스피지수 수준이 88.46이라는 뜻입니다. 대세하락기 20일 이격도는 92% 이하면 '과매도 국면'이라고 봅니다. 지수가 반등할 가능성이 있는 거죠.

주가지수 이격도는 주가 전반이 등락하는 이유를 설명할 때 자주 활용하는 지표입니다. 증시에서 주가가 전반적으로 며칠 동안 하락세였다가 반등할 때면 '주가지수 이격도가 많이 떨어졌기 때문'이라는 설명이 나오곤 합니다.

한 가지 주의할 점은 이격도 해석 역시 늘 맞는 것은 아니라는 사실입니다. 주가가 기세 좋게 오르는 강세장에서는 이격도가 주가 과열 신호를 나타내도 시세가 계속 오를 수 있습니다. 약세장에서도 마찬가지입니다. 이격도가 주가 상승 신호를 보내는데도 시세는 계속 떨어지는 일이 생길 수 있습니다. 기술 분석을 할 때는 늘 그렇듯 한 가지 지표만 보고 매매 의사를 정하면 안 되고 여러 가지 다른 지표를 함께 봐야 합니다.

64 스토캐스틱
"모멘텀 분석 보조지표"

모멘텀 분석에는 '스토캐스틱(Stochastics)'이라는 보조지표도 있습니다. 스토캐스틱은 '주식(Stock)'과 '예측(Forecast)'을 합쳐 만든 말입니다. 최근 일정 기간 주가가 0과 100 사이에서 움직였다고 할 때 오늘 주가(종가)는 어느 수준에 해당하는지 계산해서 알려주는 지표입니다. 1950년대 미국에서 주식 중개업을 했던 조지 레인(George C. Lane, 1921~2004)이 만들어 보급했다고 알려져 있습니다.

스토캐스틱 값을 구해보면 현재 주가가 최근 주가 흐름에서 어떤 위치에 있는지를 가늠해서 적절한 매매 대응을 할 수 있습니다. 다음 식으로 계산하고, 백분율로 표시합니다.

$$\text{스토캐스틱 } N \text{값}(\%) = \frac{\text{현재가격} - N\text{일 중 최저가}}{N\text{일 중 최고가} - N\text{일 중 최저가}} \times 100$$

※N은 최근 N일을 뜻함

가령 최근 5거래일 사이 최고가는 2,000원, 최저가는 1,000원이었고 현재가(당일 종가)는 1,500원이라고 가정해 보겠습니다. 공식에 대입해 풀면 스토캐스틱 5일 값은 0.5. 곧 50%입니다.

스토캐스틱 값은 0~100% 사이에서 움직입니다. 스토캐스틱 5일 값이 50%라는 것은 현재가(당일 종가)가 최근 5일간 주가 변동 폭 가운데 딱 중간 수준이라는 뜻입니다.

스토캐스틱 값이 100%에 가까우면 현재 주가(당일 종가)가 최근 주가 변동 폭 가운데 천장(최고가) 수준이며 과매수권에 들어선 것이라고 해석합니다. 주가가 많이 오르면 과매수 구간을 지나 떨어지고, 많이 떨어지면 과매도 구간을 지나 도로 오르는 속성을 전제한 논리죠. 보통 80% 이상이면 현재 주가가 최근 주가 흐름에서 천정에 가깝고 과매수권에 들어선 거라고 판단해서 매도를 권합니다.

반대로 스토캐스틱 값이 0%에 가까우면 현재 주가(당일 종가)가 최근 주가 변동폭 중 바닥(최저가) 수준이며 과매도권에 들어선 것이라고 해석합니다. 보통 20% 이하면 현재 주가가 최근 주가 흐름에서 바닥에 가깝고 과매도권에 들어선 거라고 판단해서 매수를 권합니다.

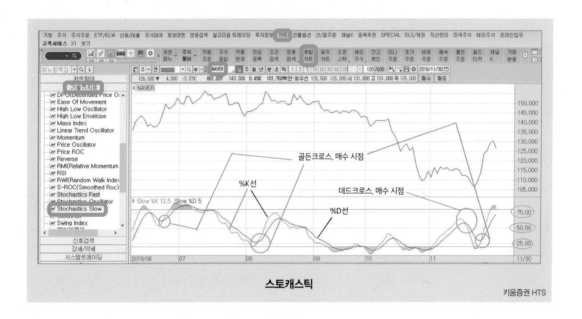

스토캐스틱 차트를 그려보면 앞서 계산식에서 표시한 '스토캐스틱 N값'을 '%K'로 표시해 붉은색 곡선으로 나타냅니다.

홈에서 [차트 → 종합차트] 순으로 들어가 원하는 종목을 고르고, 화면 왼쪽 메뉴에서 [기술적 지표 → 모멘텀지표 → Stochastics slow]를 클릭하면 주가 추이를 그린 화면 아래쪽에 스토캐스틱 곡선이 그려집니다.

스토캐스틱

키움증권 HTS

%K 곡선은 횡보하거나 내림세를 걷다가 상승 반전하면 매수 신호로 봅니다. 반대로 횡보하거나 오름세에서 하락 반전하면 매도 신호로 풀이합니다.

차트를 보면 수평으로 50% 선, 80% 선, 20% 선도 그어져 있습니다.

50% 선은 스토캐스틱 값을 분석하는 기간 동안 발생한 주가 변동 폭 가운데 딱 중간 수준을 뜻하고 '기준선'이라고 부릅니다.

%K 곡선이 50% 선 곧 기준선을 밑에서 위로 교차하면 매수 타이밍으로 봅니다. 반대로 %K 곡선이 50% 선을 위에서 아래로 가로지르면 매도 타이밍으로 봅니다.

%K 곡선이 80% 선을 올라서면 매도 신호로, 20% 선을 내려서면 매수 신호로 해석합니다.

보기 스토캐스틱 차트에서는 청색 곡선도 함께 움직이는 걸 볼 수 있죠. '스토캐스틱 N값' 곧 '%K'를 대상으로 이동평균을 구해 '%D'로 표시한 곡선입니다.

%K 곡선이 %D 곡선을 밑에서 위로 교차하면, 단기 주가 이평선이 중장기 주가 이평선을 상향돌파 할 때처럼 골든크로스가 나타났다고 보고 매수 신호로 풀이합니다.

반대로 %K 곡선이 %D 곡선을 위에서 아래로 가로지르면, 단기 주가 이평선이 중장기 주가 이평선을 하향돌파 하는 골든크로스가 나타났다고 보고 매도 신호로 풀이합니다.

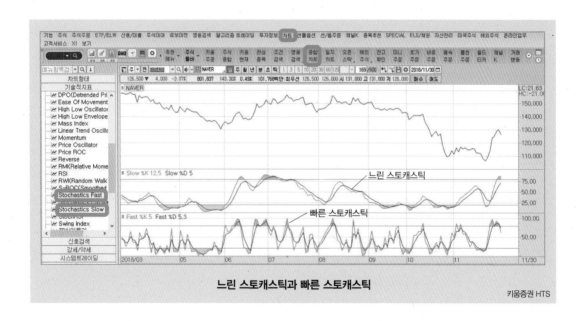

느린 스토캐스틱과 빠른 스토캐스틱

키움증권 HTS

HTS 차트에서는 '빠른 스토캐스틱(Stochastics Fast)'과 '느린 스토캐스틱(Stochastics Slow)'을 그려볼 수 있습니다. 계산 방식을 달리해서 만드는 그림인데, 빠른 스토캐스틱이 매매 신호를 더 자주 보여줍니다. 보기 그림에서 아래쪽이 빠른 스토캐스틱, 위쪽이 느린 스토캐스틱입니다.

65 삼선전환도
"모멘텀 분석 보조지표"

삼선전환도(Three-Line Conversion Graph)는 봉 차트를 활용하는 보조지표입니다. 주가가 오름세에서 내림세로, 내림세에서 오름세로 방향을 바꾸는 시점을 봉 차트로 그려 보여줍니다.

차트를 그릴 때 3가지 원칙을 적용합니다.

첫째, 주가(종가 기준)가 위나 아래로 방향을 바꾸지 않고 상승세든 하락세든 같은 방향으로 움직이는 경우에는 신고가가 나올 때마다 양봉(양선)을 하나, 신저가가 나올 때마다 음봉(음선)을 하나 그립니다.

둘째, 종가 기준으로 신고가나 신저가가 나오지 않는다면 양봉이든 음봉이든 그리지 않습니다.

셋째, 주가(종가 기준)가 상승세에서 방향을 바꾸면서 신저가가 나올 때는 직전에 양봉이 3개 있을 때만 음봉을 그립니다. 주가(종가 기준)가 하강세에서 방향을 위로 바꾸면서 신고가가 나올 때는 직전에 음봉이 3개 있을 때만 양봉을 그립니다. 3선 곧 3봉이 같은 추세로 이어지다 주가 방향이 바뀌면서 신고가나 신저가가 나올 때만 양봉이나 음봉을 그린다는 말입니다.

삼선전환도 매매전략

삼선전환도에서는 3선, 곧 음봉(음선)이나 양봉(양선) 3개가 나온 다음 주가 방향이 바뀌는 전환점이 매매 포인트입니다. 음봉 3개가 나온 뒤 양봉이 나오면(곧 양전환) 매수 시점입니다. 양봉 3개가 나온 뒤 음봉이 나오면(곧 음전환) 매도 시점입니다.

DO IT!　　　　HTS로 종목별 삼전환도 확인하기

삼선전환도를 그리려면 홈에서 [차트 → 종합차트] 순으로 이동해 원하는 종목을 고르고, 화면 왼쪽 메뉴 창에서 [차트 형태 → 삼선전환도]를 클릭하면 됩니다.

삼성전자 종가선 차트

키움증권 HTS

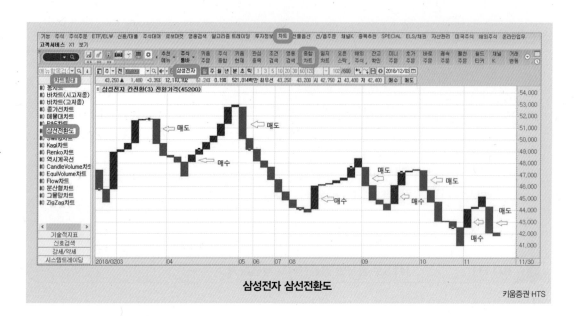

삼성전자 삼선전환도

66 투자심리도
"시장 강도 분석 보조지표"

시장 강도 분석은 주가 추세나 변동성이 얼마나 강한지를 분석하는 기술분석 기법입니다.

시장 강도 분석에는 '투자심리도'라는 보조지표를 흔히 씁니다.

보통 투자자들은 주가가 계속 오르기만 하거나 계속 내리기만 하는 일이 흔치 않다는 것을 경험해서 압니다. 주가가 최근 며칠 동안 계속 올랐다면 조만간 조정받는 게 자연스럽다고 생각하고 매도주문을 내놓기 시작합니다. 거꾸로 주가가 최근 며칠 계속 내렸다면 조만간 반등할 거로 생각하고 매수주문을 내놓기 시작하죠. 주가 추이에 따라 투자심리가 바뀌는 겁니다.

투자심리도는 주가 추이에 따라 투자심리가 바뀌는 것을 숫자로 표현합니다. 최근 일정 기간(보통 거래일 기준으로 10일) 동안 주가가 전날보다 오른 날 수를 백분율(%)로 표시하죠.

$$10일\ 투자심리도(\%) = \frac{최근\ 10일\ 사이\ 주가가\ 오른\ 날\ 수}{10일} \times 100$$

가령 한국전력 시세가 최근 10일 동안 3일 올랐다면 10일 투자심리도는 30%입니다.

$$10일\ 투자심리도(\%) = \frac{3}{10일} \times 100 = 30$$

투자심리도를 통한 매매전략

투자심리도를 보면 주가가 과열됐는지 침체했는지 알 수 있습니다. 매매 대응을 어떻게 하면 좋을지(사야 할지, 팔아야 할지, 관망해야 좋을지), 언제 매매 할지까지 알 수 있습니다. 보통 투자심리도가 60%를 넘으면 주가가 과열됐다고 봅니다. 75% 이상이면 팔아야 합니다. 25% 이하면 주가가 매우 침체했으니 매수 기회라고 봅니다.

🔔 DO IT!   HTS로 종목별 투자심리도 확인하기

HTS에서는 투자심리도를 그래프로 만든 투자심리선(Psychological Line) 차트를 볼 수 있습니다. 오른쪽(p. 345) 보기 그림은 유가증권시장에 상장한 인터넷서비스 기업 '네이버'의 2018년 하반기 주가와 10일 투자심리선 추이입니다.
HTS에서 투자심리선을 표시할 때는 대개 75% 이상이거나 25% 이하인 부분을 이내 알아볼 수 있게 합니다. 보기 그림도 그렇게 돼 있죠. 투자심리선 위쪽에는 75% 선을, 투자심리선 아래쪽에는 25% 투자심리선을 그어놓았습니다. '심리도 10'은 10일 기준으로 만든 투자심리도라는 뜻입니다.

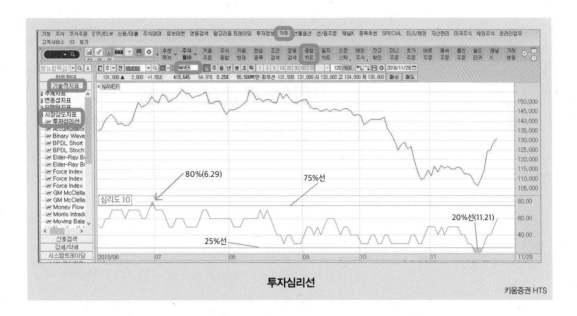

투자심리선

투자심리선 차트를 그리려면 홈에서 [차트 → 종합차트]로 들어가 원하는 종목을 고르고, 화면 왼쪽에 있는 메뉴에서 [기술적지표 → 시장강도지표 → 투자심리선] 순으로 찾아갈 수 있습니다.

보기 그림처럼 '네이버' 투자심리선 차트를 그린 다음 마우스를 움직여 11월 20일~22일 투자심리선에 대봤더니 투자심리도가 20.00(곧 20%)라고 표시됐습니다. 25% 이하면 주가가 매우 침체되어 매수할 찬스입니다.

실제로 샀다면 이후 시세가 상승 반전해서 득을 볼 수 있었습니다. 11월 21일 종가는 10만 6500원, 22일은 10만9500원으로 최근 몇 달 새 바닥을 쳤는데 다음날부터 시세가 뛰기 시작해서 11월 29일 종가가 13만2500원이 됐거든요.

6월 29일 투자심리도는 80.00(곧 80%)이었습니다. 보통 투자심리도가 75% 이상이면 주가가 과열된 상태이므로 팔아야 합니다. 실제로 팔았다면 어땠을까요?

역시 결과가 나쁘지 않았습니다.

6월 29일 종가는 15만2829원이었습니다. 이후 주가가 바로 하락하지는 않고 한동안 횡보했지만 9월 들어서는 낙폭이 커지면서 급락했죠. 10월 29일 종가는 10만9500원으로 떨어졌습니다.

67

OBV(누적 균형 거래량)
"시장 강도 분석 보조지표"

시장 강도 분석에 사용하는 보조지표로 'OBV(On Balance Volume)'라는 것도 있습니다. '누적 균형 거래량'이라고 부릅니다. 거래량이 주가 향배를 알려주는 선행지표라고 전제하고, 거래량을 분석해서 거래량 변화가 주가에 어떤 영향을 미치는지 분석하는 데 사용합니다. 기술 분석 내지 차트 분석 분야에서 대가로 손꼽는 미국인 조셉 그랜빌(Joseph E. Granville)이 개발했습니다.

크게 보면 거래량 지표인데, 여느 거래량 지표와는 거래량 집계 방식이 다릅니다. 집계 기간 전날 종가보다 주가가 오른 날 거래량은 더하고 주가가 내린 날 거래량은 빼는 방식으로 누적거래량을 구합니다. 풀어 설명하면 이렇습니다.

첫째, 당일 종가가 전날 종가보다 높으면 당일 거래량을 누적거래량에 더합니다. 둘째, 당일 종가가 전날 종가보다 낮으면 당일 거래량을 누적거래량에서 뺍니다. 셋째, 당일 종가와 전일 종가가 같으면 당일 거래량은 누적거래량 계산에서 제외합니다.

가령 국민전자(주)가 5거래일 동안 다음과 같이 거래됐다고 가정하고 OBV를 계산해보겠습니다.

거래일	종가	거래량	OBV
1일째	1,000원	100주	0
2일째	1,200원	100주	100
3일째	1,200원	100주	100
4일째	1,100원	50주	50
5일째	1,200원	200주	250

1일째는 OBV가 '0'입니다. OBV는 전날 종가가 있어야 계산할 수 있는데 전날 종가가 없기 때문입니다.

2일째 주가(종가)는 전날 종가보다 올랐습니다. 당일 종가가 전날 종가보다 높으면 당일 거래량을 누적거래량 곧 OBV에 더합니다. 전날 OBV에 당일 거래량 100주를 더한 결과는 0+100=100주가 됩니다.

3일째 주가(종가)는 전날 종가와 같습니다. 당일 종가와 전일 종가가 같으면 당일 거래량은 누적거래량 계산에서 제외합니다. OBV는 전날 그대로 100주입니다.

4일째 주가(종가)는 전날 종가보다 100원 떨어졌습니다. 당일 종가가 전날 종가보다 낮으면 당일 거래량을 누적거래량에서 뺍니다. OBV는 전날 100주에서 당일 거래량 50주를 뺀 50주가 됩니다.

5일째 주가(종가)는 전날 종가보다 올랐습니다. 당일 종가가 전날 종가보다 높으면 당일 거래량을 누적거래량에 더하죠. 전날 OBV 50주에 당일 거래량 200주를 더해서 당일 OBV는 250주가 됩니다.

정리해보겠습니다. 5일간 누적균형거래량은 250주가 됐습니다. 5일간 OBV(값)을 그래프로 그리면 OBV 곡선이 만들어집니다. HTS에서 OBV 곡선을 그릴 때도 같은 방식입니다.

결과를 분석해볼까요. 주가(종가)는 2일째와 5일째가 같지만 OBV 값으로 따질 때 시장 강도는 같지 않습니다. 2일째 OBV는 100주이지만 5일째는 250주로 불어나 있기 때문입니다. 주가는 같아도 누적거래량이 늘어서 매매 수요가 커진 상태죠.

증시에서 거래량이 늘면 주가도 오르고 거래량이 줄면 주가도 내리는 게 보통입니다. 거래량이 주가보다 먼저 움직이므로 거래량이 주가 향배를 알리는 선행지표 역할을 합니다. OBV야말로 거래량이 주가를 앞선다고 전제하는 지표입니다. 누적거래량인 OBV 값이 커졌다면 점점 더 많은 투자자가 주식을 사모았다('매집했다'라고도 함)는 뜻입니다. 그만큼 시장 강도가 강해졌고 주가가 오를 가능성이 커졌다는 뜻이기도 합니다.

같은 논리로 주가가 횡보하더라도 OBV가 전고점을 넘어서면 이후 주가가 오른다고 볼 수 있습니다. 보기로 든 국민전자(주) 역시 주가가 오른다고 전망할 수 있습니다. 5일째 주가는 2일째, 3일째와 변함없지만 OBV가 250주를 기록해 전고점 100주를 상향 돌파했기 때문이죠. 투자자 관점에서 보면 매수 시점이 온 겁니다.

국민전자(주)에서 보듯, OVB는 거래량이 주가에 앞선다고 전제하고 거래량을 분석해서 주가 방향을 예측하는 데 사용합니다. 특히 주가가 횡보하고 있어서 어디로 갈지 애매해 보일 때 향후 주가 향배를 가늠하는 데 유용합니다.

OBV 값 추이에 따른 매매전략

OBV 값 추이는 크게 네 가지로 풀이합니다.

하나. 주가가 횡보하거나 오름세일 때 OBV가 전고점을 넘어 커진다면
주가가 오른다고 보고, 주식 매집에 나서는 투자자들이 늘어난다는 뜻입니다. 이후 주가가 오를 가능성이 큽니다.

둘. 주가가 횡보하거나 내림세일 때 OBV가 전저점보다 줄어든다면
장차 주가가 내린다고 보고, 매도하는 투자자가 많아진다는 뜻입니다. 이후 주가는 내려갈 가능성이 큽니다.

셋. 주가가 내려가는데 OBV는 전저점 아래로 떨어지지 않고 횡보하거나 전저점보다 커진다면
저가 매수에 나서는 투자자가 많거나 늘어난다는 뜻이죠. 장차 주가가 오를 가능성이 큽니다.

넷. 주가가 오르는데도 OBV가 전고점 밑에서 횡보하거나 전고점보다 더 줄어든다면
주가 상승을 기대하는 투자자가 줄고, 보유 주식을 처분해서 차익 실현에 나서는 투자자는 많거나 늘어난다는 뜻입니다. 향후 주가는 떨어질 가능성이 큽니다.

주가 추이	OBV 추이	시장 동향	향후 주가
⇨ ⇧	전고점보다 상승	매수세 증가	⇧
⇨ ⇩	전저점보다 하락	매도세 증가	⇩
⇩	전저점보다 상승 또는 횡보	저가 매수세 증가	⇧
⇧	전고점보다 하락 또는 횡보	차익 실현 매도세 증가	⇩

실전에서 OBV 추이를 분석할 때는 HTS에서 차트를 그려놓고 봅니다.

홈에서 [차트 → 종합차트]로 들어가 원하는 종목을 고르고, 화면 왼쪽에 있는 메뉴에서
[기술적지표 → 시장강도지표 → OBV] 순으로 클릭하면 주가 추이를 그린 화면 아래쪽
에 OBV 곡선이 그려집니다. 보기 그림은 2018년 3월 중순부터 11월 말까지 '네이버'
주가와 OBV 추이, 9일 기준 OBV 이평치인 시그널 선을 그린 예입니다.

붉은색 실선이 OBV 선입니다. 청색 실선은 OBV 값을 대상으로 9일 기준 이동평균치
를 구해 그린 선입니다. '시그널 선'이라고 부릅니다.

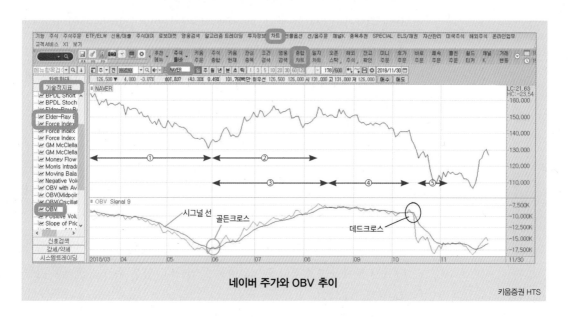

네이버 주가와 OBV 추이

키움증권 HTS

① 3월 중순~5월 말

OBV 선은 시그널 선 밑에서 하락세로 움직이며 저점을 낮춰갔습니다.

OBV 선이 시그널 선 밑에서 하락세로 움직이면 매입 세력이 흩어지고 매도 세력이 커
져서 약세장이 형성됩니다. 약세장에서는 OBV 선 저점이 계속 전저점보다 낮아지면서
우하향합니다. 전저점을 밑도는 OBV 선을 'D마크'라고 합니다. OBV가 저점을 계속 낮

춰가면 D마크가 이어질 수밖에 없습니다. D마크가 이어지자 시세 하락을 점치는 매도 세력이 커지면서 주가도 계속 떨어졌습니다.

② 6월 초~8월 초
OBV 선이 시그널 선 위에서 상승세로 움직이며 고점을 높여갔죠. OBV 선이 시그널 선 위에서 상승세로 움직이면 매입 세력이 몰려 강세장이 형성됩니다. 강세장에서는 OBV 선 고점이 전고점보다 계속 높아지면서 우상향하죠. 전고점을 웃도는 OBV 선을 'U마크'라고 합니다. OBV가 고점을 높여가면 U마크가 이어집니다. U마크가 이어지자 상승을 점치는 매수 세력이 커지면서 주가도 상승세를 이어갔습니다.

③ 6월 1일~8월 중순
6월 1일에는 계속 낙하하던 OBV 선이 시그널 선을 밑에서 위로 교차하는 골든크로스가 발생했습니다. OBV 선이 시그널 선을 상향 돌파하면 매수 타이밍입니다. 골든크로스 발생 뒤에는 OBV 선이 고점을 높여가는 U마크가 이어지면서 주가가 6월 1일 13만 원대 중반에서 8월 중순까지 15만 원대 중반으로 올랐습니다.

④ 8월 중순~10월 10일경
OBV 선이 시그널 선에 근접해 오르락내리락하면서 완만하게 내려서서 약세장이 형성됐습니다. 주가도 15만 원대 중반에서 14만 원 선으로 떨어졌습니다.

⑤ 10월 중순~10월 말
10월 15일에는 OBV 선이 시그널 선을 위에서 아래로 가로지르는 데드크로스가 발생했습니다. 이후엔 OBV 선이 시그널 선 밑에서 움직입니다. 10월 15일경 13만 원대 중반이던 주가는 10월 말 11만 원 선으로 떨어졌습니다. 10월 10일경부터 따지면 월 말까지 20일 동안 주가가 14만 원에서 11만 원으로 급락했죠. OBV 선이 시그널 선을 하향 돌파하면 주식을 팔아야 한다는 것을 알 수 있습니다.

앞서 OBV 값 추이를 네 가지로 풀이한다고 설명했습니다. OBV 선 추이도 같은 방식으로 풀이할 수 있습니다.

하나. 주가가 횡보하거나 오름세인데 OBV 선은 전고점을 높여간다면

주가가 오른다고 보고 주식 매집에 나서는 투자자들이 늘어난다는 뜻입니다. 이후 주가는 오를 가능성이 큽니다.

둘. 주가가 횡보하거나 내림세인데 OBV 선은 전저점을 낮춰간다면

주가가 내린다고 보고 매도하는 투자자가 많아진다는 뜻입니다. 이후 주가는 내릴 가능성이 큽니다.

셋. 주가는 내리는데 OBV 선은 전저점 아래로 떨어지지 않고 횡보하거나 전저점을 높여간다면

저가 매수에 나서는 투자자가 많거나 점점 더 늘어난다는 뜻입니다. 이후 주가는 오를 가능성이 큽니다.

넷. 주가가 오르는데도 OBV 선은 전고점 밑에서 횡보하거나 전고점보다 줄어든다면

주가 상승을 기대하는 투자자가 줄어들고, 보유 주식을 처분해서 차익 실현에 나서는 투자자가 많거나 점점 더 늘어난다는 뜻입니다. 향후 주가가 내릴 가능성이 큽니다.

주가 추이	OBV곡선 추이	시장 동향	향후 주가
⇨ ⇧	전고점보다 상승	매수세 증가	⇧
⇨ ⇩	전저점보다 하락	매도세 증가	⇩
⇩	전저점보다 상승 또는 횡보	저가매수세 증가	⇧
⇧	전고점보다 하락 또는 횡보	차익 실현 매도세 증가	⇩

68 매물대 차트 "시장 강도 분석 보조지표"

매물대(Volume Profile)란 한동안 매매가 이뤄진 결과 매물(팔 기회를 기다리는 주식)이 많이 쌓여 있는 가격대를 말합니다.

어떤 종목이든 매물이 많이 쌓인 가격대가 있고 적게 쌓인 가격대가 있게 마련입니다. 매물이 많이 쌓인 가격대는 매물이 적은 가격대에 비해 주가가 오르기 어렵습니다. 주가가 밑에서 접근할 때마다 이익 실현을 도모하는 매물을 비롯해서 매도물량이 많이 나오기 때문이죠. 결국 매물이 많은 가격대는 주가 상승을 막는 저항선 역할을 합니다. 주가 상승을 막는 벽 역할을 한다고 해서 매물대 대신 '매물벽'이라고 부르기도 합니다.

매물대 차트는 시장 강도 분석에 유용

매물대가 벽 역할을 하더라도 일단 주가가 매물대를 뚫고 올라간 다음에는 더 오를 가능성이 높습니다. 이후 남은 매물대는 주가가 도로 떨어지지 않게 막는 지지선으로 역할이 바뀝니다. 반대로 주가가 매물대를 벗어나 하락한다면 이후 더 떨어질 가능성이 높습니다.

매물대를 보고 투자한다면 주가가 매물대를 뚫고 오를 때 사고, 주가가 매물대를 벗어나 떨어질 때 팔면 됩니다.

차트 분석을 할 때는 흔히 매물대 차트를 그려 시장 강도를 분석하는 보조지표로 씁니다.

HTS에서 매물대 차트를 그려보면 기간별로 어떤 가격대에 얼마나 매물이 쌓여 있는지 알 수 있습니다. 기간을 얼마로 설정하느냐에 따라 매물대가 변한다는 점을 고려해서 봐야 합니다.

DO IT!   **HTS로 종목별 매물대 차트 확인하기**

매물대 차트를 그려보려면 홈에서 [차트 → 종합차트]로 들어가 원하는 종목을 고르고, 화면 왼쪽 메뉴에서 [차트 형태 → 매물대] 순으로 클릭하면 됩니다. 매물대 차트에 커서를 대고 마우스 오른쪽을 클릭하면 [차트 유형 설정]을 고를 수 있는 창이 뜹니다. 매물대 색깔이나 개수 등을 원하는 대로 바꿀 수 있습니다. 다음 쪽(p. 355) 보기 그림은 'CJ 제일제당' 매물대 차트입니다.

2018년 7월 18일~12월 3일까지 약 4개월 반 사이에 형성된 거래량을 기준으로 매물대를 10개 보여줍니다. 33만1800원~33만6750원에 거래 물량이 21.5%로 가장 많죠. 주가는 7월 말 1차로 매물대를 상향 돌파했으나 9월 5일 도로 원위치로 주저앉았고 이후 매물대를 하향 이탈했습니다. 11월 9일 다시 매물대 상향 돌파에 성공했지만 36만 원에 형성된 저항선을 뚫지 못하고 다시 매물대 상단으로 주저앉았습니다.

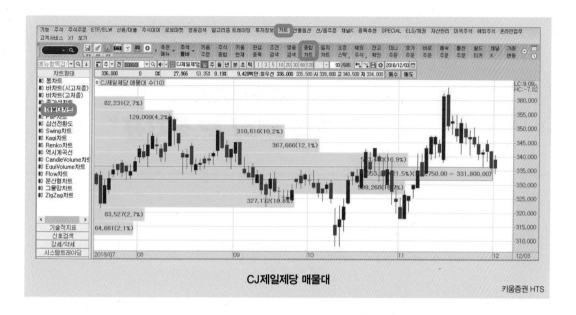

CJ제일제당 매물대

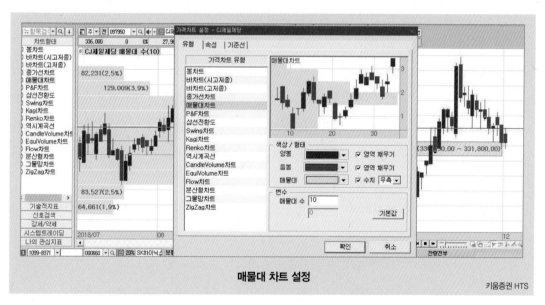

매물대 차트 설정

69 볼린저밴드 "가격 분석 보조지표"

보통 때 주가는 무작정 오르거나 내리기만 하지 않습니다. 마치 어떤 상한과 하한이 있기라도 한 것처럼 오르락내리락하죠. 1980년대 초 미국인 투자전문가 존 볼린저(Jonh Bollinger)는 주가가 등락할 수 있는 상하한선을 알려주는 도구를 고안해냈습니다. 바로 '볼린저밴드(Bollinger Bands)'입니다.

볼린저밴드는 가격 이동평균선을 기준으로 주가가 오른다면 어디까지 오르고 내린다면 어디까지 내릴 확률이 높은지를 계산해서 주가 변동이 가능한 상·하한선을 설정해줍니다. 이론상 주가 변동이 가능한 상·하한선을 그리면 띠, 곧 밴드(Band)처럼 생긴 모양이 그려지기 때문에 '~밴드'라고 부릅니다.

볼린저밴드는 가격 분석을 할 때 보조지표로 사용합니다. 차트에서 흔히 쓰는 볼린저밴드는 20일 가격 이평선을 중심 추세선으로 삼고 95% 확률로 주가가 밴드 안에서 움직이는 그림을 보여줍니다. 보기로 든 '네이버' 볼린저밴드도 마찬가지입니다. 실제 주가는 대개 볼린저밴드 안에서 오르내리죠. 밴드를 벗어나는 예외는 이따금씩만 나타납니다.

볼린저밴드 활용한 매매전략

볼린저밴드를 이용하면 주식을 언제 어떻게 매매하면 좋을지 판단하는 데 유용한 정보를 얻을 수 있습니다.

밴드 폭에 따라 다르다

하루 중 주가 변동이 클 때는 밴드 폭이 넓어지고 주가가 횡보하면 밴드 폭이 좁아집니다. 주가가 강세일 때는 주로 밴드 안에서 밴드와 함께 움직입니다. 반면 거래량이 줄면서 상단 밴드와 하단 밴드 간 폭이 좁아지면 조만간 주가가 오르거나 내리는 방향으로 변화가 생길 가능성이 높습니다.

만약 밴드 폭이 좁아지면서 밀집된 모양을 만든다면 이후 주가가 상단 밴드(곧 상한선)를 위로 벗어날 때가 매수 적기입니다. 만약 밴드 폭이 좁아지면서 밀집 구간을 지난 뒤 주가가 하단 밴드(곧 하한선)를 아래로 벗어날 때는 매도 적기입니다. 밴드 폭 변동을 활용하는 대응법이죠.

밴드 중심으로 중심추세선을 어떻게 돌파하느냐에 따라 다르다

볼린저밴드를 활용해 매매할 때는 상단 밴드를 저항선, 하단 밴드를 지지선으로 봅니다. 주가가 중심 추세선(이동평균선)을 상향 돌파하면 매수하되 주가가 상단 밴드에 이르면 매도합니다. 주가가 중심 추세선을 하향 돌파하면 매도하되 주가가 하단 밴드에 이르면 매수합니다.

주가가 기준 밴드 접근 시 다른 지표 상황에 따라 다르다

주가가 상단 밴드에 접근할 때 다른 지표들이 향후 주가 강세를 예고한다면 매수 타이밍입니다. 거꾸로 주가가 하단 밴드에 접근할 때 다른 지표들이 향후 주가 약세를 예고한다면 매도 적기입니다. 추세를 따르는 대응법이죠.

만약 주가가 상단 밴드에 여러 차례 접근하는데 다른 지표는 주가 약세를 예고한다면? 조만간 주가가 약세로 돌아설 가능성이 큽니다. 반대로 주가가 하단 밴드에 여러 차례 접근하는데 다른 지표는 주가 강세를 예고한다면 향후 주가는 강세로 바뀔 가능성이 큽니다.

DO IT!　　　**HTS로 종목별 볼린저밴드 확인하기**

볼린저밴드를 그려보려면 홈에서 [차트 → 종합차트]로 들어가 원하는 종목을 고르고, 화면 왼쪽 메뉴에서 [기술적 지표 → 가격지표 → Bollinger Bands] 순으로 클릭하면 됩니다. 보기 그림은 '네이버' 볼린저밴드 차트입니다.

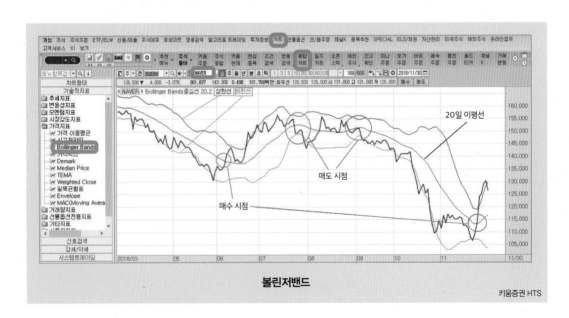

볼린저밴드

키움증권 HTS

70 MACD 오실레이터
"추세 분석 보조지표"

추세 분석이란 주가나 거래량 등이 어디로 어떻게 움직이는지 추세를 분석하는 기법입니다. 주가 추세 분석에는 흔히 'MACD 오실레이터 (Moving Average Convergence & Divergence oscillator)'를 보조지표로 사용합니다. '이동평균 수렴 · 확산 지수'라고 번역하고, 'MACD 지수'라고 부릅니다.

MACD 오실레이터는 MACD 값에서 시그널 값을 뺀 결과를 보여줍니다. MACD 값은 12일 기준 주가 이동평균치에서 26일 기준 주가 이동평균치를 뺀 값입니다. 시그널 값은 MACD 값을 대상으로 9일 단위 이동평균치를 구한 것입니다.

> • MACD 값＝12일 주가 이동평균치－26일 주가 이동평균치
> • 시그널 값＝MACD 9일 주가 이동평균치
> • MACD 오실레이터＝MACD 값－시그널 값

예를 들어 MACD 값이 100, 시그널 값이 50이면 MACD 오실레이터 값은 100 − 50 = 50, MACD 값이 100이고 시그널 값이 −100이면 MACD 오실레이터 값은 100 − (−100) = 100 + 100 = 200, MACD 값이 −100이고 시그널 값이 200이면 MACD 오실레이터 값은 −100 − 200 = −300입니다. HTS에서는 MACD 오실레이터 값, MACD 값, 시그널 값을 모두 그림으로 그려볼 수 있습니다.

DO IT! HTS로 종목별 MACD 오실레이터 값 확인하기

MACD 오실레이터 값을 그려보려면 홈에서 [차트 → 종합차트]로 들어가 원하는 종목을 고른 다음, 화면 왼쪽 메뉴 창에서 [기술적 지표 → 추세지표 → MACD oscillator] 순으로 클릭하면 됩니다. 보기 그림은 'SK하이닉스' MACD 오실레이터 차트입니다. 주가 추이와 거래량을 표시한 화면 아래쪽에 MACD 오실레이터 값을 표시하는 막대그래프를 볼 수 있습니다. MACD 오실레이터 값은 0.0으로 표시한 기준선(수평선)을 중심으로 숫자 크기만큼 막대그래프로 표시합니다. 마이너스(−) 값은 기준선 아래쪽에, 플러스(+) 값은 기준선 위쪽에 표시합니다.

MACD 오실레이터 그래프

키움증권 HTS

MACD 곡선은 매일 12일 이평치와 26일 이평치간 차이를 계산해서 점을 찍고 여러 날에 걸쳐 선으로 이어서 만듭니다.

시그널 곡선(Signal Curve, Signal Line)은 MACD 값을 대상으로 구한 9일 단위 이동평균치로 만듭니다.

🔔 DO IT!   HTS로 종목별 MACD 곡선과 시그널 곡선 확인하기

MACD 곡선과 시그널 곡선을 보려면 홈에서 [차트 → 종합차트]로 들어가 원하는 종목을 고르고, 화면 왼쪽 메뉴 창에서 [기술적 지표 → 추세지표 → MACD] 순으로 클릭합니다. 다음 보기 그림은 '삼성전자' 차트입니다. 주가 추이를 표시한 화면 아래쪽에 MACD 지수를 표시하는 막대그래프, MACD 곡선(붉은색 선), 시그널 곡선(파란색 선)이 모두 나타납니다. MACD 곡선과 시그널 선은 서로 멀어졌다 가까워지기를 거듭하고 때로는 교차하는 모습을 보여줍니다.

삼성전자 MACD 그래프

키움증권 HTS

볼린저밴드

키움증권 HTS

앞쪽의 '삼성전자 MACD 그래프'는 주가 추이를 종가선 차트로 나타냈는데, 차트 유형을 바꿔 주가 추이를 봉 차트로 표시할 수 있습니다. 화면 왼쪽 메뉴에서 맨 위에 있는 [차트 형태]를 클릭하고 이어 나타나는 서브메뉴 중에서 [봉 차트]를 클릭하면 됩니다. 아래 보기 그림은 봉 차트에 이동평균선까지 얹어 표시한 예입니다.

삼성전자 주가와 MACD지수 그래프

키움증권 HTS

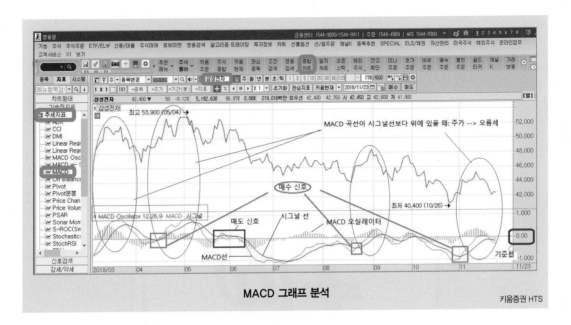

MACD 그래프 분석

키움증권 HTS

MACD 그래프를 그린 다음 마우스를 움직여 그래프 아무데나 가져다 대면 작은 창이 뜹니다. 창 안에 MACD 오실레이터 값, MACD 값, 시그널 값이 모두 표시됩니다.

MACD 곡선이 시그널 선보다 위에 있을 때는 주가가 대체로 오름세를 보입니다.

MACD 오실레이터 값(막대그래프)은 양수(+)인 경우 기준선 위에 붉은색으로 그립니다.

MACD 곡선이 시그널 선 밑에 있다가 위로 교차하면 매수 적기입니다.

MACD 곡선이 시그널 선보다 밑에 있을 때는 주가가 대체로 내림세를 보입니다.

MACD 오실레이터 값(막대그래프)은 음수(−)인 경우 기준선 밑에 파란색으로 그립니다.

MACD 곡선이 시그널 선 위에 있다가 위에서 아래로 가로지르면 매도 적기입니다.

MACD 곡선과 시그널 선을 이용한 매매전략

MACD 곡선이 시그널 선 밑에서 위로 교차하면→**매수 타이밍**

MACD 곡선이 시그널 선 위에서 아래로 가로지르면→**매도 타이밍**

+@

대세 사이클 이론

*증시분석 이론 중에는 대세 사이클(Cycle) 이론이 있습니다. 증시와 주가 대세에도 경기처럼 어떤 사이클이 있다고 주장하는 이론입니다. 사계절론, 엘리엇 파동 이론과 다우 이론이 대표격입니다.

사계절론

사계절론은 일본인 증권사 애널리스트 우라카미 구니오(浦上邦雄)가 내놓았습니다. 계절이 봄에서 겨울로 순환하듯 증시가 '실적장세 → 역금융장세 → 역실적장세 → 금융장세'로 이어지는 사이클을 되풀이한다고 주장합니다.

실적장세는 증시에서 여름에 해당합니다. 금리가 낮고 경기가 좋아 주가 전반이 장기간 오르는 장세입니다. 우량 주식이면 전보다 좀 비싸게 사도 시세가 올라 득 볼 가능성이 큰 장세입니다.

경기가 확대되다 보면 부작용이 나타나기 쉽습니다. 수요가 늘어나면서 공급이 달려 물가가 오릅니다. 물가 오름세를 그냥 두면 수요가 줄어 기업 판매가 부진해집니다. 기업 실적 부진이 확산되면 경기가 나빠질 수 있기 때문에 정부가 개입합니다. 정부 개입은 주로 금리(이자율)를 올려 시중(시장) 자금을 줄이는 정책을 쓰는 것입니다.

금리가 오르면 증시에 좋지 않습니다. 시중 여유 자금이 증시를 떠나 안전한 예금으로 옮겨가고 그만큼 주식 수요가 줄어 주가 오름세에 제동이 걸립니다. 빚을 많이 졌거나 판매실적이 부진한 기업은 주가가 내리죠. 금리 오름세는 결국 증시 전반에 걸쳐 주가 하락을 이끕니다. 금리는 오르고 주가는 내리는 역금융장세가 옵니다. 계절로 치면 가을에 비유할 수 있는 장세입니다.

역금융장세가 본격화하면 경기가 나빠집니다. 사업 부진과 금리 상승 부담을 못 이겨 쓰러지는 기업이 늘고 주식 투매가 일어나기 쉽습니다. 경기 침체와 역금융장세가 진행되다 보면 자금 수요가 줄어 금리가 도로 낮아지므로 금리와 주가가 다 같이 하강가는 장세가 옵니다. 계절로 치면 겨울에 비유할 수 있는 역실적장세가 오는 겁니다.

역실적장세가 한동안 진행되면 저금리와 경기 침체 탓에 투자할 곳을 잃은 시중 자금이 일시 증시로 흘러들어 주가를 밀어올릴 수 있습니다. 불황인데도 돈이 주가를 밀어올리는 장세, 곧 금융장세가 나타나는 겁니다. 금융장세 때 나타나는 주가 상승세는 잠시 반짝할 때가 많지만 어느 때는 그대로 주가를 올리고 경기를 확대시키는 계기가 되기도 합니다. 계절로 치면 봄에 비유할 만한 역할을 할 수 있는 거죠.

사계절론은 늘 들어맞지는 않지만 길게 보면 꽤 규칙성이 있습니다. 길게 볼 때 지금 장세가 어느 단계에 있는지, 다음엔 어떤 장세가 올지 예측해서 대응하는 데 도움이 됩니다.

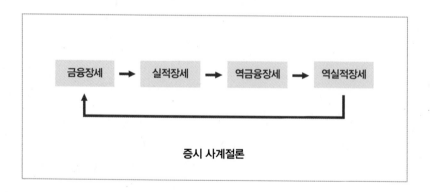

증시 사계절론

엘리엇 파동 이론과 다우 이론

엘리엇 파동 이론이나 다우 이론도 주가 대세에 어떤 사이클이 있다고 얘기하는데 개인 투자 실전엔 별 도움이 안 됩니다. 사이클이 나타난다 하더라도 발생 당시에는 알 수 없고 지난 뒤에야 알 수 있기 때문입니다. 간단히 소개합니다.

엘리엇 파동 이론(Elliott Wave Principle)

1938년 미국에서 회계사로 일한 엘리엇(Ralph Nelson Elliott, 1871~1948)이라는 사람이 『파동 이론(The Wave Principle)』이라는 책을 내놓으면서 발표한 이론입니다. 주가가 장기에 걸쳐 상승 파동 5개, 하락 파동 3개로 이뤄지는 사이클을 계속 되풀이한다고 주장합니다. 다음 보기 그림(p. 368)이 상승 5파, 하락 3파를 보여줍니다. 파동이 언제 시작하고 언제 끝나는지, 파동 1개가 얼마나 오래가는지는 불분명합니다.

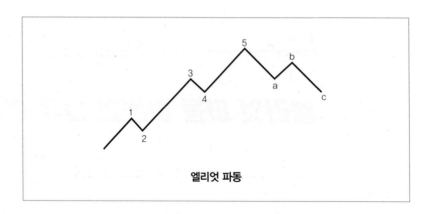

엘리엇 파동

다우 이론(Dow Theory)

증시가 장기에 걸쳐 강세장 3개 국면과 약세장 3개 국면으로 이어지는 순환을 반복한다고 주장합니다. 그림에서 보듯 강세장 3개 국면은 매집·상승(Mark Up)·과열로 이루어지고, 약세장 3개 국면은 분산·공포·침체로 이루어진다고 합니다.

다우지수를 창안한 찰스 다우(Charles H. Dow, 1851~1902)가 이론을 만들고 로버트 레아(Robert Rhea)가 1932년 『다우 이론』이란 책으로 정리해 내놓았습니다.

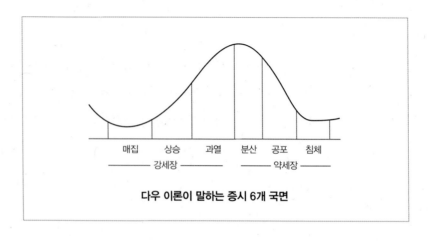

다우 이론이 말하는 증시 6개 국면

찾아보기

ㄱ

가격 우선 원칙 59
가격 갭 244, 245
가수금 173
감가상각비 192, 193
거래량 비율(VR) 326
거래수수료(주식중개수수료) 63
거래회전율(거래량 회전율) 314
결손금 178
계좌정보 81, 82
골든크로스 288, 289
교수형 247
금융비용 181
금융수익 154
금융원가 154
기본 분석 120, 121, 227
기술 분석 226, 227
기업가치(EV) 120, 195
기업가치 지표 197
기업 자산 140
기준선 293, 294
기타부채 173
기타비용 154
기타수익 154, 202
기타적립금 178
깡통계좌 85, 88

ㄴ

나스닥지수(NASDAQ) 117
납입자본금 176
내부유보율 176
누적 균형 거래량(OBV) 346~350
느린 스토캐스틱 339
니케이 225, 117

ㄷ

다우 이론 367, 368
다우존스지수(DOW JONES) 117
단기선 277, 282
단일가 67, 68, 74
당기순이익 154
당좌비율 167~169
당좌자산 167, 168
대세 사이클 364
대세 상승 281
대세 하락 281
대용가 99
대칭삼각형 패턴 306
데드크로스 288, 289
동시호가거래 66~68

ㅁ

망치형 241
망치형 양봉 241, 242
매도주문 34
매도대금 담보대출 90, 91
매매주문 32, 34
매물대 353
매물대 차트 353, 354
매물벽 353
매수주문 32, 34
매출(Sales) 198
매출액 154, 198
매출액증가율 188~190
매출원가 154
매출이익 198
매출채권 168
매출총이익 154, 198
매출총이익률 198~200
모멘텀 분석 329, 336
미수거래 84, 85

ㅂ

박스형 패턴 309
반대매매 85, 86
반제품 168
배당 178
법정적립금 178
보통가주문 40
볼린저밴드 356~358
봉 차트 229, 231
봉 패턴 253~257
부도 157
부실기업 183
부채 162, 170, 177
부채비율 170~172
비대면 계좌 23
비석형 A 251
비석형 B 251
비석형 C 252
비유동부채 162
비유동자산 161
빠른 스토캐스틱 339

미수금 85
미지급금 173
미처분이익잉여금 178
미체결 37
미체결 주문 55

ㅅ

사계절론 366
사내유보율 176
삼선전환도 340~342
삼중바닥형(역H&S형) 패턴 302
삼중천정형(H&S형) 패턴 296
상승 갭 245
상승삼각형 패턴 305

상승추세선 260, 293
상장 20
상장종목 20, 99, 113, 114, 117
상장주식 21
상장회사 20
상품 168
상해 종합지수 117
샅바형 240
샅바형 양봉 240, 241
샛별형 239
샛별형 봉 차트 239
성장성 166
성장성 비율 188, 194
세전계속사업이익 154, 202
세전계속사업이익률 201~203
소진율 100
수량 우선 원칙 60
수익성 166
수익성 비율 198
순운전자본 217
순운전자본회전율 214, 217
순차입금비율 173~175
순차입부채 173
스토캐스틱(%K) 336~339
스토캐스틱 N값 336, 338
시가총액 102
시간외매매 72, 73
시간 우선 원칙 60
시그널 선 350
시세 17
시세 분석 96
시장가주문 43, 44
신고가 111, 112
신용거래 86, 87
신용대주거래 87
신용비율 100
신용융자거래 87
신저가 111, 112
십자형 250
쌍봉형 패턴 293~295

ㅇ
안정성 166
액면가 99

양봉 231, 233
엘리엇 파동 이론 367
역V자형(V자 천정형) 패턴 298
역금융장세 366
역배열 286, 287
역시계곡선 317~325
역실적장세 366
영업 152
영업이익 154~156, 205
영업이익률 204, 205
영업이익증가율 188, 191
예수금(예탁금) 32, 81, 82
예약주문 70, 71
외상거래 84
외상 매입금 173
우선 호가 110
운전자본 217
원형 바닥형 패턴 303
원형 천정형 패턴 298
유가증권 168
유가증권시장 19, 20
유동부채 162
유동비율 157, 163, 164
유동자산 161, 167
유보액 178
유보율 176, 179, 180
유성형 248
음봉 231, 234, 235
이격도 329~335
이동평균 268
이동평균선(이평선) 254, 268~273
이월결손금 178
이익 178
이익배당 178
이익잉여금 178
이익준비금 178
이자 187
이자보상배율 181~183
이자보상비율 182
이자비용 181
이자수익 181
이중바닥형(W자형) 패턴 301, 302
이체 명세 83
이평선 분석 290

임의적립금 178
잉여금 176, 178

ㅈ
자기자본 191
자기자본비율 185~187
자기자본순이익률 210
자기자본이익률(ROE) 140~143, 210, 211
자기자본증가율 188, 191
자동추세선 261
자본 구조 170
자본금 99, 177
자본금(납입자본금) 176
자본잉여금 177, 178
자산 160, 161
자산 구조 187
장기선 280, 282
장대양봉 242~244
장대음봉 248, 249
재고자산 167, 168
재무 152
재무비율 165
재무상태표 153, 160, 177, 185
재무안정성 171, 185
재무제표 152
재평가적립금 177
저녁별형 246
저항선 259, 294
적삼병 236, 237, 256
적일병 238
전고점 312
정배열 284, 285
제품 168
조건부 주문 51
조건부 지정가주문 45, 46
좀비 기업 183
종가선 차트 270
종합주가지수 113
주가매출액비율(PSR) 149~151
주가수익비율(PER) 101, 127~135, 144, 149
주가순자산비율(PBR) 144, 149

주당순이익(EPS) 103, 122, 144, 149, 150
주식 16
주식담보대출 89, 90
주식대여거래 92, 93
주식발행초과금 177
주식회사 16
주주 16
중기선 279, 282
증거금 84
증거금 제도 84
증권(주식)거래계좌 22〜28
증권거래세 64
증권위탁거래계좌 18
지급능력 158
지분 17
지정가 45
지정가주문 40, 45
지지선 259, 294
직선추세선 261

ㅊ
차기이월이익잉여금 178
차입금(차입부채) 173
차트 분석 227
체결 37
총부채 161
총부채회전율 214, 215
총자본 161
총자본회전율 214, 216
총자산 160
총자산순이익률 208
총자산이익률(ROA) 136〜141, 208, 209
총자산증가율 188, 189
총자산회전율 214, 215
총차입부채 173
최우선 지정가주문 49, 50
최유리 지정가주문 46, 48
추세선 259
출자 177
출자금 177

ㅋ
캔들 차트 229
컨센서스 125
코스닥 19, 113
코스닥지수(KOSDAQ Index) 114
코스닥시장 19, 20
코스피(KOSPI) 19, 113
코스피지수 114

ㅌ
투자심리도 343〜345
투하자본이익률(ROIC=ROC) 212, 213

ㅍ
판매비와관리비증가율 188, 190
패턴 293, 309
패턴 분석 292
평가차익 178
평행추세선 263〜265
포괄손익계산서 152, 153

ㅎ
하락 갭 245
하락삼각형 패턴 306
하락추세선 260, 261
한계기업 183
한국거래소(KRX) 19〜21
현금성 자산(현금 유동성) 173
현금이익창출력(EBITDA) 192, 193, 195, 196, 206
현금 흐름 219〜222
현금흐름표 153, 219, 220
호가 규칙 56
호가 정보 109
확장삼각형 패턴 299
활동성 166, 214〜217
활동성 비율 214, 218
흑삼병 236, 238
흑일병 237

A－D
BPS(주당순자산가치) 145
DOW JONES 117
D마크 350, 351

E
EBITDA마진율 206, 207
EBITDA증가율 188, 192, 193
EBITDA(현금이익창출력) 192, 193, 195, 196, 206
EPS(주당순이익) 103, 122, 144, 149, 150
EPS증가율 188, 191
EV(기업가치) 120, 195
EV/EBITDA 195, 196

F－M
FOK주문 53
HTS 25
IOC주문 52
KOSDAQ 114
KOSPI 19, 113
KRX(한국거래소) 19〜21, 100, 113, 114
NASDAQ 117
MACD 오실레이터(지수) 359〜361
MTS 23

O－R
OBV 곡선 347, 352
OBV(누적 균형 거래량) 346〜350
PBR(주가순자산비율) 144, 149
PER(주가수익비율) 101, 127〜135, 144, 149
PSR(주가매출액비율) 149〜151
ROA(총자산이익률) 136〜141, 208, 209
ROE(자기자본이익률) 140〜143, 210, 211
ROIC(ROC, 투하자본이익률) 212, 213

U－Z
U마크 351
VR(거래량 비율) 326
VR 차트 327
WTS 25

경제학자가 군더더기 없이
핵심만 짚어주는 주식투자

1판 1쇄 발행 2019년 6월 20일

지 은 이 | 곽해선
펴 낸 이 | 이정훈, 정택구
책임편집 | 송기자
일러스트 | 원동민

펴 낸 곳 | 헤:다
출판등록 | 2017년 7월 4일(제406-2017-000095호)
주　　소 | 경기도 파주시 산남로 195번길 11
대표전화 | 031-901-7810 **팩스** | 0303-0955-7810
홈페이지 | www.hyedabooks.co.kr
이 메 일 | hyeda@hyedabooks.co.kr
인　　쇄 | (주)재능인쇄

저작권 ⓒ 2019 곽해선
편집저작권 ⓒ 2019 헤다

ISBN 979-11-967194-0-1 13320

이 도서의 국립중앙도서관 출판시도서목록(CIP)은 서지정보유통지원시스템 홈페이지
(http://seoji.nl.go.kr)와 국가자료공동목록시스템(http://www.nl.go.kr/kolisnet)에서
이용하실 수 있습니다.(CIP제어번호: CIP2019021234)